感情心理学・入門
改訂版

大平英樹 [編]

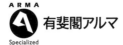

はしがき——改訂によせて

2010年9月，研究滞在していたロンドンのパブで，『感情心理学・入門』初版の「あとがき」を書いた。あれから現在まで，私たちはたくさんの感情を揺るがす出来事を経験した。

東日本大震災によって，私たちは大きな衝撃を受け無力さを痛感するとともに，命の尊さや他者とのつながりの価値を再認識した。インターネット上に発達したサイバー空間は，自己表現や生き方の可能性を拡張する一方，現実を侵食する負の感情が渦巻く場ともなり，立場や価値観の違いによる社会の分断が深刻になった。その傾向は新型コロナウイルスのパンデミックを契機として，いっそう先鋭化した。ロシアとウクライナの戦争，中東での理不尽な軍事的暴力の連鎖は，怒りや憎悪といった感情の業の深さを感じさせる。

この間，感情心理学の研究にもさまざまな変化がみられた。長い間優勢であった基本情動理論に対して，心理構成主義を提唱するバレットらによる批判がなされ，両陣営の論争が続いている。身体内部の知覚である内受容感覚が重視されるようになり，脳の統一原理とも称される予測的処理の理論と結びつくことにより感情理解の新たな視点が拓かれた。人工知能で感情をつくりだし，それをロボットに実装しようとする研究が急速に展開し，現実社会にも影響を与えている。初版出版時に揺籃期であったポジティブ感情の研究は，理論的な考察と実証的知見の蓄積が進み，研究領域と実践的介入の方法として確立した。今回，こうした動きを反映するように改訂を行った。

i

初版の「あとがき」において，本書が感情心理学の発展の道標になることを願う，と書いた。今回の改訂によって，14年の歩みを示す新たな道標を建てられたとすれば，これに勝る喜びはない。

今回も有斐閣の中村さやか氏には，遅々として進まない執筆と編集作業を叱咤激励していただき，原稿への鋭いコメントと質問により本書の完成度をおおいに高めていただいた。記して深く感謝したい。

2024 年 10 月

大平　英樹

執筆者紹介 （執筆順，＊は編者）

＊大平　英樹（おおひら ひでき）

〔執筆担当：序章，第 1, 2, 5 章，終章〕

　　現職　名古屋大学大学院情報学研究科教授
　　主著　『感情心理学』（分担執筆，朝倉書店，2007 年）
　　　　　　『感情の心理学』（分担執筆，放送大学教育振興会，2007 年）
　　　　　　『抑うつの臨床心理学』（分担執筆，東京大学出版会，2005 年）

余語　真夫（よご まさお）

〔執筆担当：第 3 章〕

　　現職　同志社大学心理学部教授
　　主著　『交響するコスモス』（分担執筆，松籟社，2010 年）
　　　　　　『筆記療法——トラウマやストレスの筆記による心身健康の増進』
　　　　　　　（共同監訳，北大路書房，2004 年）
　　　　　　『オープニングアップ——秘密の告白と心身の健康』（監訳，北大
　　　　　　　路書房，2000 年）

河野　和明（かわの かずあき）

〔執筆担当：第 4 章〕

　　現職　東海学園大学心理学部教授
　　主著　『あの人はどうしてそうしてしまうの？——身近な 7 つの扉から入
　　　　　　　る心理学の世界』（共著，ポラーノ出版，2018 年）
　　　　　　『心理学へのファーストステップ』（共編，ブレーン出版，2008 年）
　　　　　　『感情心理学』（分担執筆，朝倉書店，2007 年）

中　村　　真（なかむら まこと）

〔執筆担当：第 6 章〕

　　現職　宇都宮大学学術院（国際学部）教授
　　主著　『感情心理学——感情研究の基礎とその展開』（共著，培風館，
　　　　　　　2018 年）
　　　　　　『共感』岩波講座コミュニケーションの認知科学 2（分担執筆，岩
　　　　　　　波書店，2014 年）
　　　　　　『微笑のたくらみ』（翻訳，化学同人，2013 年）
　　　　　　『人はなぜ笑うのか——笑いの精神生理学』（共著，講談社，1994 年）

湯川進太郎（ゆかわ しんたろう）

〔執筆担当：第 7 章〕

　　現職　白鷗大学教育学部教授
　　主著　『マインドフルネスの探究——身体化された認知から内なる目覚め
　　　　　　　へ』（翻訳，北大路書房，2024 年）

『禅僧沢庵 不動智神妙録――身体心理学で読み解く武道的人生哲学』（単著，誠信書房，2019 年）

『怒りの心理学――怒りとうまくつきあうための理論と方法』（編著，有斐閣，2008 年）

佐藤 健二（さとう けんじ）　　　　　　〔執筆担当：第 8 章〕

現職　徳島大学大学院社会産業理工学研究部教授

主著　「トラウマの開示が心身の健康に及ぼす影響――構造化開示群，自由開示群，統制群の比較」（共著，『行動療法研究』35, 1-12, 2009 年）

『認知行動療法の技法と臨床』（分担執筆，日本評論社，2008 年）

『はじめての臨床社会心理学――自己と対人関係から読み解く臨床心理学』（共編，有斐閣，2004 年）

大竹 恵子（おおたけ けいこ）　　　　　　〔執筆担当：第 9 章〕

現職　関西学院大学文学部教授

主著　『保健と健康の心理学――ポジティブヘルスの実現』（編著，ナカニシヤ出版，2016 年）

『健康とくらしに役立つ心理学』（共編，北樹出版，2009 年）

『ポジティブ心理学――21 世紀の心理学の可能性』（分担執筆，ナカニシヤ出版，2006 年）

『女性の健康心理学』（単著，ナカニシヤ出版，2004 年）

日永田智絵（ひえいだ ちえ）　　　　　　〔執筆担当：*Column*❼〕

現職　奈良先端科学技術大学院大学先端科学技術研究科情報科学領域助教

主著　『人工知能を用いた五感・認知機能の可視化とメカニズム解明』（分担執筆，技術情報協会，2021 年）

『AI は人を好きになる？――科学技術をめぐる 15 の疑問』（日本版監修，太郎次郎社エディタス，2024 年）

木村瑠見子（きむら るみこ）　　　　　　〔執筆担当：*Column*⓬〕

現職　NPO 法人すぎなみ子育てひろば chouchou 理事長

主著　「現状維持からの脱却――予期的後悔が現状維持傾向の低減に及ぼす影響」（一橋大学大学院社会学研究科博士論文，2018 年）

「後悔の過大推測――ネガティブ・フィードバック直後と時間経過後の予期的後悔と経験後悔」（共著，『実験社会心理学研究』48, 150-158, 2009 年）

「意思決定における後悔――現状維持が後悔を生むとき」（共著，『社会心理学研究』23, 104-110, 2007 年）

も く じ

序　章　感情心理学事始め　　　1

1　感情心理学とは　　　　　　　　　　　　　　　　　　　2
　哲学における感情の省察（2）　　感情の心理学へ（3）
　感情心理学の学会と学術誌（4）

2　感情の定義と用語　　　　　　　　　　　　　　　　　　5
　心理学における感情の定義（5）　　心理学における感情
　に関する用語（6）

3　本書の構成　　　　　　　　　　　　　　　　　　　　　7

第1章　感情の理論　　　11

◎感情はどのように理解されてきたか

1　身体と脳　　　　　　　　　　　　　　　　　　　　　12
　情動の末梢起源説（12）　　情動の中枢起源説（15）

2　認知の役割　　　　　　　　　　　　　　　　　　　　18
　● ラベルづけされる情動
　情動二要因説（18）　　表情フィードバック仮説（20）

3　認知が先か，感情が先か？　　　　　　　　　　　　　21
　認知的評価説（21）　　感情優先説（23）

4　神経科学的感情理論　　　　　　　　　　　　　　　　25
　感情の起動：認知的評価の神経機構（25）　　感情の経
　験：現代の末梢起源説（27）

5　統一的な感情の理論にむけて　　　　　　　　　　　　31
　基本情動理論（31）　　基本情動理論への批判と心理構

v

成主義（32）　　統一的な感情の理論へ？（35）

第2章　感情の生物学的基盤　　39

◎感情をつくりだす脳と身体

1 感情を紡ぎ出す脳　……………………………………40
扁桃体（40）　　前頭眼窩野（44）

2 感情に伴う脳と身体の関連　…………………………46
扁桃体による身体反応の起動（46）　　身体状態の知覚
と制御：内受容感覚（47）

3 内受容感覚の予測的処理　……………………………50
脳の統一原理：予測的処理（50）　　内受容感覚・意思
決定・感情の統合（51）　　内受容感覚の神経ネットワ
ーク（55）

4 感情制御の神経機構　…………………………………57
自動的な感情制御（57）　　意図的な感情制御（61）

第3章　感情の機能　　65

◎有害か有用かを越えて

1 感情は有害か，有用か　………………………………66
「作用」の研究から「感情現象」の解明へ（66）　　自ら
にとって「良いか，悪いか」の判定機能（66）　　動機
づけのための機能（67）　　行為傾向（68）　　人間行動
の基盤としての感情（68）

2 感情の機能を解明するための基礎理論　……………69
適応としての機能：感情の進化理論（および基本情動理
論）（69）　　認知的評価とその機能（71）　　状況によ
って生じる構成要素の組み合わせ：感情の構成要素理論
（73）　　社会・文化によって構築される感情（74）
感情の核心は快・不快である（75）

vi

3 感情と認知，行動 ･････････････････････79

認知処理を誘導する機能（79） 行動選択を導く機能
（80） 感情の機能不全（81）

第4章 感情と進化 　　　85

◎感情を設計した「進化の見えざる手」

1 進化心理学の基本的視点 ･･････････････････86

進化の仕組み（86） 適応度の概念（87） 進化的
適応環境（89） 感情の進化心理学（90）

2 個体の安全と生存に関わる感情 ･･････････92

恐怖と不安（92） 嫌悪（93） うつ（95）

3 配偶者の獲得と維持に関わる感情 ･･････････96

愛情（96） 配偶者選好（97） 性的嫉妬（98）

4 集団生活に関わる感情 ････････････････････100

互恵的利他性とそれに関連する感情（100） 集団間
の攻撃（104） 集団内の地位と感情（105）

5 人間行動の進化論的考察の今後 ･･････････107

第5章 感情と認知 　　　111

◎こころをもった情報処理装置としての人間

1 感情と記憶 ･････････････････････････････････112

日常体験の記憶と感情（112） 気分一致効果と気分
状態依存効果（113） 感情ネットワーク・モデル
（115）

2 社会的判断と感情 ････････････････････････119

情報としての感情（119） 感情混入モデル（121）

もくじ　vii

3 感情と自己 123

自己表象と感情（123）　　うつ傾向と自己情報処理
（126）

4 感情の自己制御 128

意思による感情制御（128）　　自動的な感情制御
（133）

第6章　感情と発達　　　　　　　　　137

◎表情とコミュニケーションの仕組み

1 表情の発達 138

初期の表情（138）　　学習経験の影響（141）　　高齢
者の表情研究（142）　　生物学的側面の影響（142）

2 表情認知の発達 143

初期の表情認知（143）　　感情の認知と社会的参照
（145）

3 感情のコミュニケーション 148

感情表出の抑制と制御（148）　　社会的バイオフィー
ドバック・モデル（149）　　感情表出と解読のルール
（152）

4 感情システムの発達 154
● 感情の分化と発達相互作用論
感情の分化（154）　　心理構成主義と感情発達（154）
生物学的感情と高次の感情（156）　　社会的感情
（158）　　認知的感情（160）　　道徳的感情（160）
発達相互作用論と感情の発達：まとめ（162）

第7章　感情と言語　　　　　　　　　165

◎キモチをコトバにする

1 感情経験と言語の関係 166

viii

2 感情表出のプロセス ································167
　● 感情はどのように経験され表出されるのか

3 感情経験を「話す」 ································170
　● 生きる中でのコトバの役割
独り言の機能（170）　感情経験の共有と隠蔽（171）
臨床場面での語り（173）

4 感情経験を「書く」 ································175
　● 筆記開示研究について
キモチを文字にする（175）　抑えることの弊害と書
くことのもつ治癒力（177）　日記式の筆記開示
（179）　筆記開示のメカニズム（180）　筆記開示研
究の今後の課題（183）

第**8**章	感情と病理	185

　　　▨どのようにして不安や落ち込みから立ち直るか

1 感情の病態のさまざま ································186
感情の病態とは（186）　不安とその病態（187）
抑うつとその病態（188）　ストレスとその影響に関
する病態（190）　ポジティブな感情の病態（191）

2 感情の病理に関する心理学的理論・モデル ··········193
行動理論と行動療法（193）　認知モデルと認知療法
（196）　心理学的ストレスモデルとストレスマネジメ
ント（198）　認知行動療法（201）

3 感情の病態の治療 ································201
不安症の行動療法（201）　抑うつの認知療法（202）
マインドフルネス認知療法（203）　PTSD の認知行動
療法（205）　UP（209）

もくじ　ix

第9章 感情と健康 211

◎心身の健康に大切な感情のはたらき

1 健康と感情のとらえ方 ……………………212

健康の定義とウェルビーイング（212）　健康のモデル（213）　ポジティブ感情とは（214）　ポジティブ感情の機能：拡張－形成理論（216）　ポジティブ感情の拡張機能（217）　ポジティブ感情の形成機能（218）　ポジティブ感情の元通り（undo）効果（219）ポジティブ感情のウェルビーイングへの影響（219）

2 感情と死亡率，病気の罹患率 ……………221

ポジティブ感情が死亡率の低下に影響（221）　ポジティブ感情が生存期間・寿命に影響（224）　ポジティブ感情と疾病の罹患率に関する疫学研究（225）

3 感情と特定の疾患・健康状態との関係 …………227

感情と心臓疾患（227）　感情と癌：タイプC（228）感情とアレキシサイミア（228）　感情と痛み（229）感情と健康関連行動（230）　リスク行動に関連する個人特性（231）　健康に関連するポジティブな個人特性（232）

終章 今後の課題と展望 235

初版あとがき　241
引用・参照文献　243
事項索引　272
人名索引　281

Column 一覧

❶ ジェームズと情動の末梢起源説　14

❷ ヴィゴツキーの草稿と情動理論　28

❸ ソマティック・マーカー仮説　30

❹ 歴史学や哲学における感情研究　36

❺ 脳機能研究の技法　43

❻ 予測的処理と自由エネルギー原理　54

❼ ロボットは感情をもつことはできるのか？　59

❽ 感情の主観的経験とコア・アフェクト　78

❾ 染色体・遺伝子・DNA・ゲノム　88

❿ 進化の研究ツールとしてのコンピュータ・シミュレーション　108

⓫ 研究における気分状態の操作方法　116

⓬ 感情の予測──幸せを追い求めるがゆえのバイアス　130

⓭ 表出制御の発達と性差──コミュニケーションの正確さの測定と生理的指標　151

⓮ 社会的感情とそのダイナミックス　161

⓯ 感情経験を支える言語と文化──文化比較の難しさ　169

⓰ 感情制御における言語化の重要性──感情粒度　176

⓱ RDoC　208

⓲ ポジティブ心理学　215

⓳ 感情に関するアセスメントと文化　222

イラスト　オカダ　ケイコ

序章 感情心理学事始め

パスカル（B. Pascal）

この章で学ぶこと

　感情がどんなものであるかは，誰でも知っている。私たちは，日々さまざまな感情を経験し，それは生き生きとした体験として私たちの中に現れてくる。しかし，それなのに，いやむしろそれだけに，感情を客観的な対象として研究することは難しい。本書は，心理学がどのようにその課題に挑み，これまでどのような成果をあげてきたのか，その結果人間の感情についての理解がどのように進んできたのかを紹介する。

　ここでは，本書全体への導入として，まず感情心理学とはどのような研究領域であるのかについて概説する。次いで，本書で扱う感情の定義，感情に関連する用語の整理を行う。さらに，本書の各章における主題と内容について紹介する。

1 感情心理学とは

　かつて，17世紀の文人パスカル（B. Pascal）は著書『パンセ』の中で，「人間は考える葦である」と言った（Pascal, 1670）。この言葉は，人間は水辺にはえる葦のように弱い存在であるが，考える力をもつことで，他の動物よりも秀でた存在になりえたという意味に解されている。すなわち，理性の賞賛である。しかしパスカルは，同じ書物の中でこうも言っている。「心情は，理性の知らない，それ自身の理性をもっている」。この言葉は，心情，すなわち感情は，理性とは異なるが，でたらめに動いて理性を疎外するものではなく，独自の論理によって機能している，という意味に読める。また，理性があったとしても，感情を抜きにしては，生き生きとした人間のありようを思い描くのは困難である。

> **哲学における
> 感情の省察**

　感情が，人間性を形づくるうえで重要な役割を果たしていることは，古来の哲学的な省察においても認識されていた。古代ギリシアの系譜をひくヘレニズム思想においては，快楽の充足をよしとするエピクロス学派と禁欲主義を説くストア学派の論争が行われた。これら両派の主張は対立するようにみえるが，快や不快の感情をいかに扱うかが，いかによく生きるかに直結していると考える点では共通している。

　また17世紀の近世哲学においては，感情あるいは情念は人間考察の中心的主題であった。デカルト（R. Descartes）の『情念論』では，心身二元論に立脚して感情とは「心の受動」であると論じられている。すなわち，刺激を受けた身体から，一種の身体

2　序　章　感情心理学事始め

エネルギーである「動物精気」が脳に立ちのぼることにより，精神のうちに感情が生じると主張された（Descartes, 1649）。

一方，デカルトを批判して心身一元論あるいは平行論を説いたスピノザ（B. de Spinoza）は，感情とは身体状態の変化とその観念であると論じた（Spinoza, 1677）。また，ホッブズ（T. Hobbes）は，国家の起源を論じるために，意欲，嫌悪，愛，憎悪などの人間の感情を詳細に分析した（Hobbes, 1651）。

現代の心理学における感情研究は，こうした哲学の長い歴史のうえに準備されていったと考えることができる。

| 感情の心理学へ |

感情について，はじめて科学的な研究を行ったのは19世紀のダーウィン（C. R. Darwin）であるとされている。彼は，人間の表情と動物の表情には近似性があり，そこには進化的な連続性があると主張した。こうした考えはやがて，感情は動物の生存にとって必要あるいは有益であったので，進化の過程を経て持続し洗練されてきた，という考え方につながっていった。その頃，19世紀後半にジェームズ（W. James）によって主張された情動の末梢起源説により（第1章1節参照），感情の発生と体験における身体の重要性が主張されたが，これは20世紀になってキャノン（W. Cannon）らにより批判され，中枢（脳）の重要性が主張されるようになった。これら2つの考えは，感情研究において，その後長く続く理論的な対立軸となっていく。1960年代になると，認知科学，認知心理学の勃興により，感情も情報処理の一形態であるととらえる立場が提唱された。社会心理学や発達心理学では，現実的な場面における感情の特性や機能が研究された。さらに，神経科学・脳科学の発展により，人間の感情を支える脳機能の研究が進んだ。こうしたさまざまな立場から感情が考察・検証され，現代の心理学に

1 感情心理学とは 3

おける感情の研究領域が形成されていった。感情に関する心理学領域における論文・文献の公刊数は年をおって増加しており（鈴木，2007），心理学における感情研究の重要性はさらに増している。本書では，こうした心理学における感情研究の到達点を概観し，さらに今後の感情研究の発展の可能性を示唆したいと考えている。

| 感情心理学の学会と 学術誌 |

感情研究を促進するために，1984年に国際感情学会（International Society for Research on Emotions：ISRE）が設立され，現在では隔年で大会が開催されている。2011月7月26～29日，東日本大震災と福島第一原子力発電所事故で世情が騒然とする中，ISRE初の日本での大会が京都で開催された。この大会の開催は困難を極めたが，わが国における感情研究が興隆する契機となった。また，2014年にはアメリカの研究者を中心として感情科学学会（The Society for Affective Science：SAS）が設立され，毎年大会が開催されている。わが国でも1992年に日本感情心理学会が設立され，毎年大会が開催されている。これらの学会の大会では，最新の研究知見が報告されるとともに，感情に関する理論的な議論が行われている。いずれの学会でも，心理学のみならず，神経科学，ロボティクス，情報学，哲学など，さまざまな領域での学際的な感情の研究が顕著になっている。

感情心理学を専門に扱う学術誌としては，1977年より刊行されている *Motivation and Emotion*，1987年より刊行されている *Cognition and Emotion*，2001年より刊行されている *Emotion* などがある。わが国では1993年より日本感情心理学会が『感情心理学研究』を刊行している。さらに，ISREにより，*Emotion Review* という学術誌が2009年より刊行されている。こうした学術誌に掲載されている論文を参照することで，感情心理学の最

新の動向を知ることができる。

また，感情の研究は，認知心理学，社会心理学，発達心理学，生理心理学，認知神経科学など，さまざまな分野で行われており，そうした各分野の学術誌や学会で発表される感情研究もかなりの数にのぼる。本書で紹介される感情研究の知見や理論は，そうした研究活動の成果として蓄積されてきたものである。

2 感情の定義と用語

心理学における
感情の定義

感情を厳密に定義することは難しく，心理学において一般に認められた標準的な感情の定義というものは存在しない。オートニーら（Ortony, Clore, & Collins, 1988）は，「感情とは，人が心的過程の中で行うさまざまな情報処理のうちで，人，物，出来事，環境についてする評価的な反応である」と述べている。この定義は最も広義であると思われるので，本書でもこれを採用しておくこととする。

評価というのは，対象を，良い一悪い，危険一安全，有用一有害，好き一嫌い，などの軸に位置づけ，認識することである。また反応とは，対象による脳や神経，身体器官への作用から，潜在的な行動の準備状態の形成，顕在的な表情や行動の表出，主観的な心的体験まで，広い範囲を含む。

この定義に従えば**感情**とは，自分自身を含めてあらゆる対象について，それが良いものか悪いものかを評価したときに人間に生じる状態の総体ということになる。おそらく，何らかの対象に接したとき，こうした評価がまったく生じないということはまれで

あろう。その意味では，人間のあらゆる認識や行動には感情が伴っているといっても過言ではない。つまり，感情を理解することなしには人間の精神活動を理解することはできない。それが，心理学において感情が重視される所以である。

**心理学における
感情に関する用語**

心理学では，感情に関するいくつかの用語が使用される。原因が明らかで，始まりと終わりがはっきりしており，しばしば**生理的覚醒**（physiological arousal）を伴うような強い感情を，**情動**（emotion）と呼ぶ。生理的覚醒とは，**交感神経系**や**内分泌系**の活動に伴う身体の興奮状態を指す。私たちが経験する情動のうち，怒り，恐れ，悲しみ，喜び，などのいくつかのものは，進化の過程で形成されてきたもので，動物とも共通性が高いとも考えられている。そのような意味で，これらの情動を生物学的な基盤をもった**基本情動**（basic emotions）であると主張する立場もある。しかし，基本情動が存在するかどうかについては現在でも議論があり（第1，3章参照），基本情動がいくつあるかについても意見の一致をみていない。

　一方，原因が必ずしも明らかではなく，比較的長期間持続するが，それほど強くない快あるいは不快の感情状態を**気分**（mood）と呼ぶ。そして，情動や気分が主観的に体験される状態について特に，**情動経験**（emotion experience），**気分経験**（mood experience）と呼ぶことがある。これらをあわせて感情経験という語も用いられる。ただし，こうした用語は研究者によっても相違がある。たとえば神経科学者のダマシオ（Damasio, 1994）の理論では，対象の知覚によって脳を含めた身体に生じた生理的な反応が情動であり，そうした反応が脳によって知覚され意識される感情経験が**フィーリング**（feeling）である（第1章参照）。以上のよう

6　序　章　感情心理学事始め

な，さまざまな反応や状態を総称して感情（affect）と呼ぶ。

また，対象が好きか嫌いかという判断を**選好**（preference）と呼び，感情に含めることがある。この場合は，熟考に基づく合理的な好悪判断というよりも，直感に基づく理屈抜きの好悪判断というようなニュアンスが含まれている。また対象の評価に用いられる良いか悪いかという判断の軸を**感情価**（valence：誘引価ともいう）と呼ぶ。

こうした用語の定義も，必ずしも厳密に定められているわけではなく，個々の研究では，各用語の意味が微妙に違ったり，各用語が互換的に使用されたりすることも少なくない。研究領域によって習慣的に特定の用語を使用することが多い，ということもある。そこで本書では，原則的に上記の用語定義に準拠しつつも，個別の場面での用語法は各章の執筆者に任せた。

3 本書の構成

本書は，9つの章からなっている。各章では，感情に関する心理学研究の異なるテーマが扱われている。読者の興味にあわせて，どの章から読んでも理解できるように，各章は独立して完結するように書かれている。各章にはコラム（*Column*）を設け，各章に関連の深い最新の研究知見，興味深いエピソード，具体的な研究方法などを解説した。また，さらに詳しい知識を得たい読者のために，各章末に**学習文献案内**を掲載した。

以下に，各章の内容について概観しておく。

第1章「感情の理論」では，心理学において代表的な感情の理論について解説する。近代的な学問領域としての心理学の成立

から現在に至るまで，さまざまな心理学領域において，多くの感情理論が提唱されてきた。それらの理論は扱う範囲も，立脚する立場も異なっている。ここでは特に，感情がどのように発生するのかを説明する研究史的に重要な理論を扱い，何が論争の焦点とされてきたのかを考える。

第2章「感情の生物学的基盤」では，感情を生み出し制御する脳や身体の**生理的機能**について取り上げる。動物を対象とした神経科学研究やヒトを対象にした神経画像研究などにより，感情に関連する脳部位と機能について多くのことが明らかになってきた。今日では，心理学といえどもそうした知見を無視することはできない。この章では，心理学を学ぶ者が知っておくべき感情についての基礎的な神経生理学的知見を紹介する。

第3章「感情の機能」では，感情が人間の生活やそこでの適応のために，どのような役割を果たしているかを分析する。哲学においても心理学においても，かつては，感情は理性の邪魔をする有害なもので，適切に抑制されねばならないと考えられたことがあった。しかし現在では，感情はむしろ**適応**を促進する有益なはたらきをもつことが認識されている。この章では，そうした**感情の役割**を，神経生理，動機づけ，運動表出，主観的体験など，さまざまなレベルから考察する。さらに，そうした感情の役割を，特に感情次元理論の考え方に基づいて考察する。

第4章「感情と進化」では，1990年代以降急速に発達してきた進化心理学の観点から感情の**適応的役割**を考察する。感情が生物の適応に有益なものであり，進化の過程で発達・高度化してきたものであることは，古くから論じられてきた。しかし特にヒトという種において，感情がどのような適応的役割を果たしてきたのかは，これまで具体的に言及されることは少なかった。この章

8　序　章　感情心理学事始め

では，個人の安全を確保するために，あるいは集団の機能を維持するために，感情がどのように機能しているかを論じる。

第5章「感情と認知」では，記憶，社会的判断，自己認識などの**認知過程**に対する感情の影響について解説する。さらに，感情を自らの意志と努力により制御しようとする認知のはたらきについて説明する。これらの感情研究は，認知心理学や社会心理学の分野で発達してきた。そうした分野ではかつて，コンピュータのような精緻な情報処理機構として人間をとらえる人間観が優勢であった。しかし，感情が**情報処理**のさまざまな過程に影響するという知見は，そうした人間観に修正を迫ることとなった。

第6章「感情と発達」では，子どもが誕生し育っていく過程の中で，感情がどのように**発達**していくのかについて解説する。特に，乳児期の子どもは言葉をもたないので，感情の**表出**や**他者の感情の理解**において，表情が重要な意味をもつ。また感情の生理的側面，認知的側面，行動的側面などの諸相が，どのように発達し協調をなすに至るかも重要な問題である。この章では，そうした感情の発達の問題について解説する。

第7章「感情と言語」では，感情の経験を**言葉**によって表現しようとする営みやその効果について論じる。言葉は，思考の道具であるとともにコミュニケーションの道具でもある。それゆえ言葉は，自らの感情経験を理解するうえでも，それを他者に伝えるうえでも重要である。また，感情を言葉にすることは，それ自体，健康を増進したり認知機能を改善したりする有益な効果をもつとも指摘されている。この章では，そうした感情をめぐる言葉のはたらきについて考える。

第8章「感情と病理」では，不安症群，抑うつ，心的外傷後ストレス症（PTSD）などの，感情のはたらきが**阻害**されることに

より生じる精神的な問題について取り上げる。ここでは主に，そうした感情の病態を説明する心理学的モデルが解説され，さらに臨床場面でそうした病態に対して実際にどのような心理学的治療が行われているのかを紹介する。

第9章「感情と健康」では，感情の経験やある感情状態の維持が，**健康**に対して及ぼす効果について取り上げる。特にこの章では，研究が発展している**ポジティブ感情**のはたらきに焦点を当てる。ポジティブな感情が健康増進にどう有益であるのかを検討した実証的知見を紹介し，そうした効果が理論的にどのように説明されるのかを解説する。

本書は，感情心理学を体系的に詳説することや，感情心理学の研究を網羅的に紹介することを，必ずしも目的としていない。それよりも，感情の心理学における新しい知見をさまざまな観点から紹介することによって，この研究領域への知的関心を高めてもらうことを目的としている。そのため各章では，長い間検討に耐えてきた定評ある知見とともに，執筆者自身の研究を含め，新しく提唱され現在検討されつつある知見をも多く取り上げるよう努めた。本書により感情心理学の魅力を感じていただければ望外の喜びである。

第 **1** 章　*感情の理論*

● 感情はどのように理解されてきたか

ジェームズ（W. James）

この章で学ぶこと ●●●●●●●●●●●●

　感情は，心理学において最も古くから研究されてきたテーマの1つである。心理学の歴史の中で，これまでに，さまざまな感情に関する理論が提唱されてきた。しかし現在まで，それらの多くの理論が，1つの有力な理論のもとに統合されることはなかった。また，競合する理論の間で論争が起こったこともしばしばあったが，どちらが正しいのかという決着がついていないことも多い。それは，感情という現象が，それだけ複雑で，多様な要素を含んでいるからであろう。この章では，心理学において重要な感情理論について，身体反応，認知，脳機能を中心に，歴史を追いつつ紹介する。

1 身体と脳

情動の末梢起源説　近代的な科学としての心理学は，ドイツのヴント（W. M. Wundt）が 1879 年にライプツィッヒ大学に心理学実験室をはじめて公式に設置したことによって始まったとされている。感情についての最初の理論は，この心理学の黎明期に現れた。

　医学・生理学出身で後に心理学・哲学に転じたアメリカのジェームズ（*Column* ❶参照）は，ある刺激が大脳皮質（大脳の最も外側を大脳皮質と呼び，感覚皮質や運動皮質などの部位が含まれる）において知覚されると，ただちに身体，特に内臓と骨格筋に変化が生じる，次いで，そうした身体の変化が脳に伝えられ，それが知覚されたものが主観的な情動経験である，と主張した（James, 1884）。この主張は，末梢身体の反応こそが情動経験の源泉であるという意味で，**情動の末梢起源説**と呼ばれる（図1-1）。

　この説の中でジェームズは，「悲しいから泣くのではない，泣くから悲しいのだ」と述べている。この言葉は有名であり，その文学的表現のために，情動の末梢起源説は一般の常識とは逆の因果関係を主張していると解釈されることが多い。ただし，この言葉が意味するのは，悲しいという心的な状態がまず起こり，その結果として泣くという行動が生じるのではなく，ある対象を知覚し，泣いているときに感じる身体変化の体験そのものが悲しいという情動だということである。ジェームズが挙げている別の例によれば，クマを見て，震えたり逃げたりする，そのときに感じる身体変化の体験が恐れである。それゆえジェームズは，もし身体

12　第1章　感情の理論

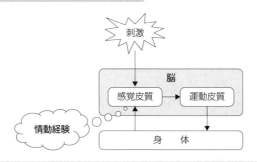

図1-1 ジェームズの情動の末梢起源説

情動的刺激は，感覚皮質で受け取られると，不随意的に運動皮質に伝わり，身体反応を引き起こす。身体反応が求心性神経により再び感覚皮質に届けられ，私たちは自身の身体反応を知ることができる。末梢起源説は，この身体反応の感覚が情動経験であると考える。

の変化がなければ，情動的刺激の知覚は純粋に認知的なものであり，情動を含まないと主張している。つまり，クマを見ても，「逃げるのが最適だ」と判断するだけで，恐れは感じないことになる。

ほぼ同時期，デンマークの生理学者ランゲ（C. G. Lange）もジェームズとは独立に，似た説を主張した（Lange, 1885）。ジェームズが内臓と骨格筋の反応に注目したのに対して，ランゲは**血管**の反応と，それによる血液循環の変化を重視した。ランゲは，血管を拡張させたり収縮させたりする血管運動神経の反応パターンと，その知覚によって，悲しみ，喜び，恐れ，怒り，などの情動が生じるメカニズムを説明しようとした。19世紀の半ばまでには，血管は単なる管ではなく，環境の要求を満たすために運動神経と感覚神経により精緻に制御される身体装置であることが知られていた。ランゲはその反応の精妙さに，私たちが経験する豊

1 身体と脳　13

Column ❶ ジェームズと情動の末梢起源説

　ジェームズ（1842-1910）は心理学の歴史において最も重要な人物の1人である。彼は，ハーバード大学で医学を学んで1872年に学位を取得し，同大学で生理学と解剖学を講じた。1875年には，アメリカではじめて心理学実験室を設立し心理学の教授となった。やがて，哲学に興味を抱き，生理学だけでは人間の精神状態を説明できないと考えるようになって哲学の道を歩むことになる。1880年には，ハーバード大学で哲学の准教授，1885年には哲学教授に就任した。情動の末梢起源説は，彼のこうした生理学の素養を背景に，人間への深い洞察によって形成されたのであろう。

　情動の末梢起源説は，1884年に書かれた「感情とは何であるか」（What is an emotion?）という論文ではじめて提唱され，その後1890年に書かれた大著『心理学原理』（*Principles of Psychology*）に収録されている。有名な，「悲しいから泣くのではない，泣くから悲しいのだ」という叙述も，これらの著作の中に現れる。ところがジェームズは，なぜそのように主張するのかという根拠を明示していない。この理論が常識的な考え方に反することを思うと，これは不思議である。

　情動の末梢起源説が広く支持されていた20世紀前半には，感情を身体反応と精神によるその知覚であるとする17世紀の哲学者スピノザの理論が，その根底にあるとも考えられていた（序章，*Column* ❷参照）。スピノザは，ジェームズが晩年研究した経験論哲学の祖であるともいえることから，この解釈は一定の説得力をもつように思われる。しかしジェームズは，これについても明言していない。

かな情動の源泉を見出そうと考えたのである。後に，この2人の説をまとめて，**ジェームズ＝ランゲ説**と呼ぶようになった。

　情動の末梢起源説が提唱された19世紀は生理学が大きく発展した時期であり，人間の精神活動を，生理的活動に還元しようと

14　第1章　感情の理論

する発想がみられた。そうした発想が情動の末梢起源説の根底にあると考えられる。また、ジェームズは、脳の中に感情を起こす中枢を仮定することを批判し、当時すでによく知られていた感覚と運動に関する脳機能で情動をも説明しようとした。この考え方が、**対象**（刺激）**の知覚**（感覚）、**身体反応**（運動）、**身体反応の知覚**（感覚）という要素で構成される情動の末梢起源説につながったのであろう。

情動の末梢起源説は長い間、有力な理論

情動の中枢起源説

として広く支持されていた。しかし、1927年になって、ジェームズに師事したこともあるアメリカの生理学者キャノン（序章参照）はこの説に関する実験的研究と臨床的研究を展望し、以下の5つの点で批判した（Cannon, 1927）。

①イヌの内臓と筋を大脳から切断しても、情動行動に変化はみられない。末梢起源説では身体反応がなければ情動は生じないはずである。②恐れ、怒り、高熱や寒冷への暴露、肉体的負荷など、さまざまな原因により**交感神経系**（緊張状態を導く神経系）**の活性化**という同じ反応が生じる。末梢起源説では、情動ごとに身体反応は違っているはずである。③内臓には感覚神経はあまり分布しておらず、内臓に生じる変化をそれほど明瞭に意識することはできない。④刺激を知覚してから、内臓の変化は感情の発生よりも遅い。⑤エピネフリンを注射すると、交感神経系を覚醒することができ、情動に伴う自然の身体反応とよく似た状態をつくることができる。しかしこの実験で情動経験を報告した被験者は3割程度しかいなかった。

こうした批判をもとに、キャノンは独自の情動理論を提唱した。キャノンの理論には、2つの重要な側面がある。1つは情動経験の発生に関する説明であり、もう1つは身体反応の機能に関する

説明である。

　まず情動経験の発生に関しては，キャノンは，**大脳皮質**と**皮質下領域**（特に**視床**〔thalamus〕）という脳の二重構造を重視した。外界からの刺激は大脳皮質に到達する前に，必ず視床を経由する。キャノンの説では，視床は刺激が情動的性質を帯びているかどうかを弁別し，もし刺激が情動的なものであれば，その情報を大脳の感覚皮質に送って，そこで情動経験が引き起こされる。このとき視床は同時に，**視床下部**（hypothalamus）を経由して末梢身体にも情報を送り，そこで身体反応が引き起こされる。身体反応に関しては，キャノンは**自律神経**（autonomic nerve）の機能を重視した。彼は，**副交感神経**（parasympathetic nerve）は消化やエネルギー保存などの機能を司り，**交感神経**（sympathetic nerve）は身体の生理的防御機能を調節して，緊急の事象に備える機能があると考えた。特に交感神経系は，キャノンの時代には，原因が何であれ危機や興奮をもたらす刺激に対しては同じように活性化すると考えられていた。こうした知見に基づいて，キャノンは，身体反応はジェームズが主張するほどには分化しておらず，むしろ身体は平常時には安定（ホメオスタシス〔homeostasis〕）を保つように調整され，緊急の場面や興奮状態では闘争・逃走（fight-flight）行動に備えるように一定の自己防御機能としての生理的反応（心拍数，血圧，呼吸数の上昇など）が引き起こされるという考えに至った。この説は脳を情動発生の中心にすえるものであり，**情動の中枢起源説**と呼ばれるようになった（図1-2）。また，キャノンと共同研究を行った弟子のバード（P. Bard）の名前とともに，**キャノン＝バード説**とも呼ばれている。

　ジェームズ＝ランゲ説が必ずしも科学的証拠に基づかない思弁的な理論であったのに対し，キャノン＝バード説は当時発展して

16　第1章　感情の理論

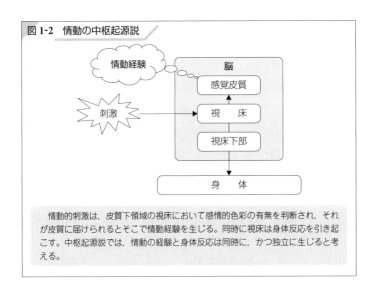

図1-2 情動の中枢起源説

情動的刺激は，皮質下領域の視床において感情的色彩の有無を判断され，それが皮質に届けられるとそこで情動経験を生じる。同時に視床は身体反応を引き起こす。中枢起源説では，情動の経験と身体反応は同時に，かつ独立に生じると考える。

きた神経科学，生理学の実験的知見に立脚しており，かなりの説得力があった。ただ，両者の理論は必ずしも互いに排他的な関係にあるわけではない。意識的な情動経験は，それに先行して脳（ジェームズ=ランゲ説では感覚皮質，キャノン=バード説では視床）が刺激を知覚した結果であり，その知覚自体は自覚されず無意識的に起こるという点，そして，刺激の知覚に続いて身体反応が不随意的に起こるという点では共通している。

視床が感情の中心であるという考えは，後に誤りであることが判明した。しかし，彼の理論は皮質下の辺縁系（視床下部；図1-2参照）と大脳皮質のある領域に情動の基盤を求めるという点で，現代にも通じる感情の神経基盤理解（第2章参照）の先駆けであったともいえる。また，緊急時には交感神経を中心に闘争・逃走反応という一定の身体反応が生じるという考えは，後にストレスに関する生理学的研究の礎になった。

1 身体と脳　17

2 認知の役割

● ラベルづけされる情動

情動二要因説 哲学者のラッセル（B. Russell）は，歯科医から施された交感神経を興奮させるエピネフリン注射の際に，情動を経験したときに感じるような身体反応を感じたが，情動自体を経験することはなかったと記述している（Russell, 1927）。ラッセルは，この原因は，自分はあたかも怒ったり怖がったりしているようではあるが，そう感じる理由が見あたらなかったためだろうと考えた。ここからラッセルは，情動が生じるには，**生理的な変化**と，その原因に対する**認知**という2つの要因が必要であると考えた。

　この洞察により想を得た社会心理学者のシャクター（S. Schachter）とシンガー（J. Singer）は，**情動二要因説**を提唱した（Schachter, & Singer, 1962）。この説によれば，まず刺激によって末梢身体における**生理的覚醒**（physiological arousal）が生じる。この生理的覚醒は，キャノンが主張したように，さまざまな状況において共通で**非特異的**（non-specific）であると仮定される。こうして生起した生理的覚醒について私たちは，なぜ自身にそうした覚醒が生じたのかという原因や説明を求める。これを，自己帰属と呼ぶ。それにより情動を**ラベルづけ**する。私たちは，このラベルに適合するように，情動を経験し，それにみあった行動をする。この場合，生理的覚醒の原因が明らかでない場合には，私たちは身近な環境を探索し，適切なラベルづけを求める（図1-3）。

　シャクターとシンガーは，エピネフリン注射を用いた実験によって，この理論を検証しようと試みた。被験者は，エピネフリン

18　第1章　感情の理論

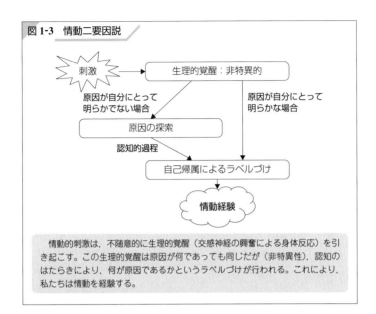

図 1-3　情動二要因説

情動的刺激は，不随意的に生理的覚醒（交感神経の興奮による身体反応）を引き起こす。この生理的覚醒は原因が何であっても同じだが（非特異性），認知のはたらきにより，何が原因であるかというラベルづけが行われる。これにより，私たちは情動を経験する。

か，または効果のない生理的食塩水を注射された。さらに，エピネフリンを注射された被験者は，この薬物の効果について正しく説明を受ける条件と，何ら説明を受けない条件に分割された。この後，被験者は，陽気にふるまう実験協力者か，または怒りを露わにする実験協力者とともに待機室で待たされた。すると，エピネフリン注射を受け（生理的覚醒が生じる），その効果について説明を受けなかった（生理的覚醒の原因が明らかでない）被験者は，実験協力者が表出したのと同様な情動を経験したと報告した。つまり，それらの被験者は，自己の生理的覚醒の原因を身近にいた他者の情動にあわせてラベルづけし，結果としてそれと同様な情動を経験したのだと解釈された。

　この理論は，末梢起源説と中枢起源説をうまく折衷し，情動の発生には生理的覚醒という身体的要因と，その原因の帰属という

認知的要因の2つが必要であるということを主張した。シャクターらがこの理論を提唱した頃、心理学の多くの分野では「認知革命」、すなわち認知のはたらきを解明し、それを心理学研究の中核として考えるという動きが隆盛しつつあった。情動の発生において認知を重視したシャクターらの理論も、そうした流れの中で生まれたものだと考えることができる。しかし、彼らが行った実験の追試が成功しなかったという問題もあり、この理論があてはまるのは限定的な場面に限られるという主張もある（Manstead, & Wagner, 1981）。

表情フィードバック仮説

先にみた末梢起源説へのキャノンによる批判の多くは内臓反応に対するものであった。一方、骨格筋の反応はより速く、場面によって反応パターンに違いがみられ、さらに骨格筋から脳へのフィードバック経路もより豊かである。それゆえに**骨格筋反応が感情の経験に影響している可能性が高い**と考える研究者がいる。エクマン（P. Ekman）らは、顔面の表情筋は特に反応が速く、その反応は感情の種類に応じて分化しており、それゆえ現在生じている事態をすばやく脳にフィードバックすることが可能であり、それが感情の経験に影響すると主張した（Ekman, Friesen, & Ellsworth, 1972）。この考えを**表情フィードバック仮説**と呼ぶ。この理論が対象とするのは、必ずしも情動のような強い感情だけではなく、気分のようなより曖昧な感情状態も含んでいる。この理論を検証するために、被験者に何らかの方法でさまざまな表情をさせて、その時点の感情状態を報告させたり、**刺激への感情的評価を求めたりする研究**が行われた。その結果、表情が、経験される感情を強める効果は確かにありそうだと考えられている。しかし、その効果は表情筋を人為的に動かせば特定の感情が

20　第1章　感情の理論

生じるというほど強いものではないこともまた事実である。表情筋を含め，骨格筋からのフィードバックだけで感情を説明することは難しそうだ。

3 認知が先か，感情が先か？

認知的評価説　　これまで述べてきた感情に関する理論のいずれもが，説明していない重要な点が1つある。それは，最初に刺激が受け取られたとき，どのようにして感情反応が引き起こされるかということである。ジェームズ＝ランゲ説や情動二要因説では，刺激は最初にどのようにして身体反応を起こすのか？　キャノン＝バード説では，皮質下領域において，どのようにして刺激が情動的色彩を帯びていることが理解されるのか？　認知心理学者のアーノルド（M. B. Arnold）は，刺激と，それに対する最初の反応の間にあるのは，**認知的評価**（cognitive appraisal）であると主張した（Arnold, 1960）。

アーノルドによれば，認知的評価とは，刺激が良いものであるか悪いものであるかを判断することであり，これ自体は無意識に行われる。その結果，良いと評価された刺激へは接近するように，悪いと評価された刺激からは離れるように動機づけられる。こうした評価の結果として現れた動機づけを，私たちは意識することができ，それが感情経験であるとされている。ここでいう感情は，情動のような強い感情と，気分のような弱い感情の両方を含んでいる。アーノルドの理論に従って，ジェームズが述べた「クマを見て逃げる」という状況を解釈してみよう。まずクマを知覚すると，それが相当に危険なものだという評価が行われる。この時点

3　認知が先か，感情が先か？　　21

では無意識である。その結果，できるだけ速やかにその刺激から離れる，つまりクマから逃げるという行動が動機づけられる。この動機づけを私たちは恐怖という情動として意識的に経験することができる。さらには，それによって実際に逃げるという行動が引き起こされるであろう。ジェームズと異なるのは，恐怖が生じるために実際に逃げるという行動が起こる必要はなく，評価によりその動機づけが生じればよいという点である。

　同時期，主にストレスを研究していた臨床心理学者のラザルス（R. Lazarus）も，評価を中心にした感情理論を提唱した（Lazarus, 1966）。彼によれば，ヒトが感情を経験するには，自らがおかれた状況を理解していなければならない。私たちはまず刺激に対して，それが有害か有用かを評価する。これは，アーノルドの理論とよく似た概念であり，これを**一次的評価**（primary appraisal）と呼ぶ。次に，その刺激や状況に対処可能であるか対処できないかが判断され，これを**二次的評価**（secondary appraisal）と呼ぶ。それに沿って情動経験や行動が起こる。たとえば，ある刺激が自分に害をなすものであり，しかしそれに対処できると評価される場合，怒りという情動が起こるだろう。しかし，その刺激が有害であるが，対処が不可能であると評価されれば，無力感や悲しみの情動が起こるであろう。

　この理論を検証する実験としてラザルスらは，オーストラリア先住民族における少年に対する割礼の儀式を映したフィルムを被験者に見せた。残虐さを強調するようなナレーションを加えた条件では，自律神経系の覚醒と主観的な不快感情は顕著に強くなった。しかし，それは大人の集団に入るための晴れの儀式であるというナレーションを加えた条件では，同じフィルムを見ているにもかかわらず，覚醒や不快感情は抑えられた。このような刺激や

22　第1章　感情の理論

事情に対する意味づけ，つまり評価が，引き起こされる感情を規定すると，ラザルスは主張している。

これらの認知的評価説の背景には，やはり 1960 年代の「認知革命」，つまり人間の精神的活動における認知の重視があることは間違いない。しかしここで，認知的評価とはいったい何であろうか？ アーノルドの理論では，それは無意識的な判断過程であるとされていた。一方，ラザルスは，意識的で高次な過程を重視し「認知は感情の必要かつ十分条件である」と述べている。

感情優先説

このような，感情における認知の重要性を強調する立場に，まっこうから反旗を翻したのが社会心理学者のザイアンス（R. Zajonc）である。1980 年に発表された「感じることと考えること——好みに推論は要らない」と題された挑発的な論文で，ザイアンスは，刺激に対する感情的反応は，短時間で自動的に生じ，認知的評価を必要としない。むしろ，認知的評価に先立って起こる，という**感情優先説**を提唱した（Zajonc, 1980）。ここでいう感情とは，情動のように明確に体験される強い感情というよりは，なかば無意識的な好き・嫌いという評価であると考えられる。

ザイアンスが感情優先説の根拠にしたのは，**単純接触効果**（mere exposure effect）である。これは，欧米人にとっての漢字など，本来無意味で中性的な刺激であっても，それに繰り返し接するだけで好ましさが増大するという現象である。興味深いことに，この効果は，刺激を意識的に認識できないほど短時間で与えても生じる。こうした実験手続きを**閾下知覚**（subliminal perception）と呼ぶ。この場合，何が与えられたかさえわからないのだから，認知的評価は起こりえないだろう，しかしそれでもなお，**好み**という一種の感情が生じるのであるから，感情は認知に先立

3 認知が先か，感情が先か？ 23

つ，というのがザイアンスの論理である。

　皮肉なことに，これとよく似た現象が，認知的評価説の旗手であるラザルスによっても報告されている（Lazarus, & McCleary, 1951）。この研究では，ある文字のパターンが意識的に認識できないほど短時間にスクリーンに呈示された。そのパターンのうち，いくつかは，事前に電気ショックと組み合わされて呈示されていた。この手続きを恐怖条件づけ（fear conditioning）と呼び，このようにすると，本来中性的である文字パターンが恐怖感情を呼び起こし，顕著な交感神経系活動を引き起こす。このようにして，いったん恐怖と条件づけられた文字パターンは，それが閾下で呈示されても，交感神経系反応を引き起こした。これは，ある刺激が有害であるという評価が，無意識的に起こることの証拠である。もっとも，ラザルスがこの研究を行ったのは，彼が認知的評価説を唱える前のことである。

　こうした経緯を背景に，1980年代にはラザルスとザイアンスの間に，感情を経験するのに認知は必要であるかという論争が起こった。しかし，残念なことに，この論争は有意義なかたちで決着するには至らなかった。ザイアンスの研究結果を認めるにしても，たとえ無意識であろうと，ある刺激が入力されたときに，それが有用か有害かという判断がなされなければ，感情的反応が起こりようもないだろう。ザイアンスの立場では，それはあまりにも原初的な過程なので，認知ではない，ということになる。一方，認知的評価説では無意識の認知的評価も認めるのであるから，それは認知であるということになる。結局は定義や概念の問題なのである。こうした論争に決着をつけるには，具体的にそうした刺激の評価が，どのようなメカニズムによって行われているのかを示すしかないであろう。しかし，それには，1990年代に感情の

24　第1章　感情の理論

神経科学が発達してくるのを待つ必要があった。

4 神経科学的感情理論

感情の起動：
認知的評価の神経機構

心理学において認知を重視する感情理論が隆盛していた頃，**神経科学**の領域では感情に関係する脳部位の研究が進んでいた。先に述べたようにキャノンは，外界からの刺激が情動的な色彩を帯びているかどうかを判断しているのは視床であると考えていた。その後の研究により，このはたらきには，視床のほかにも，**海馬**（hippocampus），**視床下部**，**帯状皮質**（cingulate cortex）などの複数の皮質下領域が関わっていることが明らかになってきた。パペッツ（J. W. Papez）は，刺激の信号がこうした領域を回りながら処理され，特にその過程で感情が体験されるという**感情回路説**を提唱した（Papez, 1937）。さらにマクリーン（P. D. MacLean）は，皮質と神経連絡のある皮質下領域を**辺縁系**（limbic system）と名づけ，ここが感情と内臓機能の調整に関与する機能系であるという**概念**を提唱した（MacLean, 1954）。マクリーンは，広義の**海馬体**（海馬，海馬回，歯状回および扁桃体を含んだ領域）を感情発生の中枢であると考え，海馬体からの出力が視床下部を介して情動体験と自律神経系反応を発生させると主張した。ここに至って，キャノンが最初に提唱した情動の中枢起源説の，神経的なメカニズムが明らかになってきた。

こうした辺縁系領域でも，特に重要なのが**扁桃体**（amygdala）である（第**2**章も参照）。扁桃体は左右の側頭葉内側部に一対存在する神経核の集合体である。扁桃体を両側とも切除されたサルは，

火やヘビなど，生得的に恐怖の対象であるものにも平気で近づき，相手かまわず交尾しようとするなどの，感情が異常になった行動がみられ，これを**クリューバー・ビューシー症候群**と呼ぶ。

扁桃体は視床下部や**中脳**（midbrain）にも直接的な神経連絡をもち，身体反応を変化させることができる。こうした事実から，感情の発生に扁桃体が特に重要であることがわかってきた。

また，扁桃体には，視覚，聴覚，内臓などの感覚入力を，より高次な大脳皮質の処理を省略して，視床から直接受ける神経連絡がある。これにより，大脳の感覚皮質による高次な処理を省略し，刺激の迅速な評価が可能になる。ルドゥー（J. LeDoux）は，このような視床から扁桃体への直接的な神経連絡を**低次経路**（low-road），視床から感覚皮質を介して扁桃体へ至る神経連絡を**高次経路**（high-road）と呼んだ（LeDoux, 1996；図1-4）。彼は，低次経路によりあらかじめ扁桃体の活動が高まると，より分析の進んだ感覚皮質からの入力を扁桃体が受容しやすい状態になると主張している。このはたらきにより，直後にどのような刺激が入力され，どのような感情反応が生じるかを扁桃体があらかじめ準備できるとされている。また，低次経路は特に鋭敏で，刺激が閾下で呈示された場合にも，その信号を受け取って扁桃体を活性化させることが実証されている（第2章参照）。

こうした扁桃体のはたらきは，きわめて迅速で，不随意的・無意識的なものである。このはたらきが，アーノルドが主張したような無意識的な評価，あるいはザイアンスが主張したような認知なしの感情反応の神経的な実体だといえる。このように考えれば，感情が先か認知が先かという心理学における論争は，実際には同じ現象を，異なる枠組みからみていたのだと解釈することができるだろう。残された謎は，神経細胞の集合でしかない扁桃体が，

26　第1章　感情の理論

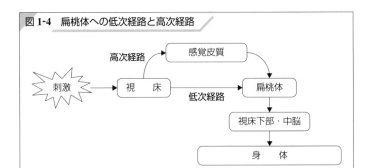

図1-4 扁桃体への低次経路と高次経路

感覚器官から入力された刺激は、視床を経由して感覚皮質に届けられ、そこで分析を受ける。その分析された信号が、扁桃体に届けられて情動的刺激であるかどうかの判断がなされる（高次経路）。しかし、視床から直接扁桃体に入力する神経経路が存在することが知られている（低次経路）。低次経路は、高次経路より粗い情報処理しかできないが、より速く処理を行うことができる。この経路により、何らかの情動的刺激が存在することをいち早く検出し、後の詳細な処理に備えることができると考えられている。

ある刺激が感情的であることを、どうやって判断するのか、ということである。おそらくネットワーク的なパターン認識を行っているのであろうと思われるが、その詳細はまだ解明されていない。

感情の経験：現代の末梢起源説

神経科医で神経科学者のダマシオ（A. R. Damasio）は、脳と身体の双方向的な関係を重視した感情理論を展開している。

先に述べたように、扁桃体は感情反応の起点となる器官であるが、身体反応を変化させる機能もある。またダマシオは、腹内側前頭前野（ventromedial prefrontal cortex）は過去の経験や文脈に基づいて扁桃体活動を調整する機能があり、それにより身体反応がつくりだされ調整されると主張している。一方、脳には身体全体の状態を常にモニターしている領域があり、その最上流部に位置するのが**体性感覚領野**（sensory area）と**島**（insula）皮質である

Column ❷ ヴィゴツキーの草稿と情動理論

ヴィゴツキー（L. S. Vygotsky；1896-1934）は旧ソビエト連邦の心理学者であり，短い生涯の中で，発達心理学を中心とした幅広い研究活動を行った人物である。彼は，情動についても未完の草稿を残しており，『情動の理論——心身をめぐるデカルト，スピノザとの対話：最後の手稿』と題して邦訳されている（本章学習文献案内参照）。

この草稿は，1930年代における情動理論の動向が生き生きと描かれており興味深い。ジェームズとランゲの末梢起源説がこの頃に至るまで広く支持されていたこと，また，末梢起源説がスピノザの哲学的感情論を基盤にしているとの認識が研究者の間では共有されていたことがうかがえる。なお，スピノザはデカルト（序章も参照）の心身二元論を批判して心身平行説を唱えた17世紀オランダの哲学者であり，感情を身体活動の変化とその変化の精神における観念であると定義している。現代の神経科学者であるダマシオも，スピノザに共感を示し，スピノザへのオマージュともいえる『感じる脳——情動と感情の脳科学 よみがえるスピノザ』（本章学習文献案内参照）と題する書物を著している。

ヴィゴツキーは，当時最先端の知見であったキャノンの中枢起源説を引用しつつ末梢起源説を検討し，それらの考え方が，心身二元論を克服しておらず，デカルト主義そのものであると批判している。ヴィゴツキーは，彼が真のスピノザ主義と考える立場による情動理論を構想していたようである。彼が37歳で夭折していなかったならば，どのような情動理論を提唱していたであろうか。

（図1-5）。ダマシオの用語では，このようにして脳にモニターされた身体的反応を情動（emotion）と呼び，そうした反応がそれを引き起こした対象と一緒に表象されたときに体験されるものをフィーリング（feeling）と呼ぶ（Damasio, 1994）（序章も参照）。

ダマシオの理論でもう1つ重要な要素は，感情が意思決定にも

28　第1章　感情の理論

図 1-5　ダマシオの感情理論

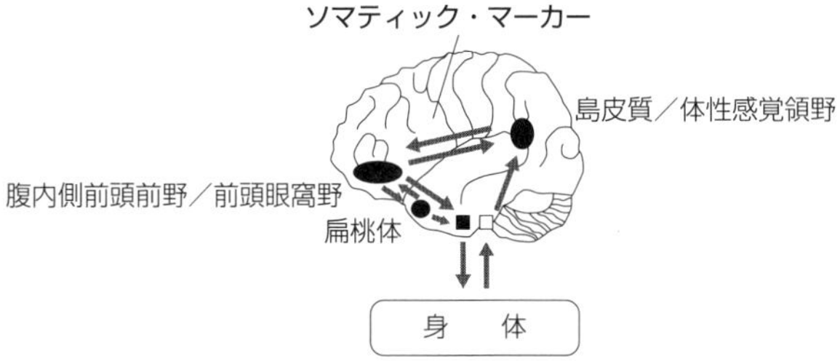

ソマティック・マーカー

島皮質／体性感覚領野

腹内側前頭前野／前頭眼窩野

扁桃体

身　　体

情動的刺激は扁桃体で検出され，腹内側前頭前野の修飾を受けることで，起動される情動強度が決定される。こうして起動された情動は身体反応を引き起こすが，それは体性感覚領野や島皮質にフィードバックされてくる。これらの脳領域で身体に起こっていることが知覚され，感情経験が生じる。さらに前頭前野に身体反応の信号が伝えられて，意思決定にも影響を及ぼす。

影響を与えると仮定している点である。私たちは日々さまざまな意思決定を迫られているが，そうした意思決定場面は，複雑で不確実であることが多い。つまり，多くの選択肢が存在し，そのうちのどれが最適であるかが明らかでない。そのような場面で論理的に1つずつの選択肢を検討していたのでは，負荷が高すぎ，時間がかかりすぎて，適切な意思決定ができない場合がある。そこで過去の経験によって個々の選択肢に感情的な評価を行い，それにより瞬時に悪い選択肢を削除して意思決定を容易にすることが，感情の重要な機能であると主張されている。このとき，意思決定に影響する身体からの信号を，ダマシオは**ソマティック・マーカー**と呼んでいる（*Column* ❸参照）。図1-5では，島皮質から腹内側前頭前野への矢印がその影響を表している。

　ダマシオの感情理論は，図1-1の情動の末梢起源説を精緻化したような構造をもっており，現代の末梢起源説であるともいえる。ダマシオの理論は，その妥当性が完全に検証されているわけでは

Column ❸ ソマティック・マーカー仮説

ギャンブルなどで，危険を冒して賭けようとするとき，身体の中から湧き上がってくる，何ともいえない身体感覚を実感することはないだろうか。ダマシオ（Damasio, 1994）は，そうした身体感覚を**ソマティック・マーカー**（somatic marker：身体信号という意味）と呼んだ。これは，危険などに直面したときに身体に起こる反応を脳に伝える信号であり，最終的に前部島と呼ばれる脳部位に送られ知覚されると考えられている（第2章2節参照）。ダマシオは，この信号は不安などの感情体験をつくりだすとともに，さらにこの信号が前頭眼窩野／腹内側前頭前野（図2-1B）に送られることによって，環境の中における危険の存在が伝達され，その場面でどう行動するかという意思決定に影響が及ぶと考えている。つまり，人間の意思決定は，必ずしも論理的に行われているわけではなく，ソマティック・マーカーのような感情に関連した身体感覚に大きく影響されているのである。

腹内側前頭前野に損傷を受けた患者にギャンブル課題を行わせると，患者は大きな損失の危険を冒すことをためらわず，危険が大きくても短期的な見返りが大きい選択肢に固執する。そのために，最終的には損をしてしまう。しかし，健常者は腹内側前頭前野に投射されるソマティック・マーカーの機能により，長期的展望に基づいて，より有利な選択肢を選ぶことができる。またこのとき，交感神経系の活動を表すSCR（皮膚伝導反応；*Column* ❺も参照）を測定すると，損傷患者では，健常者ならば危険な選択をする直前に観測されるはずの，不安を反映する予期的なSCR反応が生じない（Bechara et al., 1999）。こうした研究からわかるように，感情は，危険を避け，その場でより適切な行動を選ばせることによって，適応に役立っているのである。これが，私たちが「直感」と呼ぶものの正体かもしれない。

ないが，理論の意義は，これまでに得られた知見を統合的に説明し，検証可能な仮説を生み出し，将来の研究の方向性を指し示すことである。ダマシオの理論は，そうした意味で魅力的である。

5 統一的な感情の理論にむけて

基本情動理論

心理学における感情理論として現在に至るまで長い間優勢であり続けてきたのは1970年代にエクマンらにより提唱された**基本情動理論**（basic emotion theory）である。この理論は，ダーウィンの進化論の影響を受けて発想されたものであり（第4章参照），進化の過程で形成された，幸福，悲しみ，怒り，驚き，嫌悪，恐れなど，人類に共通する生得的な基本情動が存在すると主張する。つまり，感情の適応的な機能を中心に考えるものである（第3章参照）。たとえば，恐れの感情は天敵のような脅威から逃れるという機能があり，怒りの感情は同種間の争いに勝って生存に必要な資源を維持するという機能がある。そのような機能が進化の過程において適応的だった，つまり個体が生存し子孫を残すために有利であったために基本情動が生じ，ヒトにまで受け継がれているのだと考えられている（第4章参照）。基本情動は，脅威のような刺激を検出すると発動され，恐怖の表情，逃走行動，心拍の増加や身体の震えなどの生理的反応など，一連の感情反応を自動的に引き起こすと主張されている。

この基本情動理論の主要な根拠は，文化横断的研究で得られた表情認識の普遍性である。アメリカ人の俳優が演技した表情の写真がどのような情動を表しているかを答える課題において，さまざまな文化や民族の人たちが，白人と会ったことがない人たちでさえ，高い正確さで回答することができたと報告されている（Ekman, & Friesen, 1971）。エクマンらは，この知見から，どの

5 統一的な感情の理論にむけて　31

民族にも共通する普遍的な情動が存在すると考えたのである。

　また基本情動理論は，それぞれの基本情動に対応する固有の脳部位や神経回路が存在すると主張する。この主張の背景には，20世紀後半に発展した，動物を用いた神経科学的な感情の研究がある。1970年代から80年代にかけて，**扁桃体**が恐怖の中枢とみなされるようになった（LeDoux, 1996）。同時期に，**側坐核**（nucleus accumbens）などの**線条体**（striatum）に投射される中脳ドーパミン神経が報酬やその予測と関連することが示され，線条体が快感情を生む場だという認識が生まれた（Wise, 1980）。また，**島**が痛みの知覚に重要であることは1950年代から知られていたが，1970年代に痛みや嫌悪などの不快感情が経験される場だという考えが広まった（Craig, 2002）。1990年代後半には，**陽電子断層撮影法**（PET）や**機能的磁気共鳴画像法**（fMRI）などの神経画像法が開発され，ヒトでも整合する知見が得られるようになった（第2章 *Column* ❺参照）。これらの研究知見が，基本情動理論の根拠と考えられるようになっていった。

> **基本情動理論への批判と心理構成主義**

基本情動理論が広く受け入れられた1つの理由は，その主張が私たちの素朴な実感とよく合うためであろう。しかし2000年代になると，そうした**素朴心理学**（folk psychology：実証科学としての心理学ではなく，一般の人が人間の心についてもつ経験的な知識）に基づく主張は科学的ではないとする批判がなされ，基本情動理論への反証も示されるようになっていく。

　表情認識に関する研究のメタ分析により，表情認識や，場合によっては表情の表出にも文化間で大きな違いがあることが示された（Gendron et al., 2018）。これは基本情動理論の根拠である，表情の通文化的な普遍性に反する知見である。また，ヒトの神経画

32　第1章　感情の理論

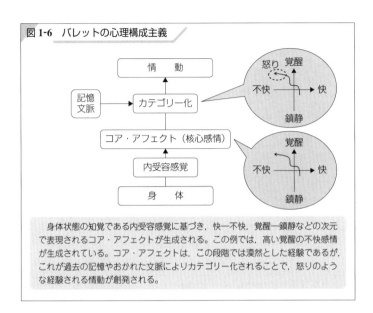

図 1-6 バレットの心理構成主義

身体状態の知覚である内受容感覚に基づき，快―不快，覚醒―鎮静などの次元で表現されるコア・アフェクトが生成される。この例では，高い覚醒の不快感情が生成されている。コア・アフェクトは，この段階では漠然とした経験であるが，これが過去の記憶やおかれた文脈によりカテゴリー化されることで，怒りのような経験される情動が創発される。

像研究のメタ分析は，知覚，認知，感情などに対応する特定の脳領域は存在せず，感情を含むほとんどの心理的機能は，脳における共通の**大規模ネットワーク**（large-scale network；第 2 章参照）によって実現されていることを示唆している（Lindquist et al., 2012）。この知見は，それぞれの基本情動に対応する固有の神経回路があるとする基本情動理論の主張に反する。

バレット（L. F. Barrett）は，こうした知見をふまえ，**心理構成主義**（psychological constructivism）を提唱している（Barett, 2017；図 1-6）。この理論では，まず身体内部の感覚である**内受容感覚**（interoception）から**コア・アフェクト**（core affect：**核心感情**）が形成されると主張される（第 3 章参照）。内受容感覚は恒常性を維持して生命を保つために，内臓，体液，皮膚などの身体内部の状態をモニタリングし制御する仕組みであり，島を中心に，

5 統一的な感情の理論にむけて 33

視床，**延髄**（medulla）などを含む脳部位，そして脳と身体とを結ぶ求心性・遠心性の自律神経のはたらきによって成り立っている（Quigley et al., 2021；第 2 章参照）。

　コア・アフェクトはこの過程がうまく機能しているかを反映するバロメータのようなものだと考えられる。つまり，身体が望ましい状態にある，あるいはそのような状態に近づいている際には快の感情が，一方，望ましい身体状態から逸脱してしまっている際には不快の感情が経験される。また，身体を望ましい状態に近づけるために何らかの行動が必要である際には，身体のエネルギー水準を引き上げる必要があるので覚醒に，すでに望ましい状態にある際にはエネルギーの浪費を防ぐために鎮静に，導かれる。こうした内受容感覚に基づいた身体状態の制御をバレットは，**身体予算管理**（body budget management）と呼んでいる（Barrett, 2020）。このような発想は，感情の起源として身体を重視するジェームズの情動の末梢起源説やダマシオの感情理論と共通しており，それらの理論を統合しようとしていると考えることもできる。

　このコア・アフェクトは常に連続的に生じているが，必ずしも意識されない曖昧な精神現象である。このコア・アフェクトが，個人がもつ概念と個人がおかれた文脈の情報によってカテゴリー化されることで，主観的に経験される感情が創発される。たとえば強い覚醒を伴う不快なコア・アフェクトのある範囲が，カテゴリーとしてまとめられることで，怒り感情として経験される。このカテゴリー化の仕方は個人や状況ごとに異なるので，個人，状況，言語，文化などにより，表情，行動，生理的反応など感情のさまざまな要素に時として大きな違いがあることも説明できる。つまり，心理構成主義では感情を基本情動理論のように固定化した刺激と反応のセットとしてとらえるのではなく，コア・アフェ

クトを基盤にそのつど柔軟に構成されるものとして考えている。

> **統一的な感情の理論へ？**

心理構成主義の弱点として，コア・アフェクトや経験される情動が生まれるメカニズムが明確に述べられておらず，思弁的だということが挙げられる。これについてバレットらは，内受容感覚からコア・アフェクトが生成されるメカニズムを，脳の統一原理として優勢になった**予測的処理**（predictive processing），あるいは**自由エネルギー原理**（第 2 章 *Column* ❻参照）と呼ばれる理論（Friston, 2010）を援用することで説明しようとしている（Barrett, & Simmons, 2015）。この理論は，脳は世界や自己の内的モデルを構成して将来到来する信号を予測し，実際の信号との差異（**予測誤差**：prediction error）を最小化することで能動的に知覚や行動を創発していると主張する。この考えを拡張し，内受容感覚もこの原理に従い，予測に基づき身体状態を能動的に制御していると考えられている（Paulus et al., 2019）。これによりコア・アフェクトの説明は有望になったが，経験される感情のメカニズムの説明は依然として難しい問題である（第 3 章 *Column* ❽参照）。最近になりバレットらは，感情の主観的経験にコア・アフェクトは必ずしも必要ではなく，内受容感覚のカテゴリー化から主観的経験が直接創発されると主張している（Barrett & Lida, 2024）。この主張を巡る議論が，今後の感情研究の焦点の 1 つとなるであろう。

一方，上に述べた反証を考慮し，基本情動理論を修正しようとする立場もみられる。哲学者である**スカランティーノ**（A. Scarantino）は，基本情動の最も重要な機能は対処行動を動機づけることだと主張している。しかし，エクマンの理論のように，その行動は固定化されておらず，さまざまな行動が確率的に結び

5 統一的な感情の理論にむけて 35

Column ❹　歴史学や哲学における感情研究

　平安時代の貴族，大航海時代に海に乗り出したポルトガルの冒険家，フランス革命の動乱に翻弄されたパリの市民，が経験した感情は，現代を生きる私たちの感情と同じであろうか？ 基本情動理論の立場からは，人類であるからには共通の感情があったはずだと考えるであろう。一方，心理構成主義は，時代，文化，地域によって感情の概念は異なるので，私たちとは異なる感情があったはずだと主張するだろう。こうした感情の歴史を研究する分野を感情史（history of emotion）と呼ぶ。感情史は歴史学の一分野として確立され，わが国でも関連する書が複数出版されている（本章**学習文献案内**参照）。また，日本感情心理学会が発行するジャーナル『エモーション・スタディーズ』5巻（2019 年）では「歴史と感情」という特集が組まれている。

　哲学においても感情の研究は盛んに行われている。たとえばプリンツ（J. Prinz）は，情動の末梢起源説のように身体反応を重視した感情理論を提唱している（本章**学習文献案内**参照）。また，本章でも取り上げたスカランティーノは行動を動機づける機能を重視した感情理論を提唱しているが，哲学と心理学の感情理論を総覧し関連づける書物を編集・出版した（Scarantino, 2024）。

　心理学は実証を重視する経験科学なので，これまで歴史学や哲学との協働の機会は限られていた。しかし歴史学や哲学における洞察から心理学で実証可能な仮説を提案したり，心理学の知見に基づき歴史学や哲学の理論を洗練したりすることなどにより，感情の理解をいっそう深めることもできるだろう。今後の学際的研究の発展に期待したい。

ついており，どの行動が選択されるかは，情動を喚起した刺激とそのときの状況の評価に重みづけられて決まると主張する。たとえば災害や犯罪などの脅威に晒されたとき，闘ったり逃げたりする，凍りつく，無視するなど，とりうる行動は複数あるが，それらが評価に基づき確率的に選択されると考えるのである。行動だけでなく表情，姿勢，さらには生理的反応さえも，同様に複数の

要素が確率的に結びついており，それらの組み合わせにより柔軟で多様な情動が生じると主張されている (Scarantino, 2016, 2024)。スカランティーノは，自身の説を**新・基本情動理論**（neo-basic emotion theory）と呼んでいるが，この発想は心理構成主義に近いと考えることもできる。このような理論間の論争と修正を通じて，近い将来，感情の統一的な理論が提唱される可能性もある。

サマリー

　感情の理論では，身体の役割，認知の役割，脳機能，そして感情とはそもそも何であるか，をどのようにとらえるかが重要になる。最初の理論である末梢起源説では，情動的刺激により不随意的に引き起こされた身体反応が脳で知覚されることが感情であると主張された。それを批判した中枢起源説では視床のような脳の皮質下部位が，情動経験と身体反応を同時に引き起こしていると主張された。認知を重視する情動二要因説では，身体反応に対する認知的な解釈が情動を発生させると考えられた。さらに，認知的評価説では，身体反応が起こるには最初に刺激の評価が必要であると主張されたが，感情優先説では認知なしでも感情は起こると批判がなされた。現代では，神経科学の発展に伴って，心理学の感情理論が脳機能の観点から再検討されている。また，生得的な基本情動が存在するという考えは直観と整合的であることから長い間支持されたが，批判もなされている。こうした論争から，将来，統一的な感情理論が生まれる可能性もある。

学習文献案内

ダマシオ，A. R. ／田中三彦訳（2005）『感じる脳——情動と感情の脳科学 よみがえるスピノザ』ダイヤモンド社
　▶著者が提唱する感情理論の総括と哲学者スピノザへのオマージュ。

同著者による前2作（第2章「学習文献案内」参照）の後に読むことを勧める。

バック，R.／畑山俊輝監訳（2002）『感情の社会生理心理学』金子書房

▶感情の脳メカニズムから社会的機能までを包括的に解説している。大著なので初学者にはやや難解だが，感情の心理学を学ぶうえで重要な一冊。

ヴィゴツキー，L. S.／神谷栄司ほか訳（2006）『情動の理論——心身をめぐるデカルト，スピノザとの対話：最後の手稿』三学出版

▶夭折した著者による知られざる情動理論。未刊の草稿なのでやや難解だが，20世紀初頭までの感情研究について示唆に富む。

日本感情心理学会企画／内山伊知郎監修（2019）『感情心理学ハンドブック』北大路書房

▶感情心理学のさまざまなトピックスについて網羅的に扱っている。感情の理論についても1章が設けられている。

バレット，L. F.／高橋洋訳（2019）『情動はこうしてつくられる——脳の隠れた働きと構成主義的情動理論』紀伊國屋書店

▶基本情動理論への批判が詳細に述べられ，バレットが提唱する心理構成主義の考え方が紹介されている。

バレット，L. F.／高橋洋訳（2021）『バレット博士の脳科学教室7½章』紀伊國屋書店

▶脳は考えるためではなく，身体を制御するために進化したという考え方が主張されている。

プランパー，J.／森田直子監訳（2020）『感情史の始まり』みすず書房

▶感情史という新しい歴史学の分野を説明している。心理学における感情の研究や理論を詳細に取り上げた章もあり，参考になる。

プリンツ，J.／源河亨訳（2016）『はらわたが煮えくりかえる——情動の身体知覚説』勁草書房

▶情動を，心理学・認知科学・脳神経科学・文化人類学・生物学などの知見を参照しつつ，身体反応の知覚として位置づけて哲学的な感情理論を提唱している。

38　第1章　感情の理論

第2章 感情の生物学的基盤

● 感情をつくりだす脳と身体

ダマシオ（A. R. Damasio）

この章で学ぶこと

　感情は，動物が環境に適応して生き抜いていくために，進化の過程で発展させてきたこころのはたらきであると考えることができる。それゆえ，人間の感情は，他の動物と多くの共通点をもっている。このために感情は，心理学の中でも生物学的な研究に適したテーマであり，現在までに多くの研究知見が蓄積されている。本章では，感情をつくりだす脳と身体のメカニズムを解説する。まず，感情的な刺激を検出し，感情反応を引き起こす過程において重要な脳部位である扁桃体と腹内側前頭前野／前頭眼窩野の機能について説明する。さらに，身体状態の知覚と制御の仕組みである内受容感覚のメカニズムについて説明する。また，環境にうまく適応していくためには，感情は適切に制御されねばならない。そうした感情制御に関連する脳のメカニズムについて説明する。

1 感情を紡ぎ出す脳

扁桃体

　扁桃体（amygdala）は，左右の側頭葉内側部に位置しており，神経細胞が集合した神経核がいくつか組み合わさった複合体である（図2-1C）。扁桃体は，感情に関わる脳部位の中でも特に重要で，以下に述べるように，さまざまな機能をもっている。

　情動的刺激の検出　さまざまな事物が自分にとって安全で有益か，あるいは危険で有害かを見分けることは，生物が生存していくためにきわめて重要である。こうした評価判断を担っているのが扁桃体である。動物の扁桃体を両方とも破壊すると，食物と食物でないものの区別，適切な交尾対象の選択，危険な捕食者の検出など，生きるために最も基本的で重要な価値判断が失われてしまう（Zola-Morgan et al., 1991）。

　また，特に人間が社会環境に適応していくためには，他者とコミュニケーションし，他者との関係を適切に維持することが必要である。それゆえ，他者の感情状態や意図を知る手がかりとなる顔の**表情**は，人間にとって重要な**情動的刺激**である。fMRIやPETによる脳機能画像研究（*Column* ❺参照）により，人間の扁桃体は，他者の恐怖，悲しみ，幸福などの表情を見ると速やかに活動が高まることがわかっている（Blair et al., 1999 ; Breiter et al., 1996）。

　さらに興味深いことに，扁桃体は意識を伴わずに自動的に感情的刺激を検出することもできる。筆者ら（Nomura et al., 2004）は，被験者に怒り表情をごく短時間（35ミリ秒）だけ見せた直後

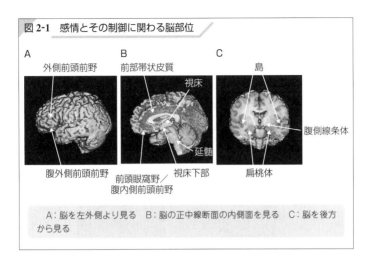

図 2-1 感情とその制御に関わる脳部位

A 外側前頭前野　　B 前部帯状皮質　　C 島
視床
延髄
腹外側前頭前野　前頭眼窩野／　視床下部　　扁桃体
　　　　　　　腹内側前頭前野
腹側線条体

A：脳を左外側より見る　B：脳の正中線断面の内側面を見る　C：脳を後方から見る

に，同じ人物の中性表情をゆっくり（500ミリ秒）見せた（図2-2 A）。このようにすると，後に呈示された中性表情だけが見え，怒り表情は主観的には知覚できなくなる。心理学では，個人にとって重要な情報は，このようにごく短時間呈示されて意識できない場合にも，何らかの仕方で受け取られ，処理されると考えられている。このような現象を，**閾下知覚**と呼ぶ。このようにして怒り表情を無意識的に見せた場合には，中性表情だけを見せた場合に比べて，右側の扁桃体の活動が高まることがfMRIにより明らかになった（図2-2 B）。これは扁桃体が怒り表情を無意識的に検出したことを示す証拠である。社会生活において他者の怒り表情は，その人物が自分に攻撃してくるかもしれないという危険信号になる。扁桃体は，そうした情報を自動的に検出し，警戒を促すはたらきがあると考えられる。

社会的判断　　扁桃体は**偏見**や**対人判断**にも関係していることが明らかになっている（Adolphs, 2001）。アメリカの白人の多く

1　感情を紡ぎ出す脳　　41

図 2-2 閾下で提示された怒り表情による扁桃体の活動

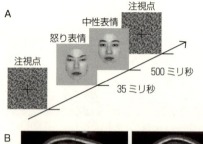

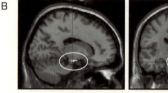

A：怒り表情をきわめて短時間（35ミリ秒）見せ、直後に中性表情を（500ミリ秒）見せることにより、怒り表情は意識的には知覚できなくなる。
B：そうした条件下で、右側扁桃体（図中で白円で囲まれた部位）が活動した。

（出所） Nomura et al., 2004.

は黒人に対して潜在的に差別的な態度をもっているといわれる。もちろん多くの白人は，差別は悪いことだという意識をもっている。しかし，白人と黒人の写真をランダムに見せたときの脳の活動を調べたfMRIによる研究において，意識レベルでは黒人に好意的な白人においても，黒人の顔写真を見せると扁桃体の活動が高まることが報告されている（Phelps et al., 2000）。この結果は，一種の差別が，脳神経のレベルで，しかも無意識的にはたらいていたことを示している。だからこそ差別をなくすことは難しいのかもしれない。

また，私たちは経験から，相貌は人間性のある一面を反映する

Column ❺ 脳機能研究の技法

　ヒトの脳機能に関する研究は，主に3つの領域に分けられる。第1は，**損傷研究**である。この領域では，脳の特定部位に損傷がある患者を対象とし，そこが損傷することで失われる脳機能を心理学的なテスト課題により調べる。こうした方法による研究領域は神経心理学と呼ばれる。動物の脳の一部を破壊したり機能停止させたりして，それによる行動の変化を観察する研究も，損傷研究に含まれる。

　第2は，電気生理研究で，神経細胞やさまざまな身体器官の電気活動が観測される。脳機能を調べるために，単一の神経細胞の電気活動を計測したり，複数の神経細胞の電気活動が合流した電位として頭皮上から観測される脳波を測定したりする。特定の刺激やその処理によって現れる事象関連電位（even-related potential：ERP）や，脳波のさまざまな周波数帯の活動の時間的推移を測定する時間周波数解析などの新しい解析手段が進歩し，感情の研究にも威力を発揮している。また，感情に伴ってさまざまな身体的な反応が起こるが，これを心電図（electrocardiography：ECG）や皮膚伝導反応（skin conductance responses：SCR）などの電気的方法により測定する研究も，電気生理研究に含められる。

　第3は，脳機能画像研究と呼ばれ，**機能的磁気共鳴画像法（fMRI）**や**陽電子断層撮影法（PET）**などの方法を用い，脳活動に伴う脳の局所的な血流の変化や血中の酸化ヘモグロビン比率の変化などを観測する。これらの方法により，あたかも写真のように脳のはたらきを画像化することができる。fMRIやPETなどの脳機能画像は，生きている人間の脳全体の活動を調べることが可能で，脳研究の飛躍的な発展は，これらの方法の技術進歩によるところが大きい。

ことを知っている。たとえば犯罪者の顔写真を見ると，いかにも悪そうな顔をしている，と思うことがあるだろう。あるいは初対面なのに，この人は優しそうだから友達になれそうだという印象をもつこともある。これは友好的な他者を選んで近づいたり，害

1　感情を紡ぎ出す脳　　43

をもたらす可能性のある他者から遠ざかったりするための**社会的能力**の1つであると考えることができる。エイドルフスら（Adolphs, Tranel, & Damasio, 1998）は，扁桃体を損傷した患者と健常者に，未知の人がポジティブな表情をしている写真と，ネガティブな表情をしている写真を見せ，その人の「親しみやすさ」や「信用できそうか」を判断させた。すると，健常者は否定的な表情をしている人を親しみにくく，信用できないと判断したのに対し，損傷患者は否定的な表情に対しても好意的な判断を下した。こうした結果から，扁桃体は**人物理解**のための情報判断をも行っており，私たちが社会生活に適応するために役立っていると考えることができる。

前頭眼窩野

前頭前野（prefrontal cortex）は，前頭葉のうち運動に関連した領域を除いた領域を指し，特に人間において大きく発達している。前頭前野は，思考，言語，意思など，知的な高次認知機能のほとんどに関連する領域である。この前頭前野は，感情においても重要な役割を担っている。前頭前野は，いくつかの領域に分けられるが，感情に特に関連が深いのは，**前頭眼窩野**（orbitofrontal cortex）である。眼窩とは，眼球が収まっている頭蓋骨の窪みのことで，前頭眼窩野はその直上に位置する（図2-1B）。先に述べた腹内側前頭前野と一部が重なる領域である。

前頭眼窩野の機能　　前頭眼窩野は，前頭前野の中では唯一，扁桃体と直接的で密接な神経連絡をもっている。そのことからも，この部位が感情に深く関係していることがうかがえる。前頭眼窩野が扁桃体と異なるのは，扁桃体が重要な感情的刺激を速やかに検出するのに対して，前頭眼窩野は，刺激と，それに対する行動，さらにはその行動の結果の良し悪しの関係を監視し，その評価に

基づいて行動を長期的に制御していく機能があることである（Rolls, 2000）。前頭眼窩野に損傷を受けた患者は，知能は正常に保たれていることが多いが，将来の行動計画の立案，課題に失敗した後での行動修正，他者との人間関係の維持，などの能力が障害されることが報告されている（Cavada, & Schultz, 2000）。

社会的関係における感情と前頭眼窩野　　私たちは社会の中で，他者と競ったり争ったりすることがある。しかしまた，他者と協力しあうことも社会生活に適応するためには重要である。たとえば，友人関係やビジネスにおける人間関係において，ある人物を信用してよいのか，その人と友達になったり，その人と契約を結んだりして大丈夫か，などを判断する必要がある。

　心理学では**社会的ジレンマ**と呼ばれる一種のゲーム課題を使って，こうした問題についての研究が行われてきた。プレイヤーは別のプレイヤーとゲームに参加し，協力的な手段と，競争的な手段のどちらかをとることができる。両者の選択した手段に応じて得点が獲得できたり，点を失ったりする。もし2人のプレイヤーがともに協力的手段をとれば2人とも共存共栄できるが，一方が利己的に競争的手段を選択すると，相手を負かして1人勝ちできる。しかし，2人ともがこの誘惑に負けて競争的な手段に訴えると，共倒れになるようになっている。この課題を行っているときの脳活動をfMRIで計測すると，自分と相手が相互に協力し，どちらも得点を獲得できた場合に，前頭眼窩野と**快感情**に関係が深い**腹側線条体**（ventral striatum；図2-1C）に強い活動がみられた（Rilling et al., 2002）。この結果は，短期的な利益を追求して利己的な行動に走る衝動を抑制し，長期的にみて互いに得をするような手段を選択して，しかもそれが成功した場合に快感情が生まれ，そうした快感情が人間同士の**協力関係**を維持するようにはたらい

1　感情を紡ぎ出す脳　　45

ていることを示唆する。前頭眼窩野は，そのような社会的なこころの営みを担っていると考えられている。

2 感情に伴う脳と身体の関連

扁桃体による
身体反応の起動

怒り，恐怖，喜びなどの感情が生じると，心臓の鼓動の高まり，呼吸の乱れ，血圧の上昇など，多くの**身体反応**が起こる。これは，感情に動機づけられる闘争や逃走などの激しい身体運動を伴う行動のための準備であり，**進化の過程で動物が身につけてきた反応の仕組みであると考えられる。また，第1章でみたように，心理学の感情理論では古くから身体反応の役割が重視されてきた。こうした感情に伴う身体反応も扁桃体によって起動されている。扁桃体の中心核は，**視床下部**（hypothalamus；図2-1 B），青斑核，中脳水道灰白質などに神経を送っている。これらの脳部位は，**自律神経系や内分泌系**のはたらきを制御する機能や，感情に関係した行動を起こす機能がある。つまり，扁桃体が感情的刺激を検出することにより，身体反応や感情的行動を起こすスイッチが入るのである。

筆者ら（Ohira et al., 2006）は，快または不快の感情を喚起する写真を被験者に見せ，その際の脳活動をPETで画像化した。また，それと同時に**心拍，皮膚伝導反応**（SCR）などの**自律神経系活動**や，ストレスや強い感情を経験したときに分泌される**副腎皮質刺激ホルモン**（adrenocorticotropic hormone：ACTH）の血中濃度を測定した。すると，両側の扁桃体に顕著な活動がみられたのと同時に，扁桃体の活動強度とSCRやACTH濃度が正の相関を示

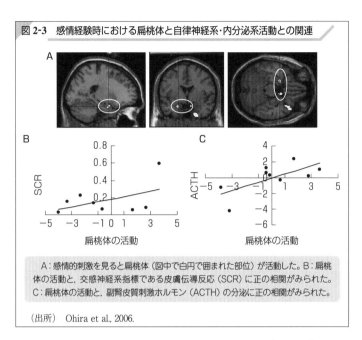

図 2-3 感情経験時における扁桃体と自律神経系・内分泌系活動との関連

A：感情的刺激を見ると扁桃体（図中で白円で囲まれた部位）が活動した。B：扁桃体の活動と、交感神経系指標である皮膚伝導反応（SCR）に正の相関がみられた。C：扁桃体の活動と、副腎皮質刺激ホルモン（ACTH）の分泌に正の相関がみられた。

（出所） Ohira et al., 2006.

した（図 2-3）。これは、扁桃体の活動により、自律神経系や内分泌系の活動が引き起こされたことを示す証拠である。

身体状態の知覚と制御：内受容感覚

私たちは、感情を経験したときに自分自身の身体に起こるさまざまな反応を知ることができる。特に、内臓、体液、皮膚などの身体内部の知覚を**内受容感覚**と呼ぶ。第 1 章で述べたとおり、内受容感覚は感情の成立に重要な役割を果たしていると考えられている。こうした内受容感覚の情報は、脊髄経路、迷走神経経路、体液性経路など複数の経路により脳に伝えられる。感情経験時に特に重要だと考えられる腹胸部の内臓反応の知覚は、脊髄の第一層を経由する経路と、**延髄**（medulla；図 2-1 B）の孤束核につながる**迷走神経**により脳に伝達される。これらの情報はさら

2 感情に伴う脳と身体の関連 47

に，延髄の腹外側部や橋を経由して，**視床**（thalamus；図2-1B）のさまざまな神経核に投射される。こうして情報の中継点である視床を経由したうえで，身体情報は**前部帯状皮質**（anterior cingulate cortex；図2-1B），**島**（図2-1C），**体性感覚野**などの上位の脳部位に到達する（図2-4；Craig, 2003；Critchley, 2005）。

こうした神経ネットワークにより，身体に生じている複雑な状態を，正確に脳が知覚することができる。ところが，ヒトを含む霊長類だけは，こうした多段階の経路をバイパスする特殊な神経経路を進化的に発達させている（図2-4では太い矢印により表示されている）。すなわち，孤束核から直接的に視床に投射し，さらに個々の皮質脳部位において知覚された身体の情報を，**右前部島**（right anterior insula）に統合する経路である（Craig, 2003）。この経路は身体情報を効率的に脳に伝えるとともに，さまざまな身体部位や内臓で生じた反応の情報をまとめあげ，その全体的な状態を右前部島において知覚する機能があると考えることができる。第1章で取り上げた感情理論で重視されていた**覚醒**という状態は，この右前部島で知覚された身体状態だと考えられる。言い換えれば，私たち霊長類は，こうした神経経路をもつようになったために，自分自身の身体の状態を主観的に知り，それをまとめあげて「体調」のような概念として認識することができるようになったということができよう（第1章 *Column* ❸ も参照）。こうした島を中心とする内受容感覚の神経ネットワークが，感情の主観的経験（Terasawa, Fukushima, & Umeda, 2013）や，他者の感情の理解（Terasawa et al., 2015）に重要であることが実証されている。

2020年代以降，内受容感覚は，単に脳が身体状態を知覚する過程のみでなく，その情報を用いて脳が身体を望ましい状態に保つように積極的に制御する過程をも含むものとして再定義されて

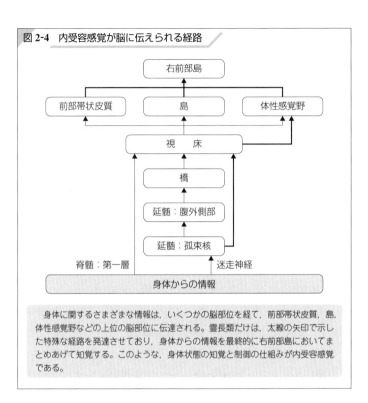

図 2-4　内受容感覚が脳に伝えられる経路

身体に関するさまざまな情報は，いくつかの脳部位を経て，前部帯状皮質，島，体性感覚野などの上位の脳部位に伝達される。霊長類だけは，太線の矢印で示した特殊な経路を発達させており，身体からの情報を最終的に右前部島においてまとめあげて知覚する。このような，身体状態の知覚と制御の仕組みが内受容感覚である。

いる（Quigley et al., 2021）。実際，島や前部帯状皮質など内受容感覚の最高次の脳部位は内臓運動皮質であり，心臓，胃，腸などの活動を制御している。脳から身体への制御は，交感神経と副交感神経（迷走神経）からなる自律神経経路，そして各種のホルモンを介する液性経路によって行われている。このメカニズムは，ヒトや動物の生存に有益である。たとえば飢餓状態に陥ると，身体の異常を検知した脳は，身体を望ましい状態に回復させるために食物を摂る行動を動機づける。その際に，食物を獲得するには身体運動が必要になるので，交感神経などを介して身体のエネル

ギー水準を引き上げるように制御が行われる。

3 内受容感覚の予測的処理

> 脳の統一原理：
> 予測的処理

内受容感覚がはたらくメカニズムの説明として，脳の統一原理として優勢になりつつある**予測的処理**（predictive processing）の理論が有望だと考えられている。この理論では，脳は，感覚器官から入力される刺激に受動的に反応するのではなく，将来入力される刺激を予測する内的モデルを構築し，その予測と実際に入力された感覚信号（感覚器官が受け取った刺激が脳に伝わるために変換された電気的な信号のこと）の差異（**予測誤差**：prediction error）を最小化することにより，安定した知覚や運動を能動的に創発していると主張される（Rao, & Ballard, 1999；Friston, 2010）。ここでいう内的モデルとは，自分の身体と周りの環境の信号を脳内の神経ネットワークの活動パターンで表現し保持することであり，自分の身体感覚や周りの環境からの感覚刺激の処理において表現された脳内の神経ネットワークの活動パターンが保持されたものである。予測とは，感覚刺激の処理に先立って自発的に生じる神経活動のパターンを意味する。

知覚において予測的処理が働いていることを示す例として，錯視がよく挙げられる（Seth, 2021）。たとえば，チェッカーボード錯視という現象がある。濃いグレーと薄いグレーの格子が互い違いに配置されたチェッカーボードで，まったく同じ色，同じ濃さの格子であっても，それが円柱の影の中にある場合，実際よりも明るく見える。これは，影の中の物体は暗く見えることを私たち

は経験から知っているので，その予測と網膜上に投影された視覚刺激との予測誤差を縮小するように知覚を補正して，より明るく感じさせているのである。

　この脳の予測的処理の理論が意味するのは，私たちは外界の生の姿に直接接することは決してできず，経験によるある種のフィルター（内的モデル）を介して，外界の姿を主観的に構成して認識しているということである。この考え方は，自己の内面である感情も同様に主観的に構成されるのだと主張する感情の心理構成主義と相性がよい。

> **内受容感覚・意思決定・感情の統合**

　この予測的処理の理論は，内受容感覚にも当てはまると考えられている。たとえば動物が，実際に血糖値が低下してから空腹を感じて餌を探し始めるとすれば，高い確率で餓死してしまうであろう。そこで脳は，血糖値がわずかに低下したところで予測を立て，食餌行動を促すために能動的に空腹感を創発しているのだと考えられる。このように考えれば，内受容感覚とは，内的モデルによって自己の身体状態を予測し，それにより適切な行動を選択すること，つまり**意思決定**（decision-making）を行う機能であると考えることができる（Quigley et al., 2021）。こうした機能を**アロスタシス**（allostasis：予測による恒常性の維持）と呼ぶ。

　この考え方により，内受容感覚から意思決定が生起する過程を説明する理論が提案されている（図2-5；Keramati, & Gutkin, 2014）。ここでは，体温と血糖値が内受容感覚の例として挙げられている。これらの望ましい値が予測として出力され，それが平面 H 上の点 H^* と表現される。一方，ある時点 t における身体状態を H_t とする。H_t は予測（H^*）と離れているので（予測誤差），H^* に向けてこれを動かそうとする**動因**（drive）$d(H_t)$ が生じる。

図 2-5　内受容感覚から意思決定が生起する過程

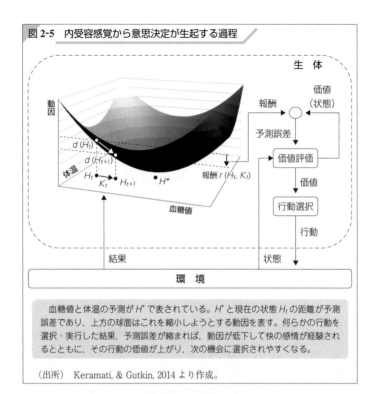

血糖値と体温の予測が H^* で表されている。H^* と現在の状態 H_t の距離が予測誤差であり、上方の球面はこれを縮小しようとする動因を表す。何らかの行動を選択・実行した結果、予測誤差が縮まれば、動因が低下して快の感情が経験されるとともに、その行動の価値が上がり、次の機会に選択されやすくなる。

（出所）　Keramati, & Gutkin, 2014 より作成。

平面 H 上の球面は動因の強さを表しており、予測からの距離が大きいほど、動因のレベルは高くなる（つまり予測誤差を縮小するための行動が強く動機づけられる）ことを意味している。この生体がある行動を選択し（意思決定）、その結果、次の時点で身体状態が H_{t+1} に遷移したとすれば、その分予測に近づいたことになるので、その差分が**報酬**（reward）r として評価される。この報酬の信号が脳に伝えられ、現在の状態と行動の価値を高めるように作用することで、次の機会に同じ行動が選択される確率が高くなる。内受容感覚の予測誤差が縮小されることは生命維持に有利で

あるので，これらの過程に伴い，図中の K_t として快のコア・ア
フェクト（第 1，3 章参照）が経験されると考えられる。このモデ
ルは，内受容感覚，報酬，意思決定，感情などのヒトや動物の行
動のさまざまな側面を，統合的に説明するのに都合がよい。また
このモデルは，数理的表現とも相性がよい。このモデルを基に数
理モデルを作成し，それによりシミュレーションを行って妥当性
を検討する試みも行われている（Ohira, 2023）。

　内受容感覚が，このように予測的処理によって制御されている
という考えは，これまでのところまったくの仮説であったが，こ
の考え方を支持する証拠が得られつつある。例として，マウスの
島におけるニューロン活動の計測データをナイーブベイズ分類器
という機械学習技法により解析した研究がある（Livneh et al.,
2020）。島は上述したように内受容感覚の重要な中枢である。マ
ウスの島ニューロンは，普段は現在の餓えや渇きの状態を反映す
る活動パターンを示す。ところが，飢餓あるいは渇水状態のとき
に，食物あるいは水とあらかじめ対提示し連合を形成させておい
た無関係な手がかり刺激を提示すると，それらを摂取して満足し
た状態の活動パターンに変化した。この時点では，まだ餓えや渇
きは癒えてはいないが島のニューロンはそれらの状態を予測する
ように活動したと考えられる。すると予測と現実の身体状態には
予測誤差が生じ，これが餌や水を摂取するための行動を動機づけ
ると考えられる。これに伴い，いわゆる**渇望**（craving）と呼ばれ
る主観的経験が得られると想像される。また佐々木らは，ラット
の島ニューロンの活動が，10 秒後の心拍や 10 分後の血糖値を先
取りするように活動することを示した（Sasaki, 2023 ; Kinoshita,
Kuga, & Sasaki, 2022）。さらにムシモールという薬剤によりラッ
トの島を一過性に不活性にすると，心拍や血糖値が大きな振動を

Column ❻ 予測的処理と自由エネルギー原理

　本章で取り上げた予測的処理と類似した概念として，フリストン（K. Friston）によって提唱された自由エネルギー原理（free energy principle；第1章も参照）と呼ばれる理論がある（本章の**学習文献案内**に挙げた乾・阪口（2020）を参照）。ここでいう自由エネルギーとは，脳が生成する予測と実際の感覚入力の差異，つまり予測誤差の度合いを表す情報学的な量である。脳は，自由エネルギーを最小化しようとはたらく，という前提がこの理論の中核であり，これが脳のすべての機能の基盤にある統一原理であると主張される。

　この理論の背後には，先だって提唱された**ベイズ脳仮説**がある。この仮説では，脳は確率的に環境をモデル化し，ベイズの定理に従って感覚情報に基づいてそのモデルを更新していると主張する。しかし，脳に実際にベイズの定理のような数学的計算ができるわけではなく，何らかの近似的な方法で予測誤差を縮小しているに違いない。そこで，特に視覚や聴覚などの知覚において脳が行っている予測誤差最小化を数理的に表現した理論を**予測符号化**（predictive processing）と呼ぶ。さらに，脳は受動的に感覚情報を処理するだけでなく，環境にはたらきかけて予測誤差を減らす行動を積極的に行う。たとえば，見ているものが何かはっきりしないとき，見る角度を変えたり対象に近づいたりして予測誤差を最小化しようとする。このはたらきを**能動的推論**（active inference）と呼ぶ。自由エネルギー原理とは，これらの過程を統合した理論である。

　本章でいう予測的処理もほぼ同義であるが，やや特殊な自由エネルギー原理という呼称よりも，一般的な予測的処理という呼称を用いている。

起こし不安定化することが見出された。これらの知見は，島が実際に内受容感覚の予測を出力し，恒常性を乱す外的要因の影響を前もって抑制するフィードフォワード的な身体の機能制御を実現していることを示唆している。

54　第2章　感情の生物学的基盤

> **内受容感覚の神経ネットワーク**

fMRI や PET を用いた脳研究では，これまで個々の脳部位の機能を特定しようという方針で研究が進んできた。本章で述べている扁桃体，前頭眼窩野，島などの説明も，そうした方針に依拠している。こうした方針は，脳の機能局在論的な研究であると言うことができるだろう。これに対して 2000 年代以降，**デフォールト・モード・ネットワーク**（default mode network），**実行制御ネットワーク**（executive control network），**顕著性ネットワーク**（salience network），などの脳の**大規模ネットワーク**（large-scale networks）の発見により，個々の部位の機能を解釈するというよりも神経ネットワーク全体の働きを検討しようとする研究が盛んになっている。脳の大規模ネットワークとは，脳内の離れた複数の領域が相互に時間的に同期して活動することでさまざまな精神機能や行動を実現する神経ネットワークを意味する。本章で扱ってきた扁桃体，前部帯状皮質，島は，顕著性ネットワークの重要なハブ部位である。

　内受容感覚を中心とした予測的処理の脳メカニズムも明らかにされつつある（図 2-6）。上述の島皮質をはじめとして，これと密接な神経連絡を有する前部帯状皮，前頭眼窩野が予測的処理の重要なハブ部位として機能している（Barrett, & Simmons, 2015）。さらに，従来感情や報酬の中枢であると考えられてきた扁桃体，線条体，さらには脳における身体への直接のアクセス点である中脳なども，予測的処理のハブ部位として機能していることが示されつつある（Seth, & Friston, 2016）。重要なことは，これらの脳部位は，内受容感覚だけの特定の機能に特化してはいないことである。図 2-6 に視覚などの感覚を担う部位，身体の運動を担う部位などが含まれていることからもうかがえるように，予測的処理

3　内受容感覚の予測的処理　　55

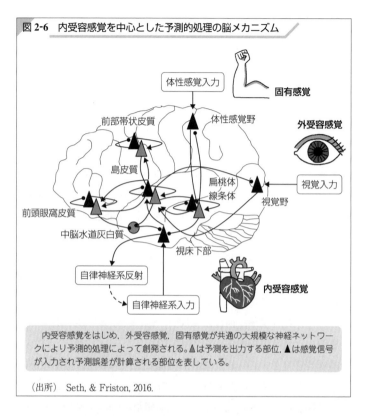

図 2-6 内受容感覚を中心とした予測的処理の脳メカニズム

内受容感覚をはじめ，外受容感覚，固有感覚が共通の大規模な神経ネットワークにより予測的処理によって創発される。▲は予測を出力する部位，▲は感覚信号が入力され予測誤差が計算される部位を表している。

（出所）Seth, & Friston, 2016.

の理論においては，内受容感覚，視覚や聴覚などの**外受容感覚**（exteroception），身体の位置や動きの知覚である**固有感覚**（proprioception）などの機能には区別はなく，共通の神経ネットワークによって統合的に制御されていると考えられている。こうした考え方は，感情と認知を分け，それらを別々の脳部位や神経ネットワークに対応づけようとする従来の理論（第 5 章参照）と対比されるものである。

56　第 2 章　感情の生物学的基盤

4 感情制御の神経機構

　本章で述べたように，感情を引き起こす脳の仕組みは非常に鋭敏であり，身体反応や意思決定（第1章 *Column* ❸参照）にも影響を与える。こうした仕組みは環境への適応のために有利である一方，本来危険でない刺激に対しても過敏になりすぎ，不必要な反応を起こしてしまう危険をもはらんでいる。特に，人間は野生環境ではなく社会環境に生きているので，感情が命じるままに行動すると，多くの場合，不適応に陥ってしまう。そこで，感情を適切に制御することが必要になり，脳神経系の中にそうした機能を実現する仕組みが発達したのだと考えられる。

　　　　　　　　　　　　　　　　一般に，脳を構成する神経細胞は，刺激

自動的な感情制御

が何も入力されなくても自発的に一定の頻度で活動している。ところが扁桃体の神経細胞は，脳部位の中でもそうした自発的な神経活動が特に少ない。このことは，扁桃体が暴走しないように，常に抑制的な制御がかけられていることを意味する。そのように扁桃体にブレーキをかける機能を担うのは**腹外側前頭前野**（ventrolateral prefrontal cortex；図2-1 A）である。前に述べた筆者ら（Nomura et al., 2004）の研究では，きわめて短時間提示され無意識的に知覚された怒り表情が，自動的に右扁桃体を活動させることを明らかにした。このとき，右側の腹外側前頭前野の活動が，扁桃体活動と負の相関を示していた（図2-7）。これは，腹外側前頭前野が扁桃体の活動を抑えるようにはたらくことを意味している。この研究では，感情的刺激である怒り表情は無意識的に与えられているのであるから，それに対する

4　感情制御の神経機構　　57

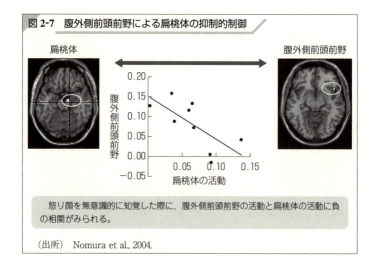

図 2-7 腹外側前頭前野による扁桃体の抑制的制御

怒り顔を無意識的に知覚した際に，腹外側前頭前野の活動と扁桃体の活動に負の相関がみられる。

（出所） Nomura et al., 2004.

扁桃体活動の制御も，意識とは無関係に自動的に行われていることになる。脳には，意識や意図がなくても感情を適切に制御できるような巧妙な仕組みが組み込まれているのであろう。同様な結果は，ハリリら（Hariri, Bookheimer, & Mazziotta, 2000）によっても報告されている。

うつ病などの感情障害患者は，この前頭前野の機能が低下しているために扁桃体の適切な制御ができず，実際には危険がないのに不安を強く感じたり，本来無害なものに対して恐怖を感じたりするといったように，不適切な感情反応を起こしてしまうと考えられている。シーグルら（Siegle et al., 2002）は，fMRI を用いた研究で，このことを検証した。不快な感情に関連した単語を呈示すると，健常者では扁桃体の活動が高まるものの，前頭前野の活動により，それは速やかに元の活動レベルに戻された。ところがうつ病患者では，不快な意味をもつ単語に対する扁桃体活動のレ

Column ❼ ロボットは感情をもつことはできるのか？

ロボット技術の発展は目覚ましく，ボストンダイナミクスが開発したロボット Atlas は軽々と障害物を越え，OpenAI が開発した Chat-GPT は従来の Chat Bot のイメージを一新した。ルンバは当たり前のように家庭に入り，aibo や LOVOT のようにペットとして扱われるロボットも増えている。

そうした中でも，いまだ感情はロボットや人工知能などの機械と私たち人などの生物とを分ける要素として考えられている。これは1つには感情が身体に根ざしていることが影響している。臓器の感覚である内受容感覚が感情のコア的な役割を果たし（第1，3章参照），その臓器は生物が生きるために身体の維持を行っている。しかしながら，人工知能はそれ単体ではそもそも身体を有しておらず，ロボットにおいても臓器を有していないため，単純には人の内受容感覚とロボットの内受容感覚は対応づけられない。その問題に対して，ロボットが有する身体に関するセンサーを生物の内受容感覚の代替とすることで，ロボットに感情をもたせようとする試みがいくつか存在する。

たとえば，尾形らは，ロボットが自身の身体情報（バッテリーの電圧やモーターの温度など）を受け取り，生物の内分泌系を模倣した数値をもとに，身体の維持を行う中で情動表出を行うロボット WAMOEBA-2 を開発した（Ogata, & Sugano, 2000）。ここでの情動表出とは，たとえば，モーターの温度を下げるために運動機能を抑制し，冷却機能を活動させるような身体反応を指す。また，日永田らは，養育者とのインタラクションの中で感情分化を行う Deep Emotion というモデルを提案した（Hieida, Horii, & Nagai, 2018；日永田, 2021）。本研究では，刺激に対するロボットの身体反応を，刺激に対する人の情動表出を模した「感情価（快―不快）と覚醒度（覚醒―眠気）を出力するニューラルネットワーク」で代替し，自身の身体維持を報酬として，状況の予測を行いながら自身の行動を強化学習している。また，上記では感情価や覚醒度といった身体の代替のパラメータが用いられているが，実際の人の生体データを用いて，感情モデ

4　感情制御の神経機構　59

ルを構築し，それをロボットに導入しようというアプローチも行われている（Tsurumaki, Hieida, & Miyazawa, 2024）。

いずれにせよ，現状のロボットには生きるという感覚はなく，それをどのように考えるかが重要なポイントとなっている。生物は食べ物を見つけ出し摂取するなど環境への物理的なはたらきかけを経て身体の動的平衡を維持しているが，ロボットは静的な身体であるため，環境にはたらきかけずとも物理世界に存在し続けることが可能である（長井，2022）。それゆえに，身体の維持にリソースを割く必要がなく，タスクだけに特化することができる。また，身体的制約もないため，記憶容量を無限に増やし，人の一生では経験し尽くせないはずのことをデータとして得ることができる。これらは人工知能やロボットの優位性であるといえる。こうした優位性をあえて制限し，身体的な制約の中で知能をとらえることによって，人の知能を明らかにしようというのが認知発達ロボティクスや記号創発ロボティクスという分野における構成論的アプローチである。身体の違いによって，完全には人の感情と同一なものが構築されるわけではないが，ロボットは人と機能的に同一な感情メカニズムを有した存在になる可能性があり，その違いを含めて議論することによって，感情メカニズムの解明の寄与になるとともに，人の心に寄り添ったロボットの開発につながることが期待できる。

もう1つロボットにおける感情を考えるうえで重要な点は，社会的関係である（Hieida, & Nagai, 2022）。喜怒哀楽のような基本的感情に対し，嫉妬や悲嘆などは社会的感情といわれている。これらの感情は社会的関係の中で生じる感情といわれており，自他の分離や他者視点の獲得，メンタライジングの能力が必要であると考えられている。さらに，悲嘆は食欲不振や不眠さらには自死をもたらすこともあり，死別自体は身体維持に直接的な影響を及ぼさないにもかかわらず，死別によって与えられた衝撃により間接的に身体維持に影響が起こる。これらのことから，単に身体維持を報酬とするだけでは，社会的感情は説明しきれず，社会的な関係性も含めて継続的な議論が必要である。

ベルが強いだけでなく，活動が長く持続することが明らかになった。このような感情制御の不調が，うつ病の症状を引き起こしていると考えられる。

意図的な感情制御) 　感情を，自ら意図的に制御しようとする動物は，人間だけだろう。そうした意図的な**感情制御**においても前頭前野が重要な役割を果たすことがわかっている。筆者ら（Ohira et al., 2006）は，快または不快の感情を喚起する写真を見せたうえで，被験者に自らの感情を抑制し，平静を保つことを求めた。PETによる脳活動の測定から，この意図的な努力によって，被験者は扁桃体の活動を抑えることに成功していたことがわかった。このとき，外側前頭前野（lateral prefrontal cortex；図2-1 A）と腹内側前頭前野／前頭眼窩野の活動が顕著に高まっていた（図2-8）。外側前頭前野は，**行動の目標**を維持する部位である。感情を抑えるには，自分自身の感情を制御しようという目標を維持しなければならない。そうでなくては，感情的刺激が知覚されたならば自動的に感情反応が起動されてしまう。この部位の活動は，そうした**目標維持**に関係したものだと考えられる。またすでに述べたように，腹内側前頭前野／前頭眼窩野は行動とその結果の，長期的な良し悪しの評価に基づいて意思決定を行う部位である。この部位の活動は，過去の経験などに基づいて効果的に自らの感情を制御する方法を選び出しているのだと考えることができよう。このように，意図的な感情制御とは，意志を担う前頭前野の複数の部位によって，感情を起動する扁桃体の活動を調整しようとする営みであると考えられる。

　感情制御がうまくできない人は，過剰に感情的になってしまうため，社会に適応して生活することが難しいと思われる。また，興味深いことに，感情制御が不得手な人は，心臓病，糖尿病，喘

図 2-8 意図的な感情制御を担う脳部位

腹内側前頭前野／前頭眼窩野

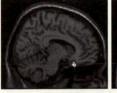

外側前頭前野

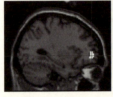

感情を意図的に抑制することにより，腹内側前頭前野／前頭眼窩野と外側前頭前野が賦活している。

（出所）　Ohira et al., 2006 をもとに作成。

息などの身体疾患にかかるリスクが高く，死亡率も高いことが指摘されている（Thayer, & Brosschot, 2005）。これは，感情制御がうまくいかないと，感情に伴う身体反応が過剰に起こり，それが身体に負担をかけるためだと考えられている。感情を適切に制御することは，健康を維持するうえでもきわめて重要なのである。

サマリー

感情をつくりだす重要な脳部位は扁桃体と腹内側前頭前野／前頭眼窩野である。扁桃体は，環境中にある感情的な刺激を検出し，感情反応を起動する。また扁桃体は視床下部や中脳水道灰白質に

はたらきかけて，さまざまな身体反応を引き起こす。腹内側前頭前野／前頭眼窩野は扁桃体と協調することによって，刺激・行動・結果の良し悪しの関係性を評価し，それに基づき行動を制御する。

身体内部の知覚を内受容感覚と呼ぶ。内受容感覚はいくつかの感情理論において，感情の源泉として重視されている。2010年以降，内受容感覚の機能を説明する理論，それを実現する脳と身体のメカニズムが解明されつつある。

感情反応は鋭敏で強力なので，特に社会環境に適応していくためには適切な制御が不可欠である。腹外側部前頭前野は，意識せずとも自動的に扁桃体のはたらきにブレーキをかけ，抑制的に制御している。さらに人間では，外側前頭前野と腹内側前頭前野／前頭眼窩野のはたらきにより，自らの意志で感情を制御する仕組みが備えられている。

学習文献案内

ダマシオ，A. R.／田中三彦訳（2000）『生存する脳——心と脳と身体の神秘』講談社
　▶脳と身体の相互作用から感情が生まれ，それが意思決定にまで影響を与えるという「ソマティック・マーカー仮説」を提唱した名著。

ダマシオ，A. R.／田中三彦訳（2003）『無意識の脳 自己意識の脳——身体と情動と感情の神秘』講談社
　▶前掲書を発展させ，無意識的に起動される情動が，どのように主観的な感情体験となるのかを大胆に論じる。前掲書の後に読むことを勧める。

ルドゥー，J.／松本元・川村光毅ほか訳（2003）『エモーショナル・ブレイン——情動の脳科学』東京大学出版会
　▶扁桃体を中心に情動の脳メカニズムを活写した名著。原著発表はやや古いが，本書の仮説はその後の神経画像研究で実証された。

（バド）クレイグ，A. D.／大平英樹監修／花本知子訳（2022）

『我感ずる，ゆえに我あり——内受容感覚の神経解剖学』青灯社

▶内受容感覚の神経メカニズムを解説し，そこから感情や自己がどのように生じるのかを大胆に論じている。

乾敏郎・阪口豊（2020）『脳の大統一理論——自由エネルギー原理とはなにか』岩波科学ライブラリー

▶脳が，予測により知覚，認知，感情，意思決定などの精神機能を創発するメカニズムである自由エネルギー原理を解説している。

第3章 感情の機能

● 有害か有用かを越えて

ラッセル (J. A. Russell)

この章で学ぶこと

　感情は人間行動においてどのような役割を果たしているのだろうか。感情が認知処理や行動を促進したり、ときにはそれらを妨害したりすることを誰もが経験している。かつて心理学では、感情は行動を妨害する有害反応であるとみなされていた。20世紀後半になると、感情現象とその機能の全容を解明しようとする学術的機運が高まり、進化論的視点、神経科学の視点、認知科学の視点、社会・文化的視点など、さまざまな立場から理論が提唱された。今日では、感情が人間行動に有害か有用かという議論を越え、感情が人間行動の中核となる現象であることを示唆する多数の理論と証拠が蓄積されつつある。本章では、感情の機能を解明しようとするいくつかの基礎理論を紹介する。

1 感情は有害か，有用か

「作用」の研究から「感情現象」の解明へ

心理学では，感情は人間の行動または生活にどのような影響を与え，どのような機能を果たしていると考えられてきたのだろうか。感情の機能をめぐる学術的見解には，感情が人間の行動や生活に対して妨害的に作用していると考える立場，すなわち**感情有害説**と，感情が人間の行動や生活に役立っていると考える立場，すなわち**感情有用説**があり，今日では後者の立場が優勢になっている（Keltner, & Gross, 1999）。

フロイト（Freud, 1930），スキナー（Skinner, 1948），ヘッブ（Hebb, 1949）など20世紀初期から中盤の心理学者たちは，進行中の行動を妨害したり，理性的思考や行動を妨げたりするという感情の「作用」に注目し，感情有害説を主張した。当時の心理学を支配していたのはフロイトらの精神分析学派とスキナーらの行動主義学派であったが，いずれの学派も感情現象の全容を理解することには関心がなかった。

このような心理学における「**感情現象**」に対する無関心や偏った理解は，1950年代以降，変わり始めた。その先鞭をつけたのはアーノルドら（Arnold, & Gasson, 1954）とトムキンス（Tomkins, 1962）である。アーノルドもトムキンスも，感情が人間の行動や生活における中心的な現象であると考えたのである。

自らにとって「良いか，悪いか」の判定機能

第1章でも述べたように，アーノルドら（Arnold, & Gasson, 1954）によれば，人は事象に遭遇すると自動的に素早く自

66　第3章　感情の機能

己と事象の関係を判定し，「良い」と判定された事象に対しては接近し，「悪い」と判定された事象を避けると考えられる。アーノルドは，事象と自己の関係に対する判定に従って，事象に接近する傾向，あるいは事象から遠ざかったりする傾向が感情であり，またその判定とアクション（行為）の結びつきは特定の身体変化（自律神経系の活性）によって強化されると考えた。アーノルドは，人が事象と自己の関係に関する判定とアクションの結びつきを記憶したり想像したりするという点に注目した。たとえば，過去に遭遇したのと同じ事象に再び遭遇すると，その事象と，それに対する「良い」「悪い」の判定の記憶が再生され，その事象に対する接近もしくは回避が生じる。また人は，過去の記憶を再生するだけでなく，将来遭遇する可能性のある事象や出来事が自己にとって「良い」ものなのか「悪い」ものなのかを想像することもある。この見解は，今日の代表的な感情理論の1つである**感情の認知的評価説**（appraisal theories；Frijda, 1986；Roseman, 1984；Scherer, 1997；Smith, & Ellsworth, 1985など）の発展を促した（第1章 **3**節参照）。

| 動機づけのための機能 |

トムキンス（Tomkins, 1962）は，感情は動機づけシステムであり，環境と生体の相互作用の過程でさまざまな動因が増幅し顕在化したものが感情反応であると考えた。トムキンスは6種類の基本情動（興味・興奮，愉快・喜び，驚き・驚愕，苦痛・苦悶，怒り・憤怒，恐怖・怯え）を生じさせる生得的な感情プログラムが脳神経系に遺伝的に組み込まれていると仮定した。トムキンスはこの独自の感情理論をエクマンとイザード（C. E. Izard）にそれぞれ伝え，その理論を検証する科学研究を企画し実施するよう，促したのである。エクマン（Ekman, 1972, 1992）は顔の表情運動と中枢神経系および末

1 感情は有害か，有用か　　67

梢神経系の関係に関する多くの科学的発見を生み出し，イザード（Izard, 1971, 1991）は感情と認知の相互作用の発達心理学研究を展開した。両者の研究は，今日の代表的な感情理論の1つである基本情動理論（第1章 **5**節参照）の発展を促したのである。

行 為 傾 向　特定の行動反応を誘導する感情を**行為傾向**（action tendency）と呼ぶ（Frijda, 2005；Lazarus, 1991）。行為傾向とは行動を実行する瞬間的な欲求の意識である。行為傾向の発生が意識化されても，社会的制約などによって，行動が起こる場合と起こらない場合がある（Mackie, Devos, & Smith, 2000）。

　フレデリクソンら（Fredrickson, & Branigan, 2005）は，特定の感情が必ずしも特定の行動傾向をもたらすとは限らないと主張した。喜びや充足感などのポジティブ感情は，遊びや探索を含む幅広い行動を追求したいと思わせる。一方，ネガティブ感情は，攻撃や逃走といった特定の行動傾向に焦点を当て，潜在的な行動レパートリーの幅を狭める（第**9**章参照）。

　また，バウムガルトナーら（Baumgartner, Pieiters, & Bagozzi, 2008）は予測的感情（将来起こると予想される感情）が行動傾向や行動欲求と強く結びついていると主張している。人は将来のポジティブ感情を最大化し，将来のネガティブ感情を最小化するような予測に基づき，現在の行動を選択するようだ（Loewenstein & Lerner, 2003）。

人間行動の基盤としての感情　上述したアーノルドとトムキンスの感情理論は感情有用説のグランドデザインを描き出し，今日の感情研究の発展の礎となるものである。感情有用説は，感情が生物学的生存または社会的生存に関係するさまざまな課題を解決し，個人の生存と集団生

68　第3章　感情の機能

活の維持・促進に役立っている，と仮定している（Damasio, 1994；Keltner, & Gross, 1999）。

このように大局的には感情心理学では，感情は人間行動の妨害因であるという見解から，感情は人間行動に有用な現象であるという見解へと移り変わってきた。しかし個別にみれば，多数の理論が並び立っているのが感情心理学の現状である。感情の理論は，感情を脳神経の構造や機能に還元できるとするものから，感情は社会的・文化的に構成された心的現象であるとするものまで，幅広く提案されている。多数の理論が存在するということは，感情がいかに説明しがたい複雑な現象であるのかを物語っており，感情の研究が発展途上であることを意味している。同時にそれは，感情が人間行動において有害か有用かという議論を越えて，人間行動の核心的な現象である可能性を示唆している。

以下では，感情の機能を解明するための基礎理論として，感情の進化理論（および基本情動理論），感情の認知的評価説，感情の構成要素理論，感情の社会構成主義，そして感情次元理論を紹介する。

2 感情の機能を解明するための基礎理論

適応としての機能：
感情の進化理論（および基本情動理論）

ダーウィン（Darwin, 1872）は，著書『人間と動物の表情』で，生活体の適応上，有利な生物学的反応様式が維持されていき，その1つが感情（情動行動）である，という考えを示した。すなわち，典型的な感情（情動行動）は，環境からもたらされる挑戦に対して生じるさまざまな反応のうち，生活体の**生存確**

率を高める反応であると考えられた（詳細は第4章参照）。

ダーウィンは人間と動物の顔を含む身体の**表情運動**を広範囲に観察し，ある種の表情は人間と動物で共通することを明らかにした。そして，それらの表情は，生活体の生存に有用であった身体反応が進化の過程で発達し，パターン化したものであると推測した。しかしながら，ダーウィンは，それらの表情はかつて有用であったが現在の人間や動物にとっては必ずしも有用であるとはいえないと指摘している。

感情の心理学における長年の論争点の1つは，幸福，悲しみ，怒り，恐れといった感情は，それぞれ固有の構成要素の組み合わせで定義することができるのかどうかというものである。この疑問に対して，たとえばエクマンは，それらの感情に対応した顔の表情形態は分化しており，それゆえ現在の感情をすばやく脳にフィードバックできると唱える「表情フィードバック仮説」を導いた（第1章2節）。エクマンは，顔の表情形態と自律神経系および中枢神経系の反応様式との間に一定の関係があるという実験の結果を示し，感情は基本的な生存課題を処理するために進化してきたものであり，それぞれの感情の顔の表情と生理学的反応様式の関係は遺伝子に組み込まれ，適応上の課題解決に対して即効性がある反応を実現していると考えた（Ekman, 1992）。

パンクセップ（Panksepp, 1998）も比較神経科学の立場からエクマンと同様の見解を示している。パンクセップは，進化の過程で発達してきた基本情動というものがあり，それらの基本情動にはそれぞれ固有の脳神経回路が存在すること，また人と動物は基本情動の神経基盤をある程度共有していると指摘している。

このように幸福，悲しみ，怒り，恐れなどがそれぞれ特有の反応様式で特徴づけられると仮定する理論は**基本情動理論**と呼

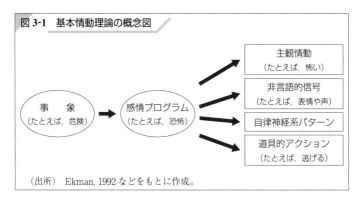

図 3-1　基本情動理論の概念図

(出所)　Ekman, 1992 などをもとに作成。

ばれており（図3-1），エクマン（Ekman, 1992），プルチック（Plutchik, 1980），コスミデスとトゥービー（Cosmides, & Tooby, 2000）の**感情進化理論**が有名である。またわが国では戸田（1992）の**アージ理論**がよく知られている。感情進化理論では，感情は進化の過程で淘汰されてきた，適応上の課題を解決するのに役立つ情報処理システムと実行システムであるとされている。適応上の課題の本質は遺伝子の複製を増やす機会を増やし，遺伝子の複製を妨害する諸要因を解消していくことである。感情は，そうした適応上の課題（事象）に対して喚起するよう遺伝子に符号化されたプログラムであり，課題解決に役立ちうる運動系や知覚系，概念枠組み，エネルギー水準，努力の配分，生理学的反応などの諸機能をコーディネートすると考えられているのである（Cosmides, & Tooby, 2000）。

認知的評価とその機能　　第1章で感情の刺激と反応の間にあるのは「**認知的評価**」であるとしたアーノルド（Arnold, & Gasson, 1954）の説を紹介したが，1980年代にはその説を精緻化し発展させた認知的評価説が複数の心理学者（Frijda, 1986 ; Roseman, 1984 ; Scherer, 1997 ; Smith, & Ellsworth,

1985 など）によって提案された。感情の認知的評価説では，自己と事象の関係の評価や，出来事の意味の評価，原因帰属，自己の対処資源の評価など，感情喚起における認知過程の作用を重視している。同じ刺激や事態に対して，人々は同じ反応を示す場合もあるが，異なる反応を示す場合もある。また同じ刺激や事態に対して，個人は同じ反応を反復する場合もあるが，異なる反応を示す場合もある。刺激や事態に対する感情反応の個人差や個人内変動は，刺激や事態に対する認知評価の差異によって生じるのだと説明できる。

スミスとエルスウォース（Smith, & Ellsworth, 1985）の理論は感情の認知的評価説の代表的なものの１つである。彼らは，以下の８つの**評価次元**の評価の結果によって，その後に生じる感情が異なることを示唆している。すなわち，①注意（attention）：刺激に焦点化したり刺激について思考したりする程度，②確実性（certainty）：出来事の確からしさ，③統制・対処（control-coping）：環境内で生じうる結果をどの程度，統制できるか，④快適性（pleasantness）：出来事がどの程度，快か不快か，⑤知覚された障害（perceived obstacle）：目標達成が妨害される程度，⑥責任の所在（responsibility）：出来事の責任の所在はそれぞれどの程度，他者にあるのか，自分にあるのか，状況的な諸要因にあるのか，⑦正当性（legitimacy）：出来事がどの程度，公正で応報的なのか，公正性に欠け理不尽なのか，⑧予想された努力度（anticipated effort）：出来事に対処するためにどれほど努力を強いられると予想されるか，である。

たとえば，ある出来事に対して，注意を惹き，確実性が高く，快適さが高いという評価が生じた結果，人は幸福感を経験すると説明されている。また，ある出来事の責任を他者に帰着させ，非

72　第3章　感情の機能

難する場合，人はその他者に対して怒るが，同じ出来事の責任が自分に帰着する場合には人は自責の念あるいは罪悪感を経験すると予想されるのである。

このように感情の認知的評価説では，感情は複数の評価次元に沿った意識的または自動的な判定の結果として決定されると考えられており，感情の機能自体についての説明は十分になされていない。

状況によって生じる構
成要素の組み合わせ：
感情の構成要素理論

通常，感情には，主観的経験，表出運動行動，認知評価・様式，生理学的覚醒，特定のアクション準備状態といった要素が含まれており，それらの**構成要素の組み合わせ**によって幸福，怒り，悲しみ，恐れといった感情を区別することができる（Frijda, 1986 ; Scherer, 1984）。シェーラー（Scherer, 2000）は，それらの感情の典型的な構成要素を次のように説明している。たとえば，出来事に対する評価が重要な目標への到達または要求の充足を果たすものであり，微笑みの表情が現れ，声のピッチの水準や変動性，強度が上昇し，心拍が加速し，体温を暖かく感じるといった要素がそろうと，人は幸福または喜びの感情を経験している。また，予期せず生じた出来事が目標達成や要求充足を妨げるものと評価され，眉をしかめ目を見開いた表情が現れ，声のピッチの水準と強度が高まり，声の高周波帯域のエネルギーが上昇し，心拍が加速し，筋緊張が強まり，呼吸の変化が激しくなり，体温が上昇するといった要素がそろうと，人は怒りまたは憤怒を経験している。

シェーラー（Scherer, 2000）は，上述したエクマン（Ekman, 1992）やパンクセップ（Panksepp, 1998）が考えるよりも，柔軟性のある反応として感情を説明している。シェーラーは生体の5

つのサブシステム（認知，生理学的制御，動機づけ，運動表出，モニタリング〔主観的経験〕）のそれぞれが状況に応じて最適な自己の状態を創出するような組み合わせではたらくと考えている（Bradley, & Lang, 2000 も参照）。

　幸福や悲しみや怒りや恐れなどの感情は，エクマンやパンクセップが考えるように，それぞれ比較的固定された構成要素の組み合わせとして定義できるのか，あるいはシェーラーが考えるように，状況に応じて柔軟に構成要素が変わる反応群として定義できるのかについては，まだ結論が出ていない。

社会・文化によって構築される感情

文学作品や日常会話を異なる言語間で翻訳しようとするときに，同じ感情を表現する**言葉**（**概念**）が両言語間に存在しないために苦労することがあるだろう。たとえばドイツ語には他者の失敗や不幸を喜ぶ感情を表現する「シャーデンフロイデ」（Schadenfreude）という単語があるが，そのような感情を表現する単語は英語や日本語などほかの言語にはない。たとえば英語の「フィアー」（fear）という単語は日本語では恐怖や恐れの感情と翻訳されることが多いのだが，その単語は文脈によって日本語でいう不安や心配や懸念の感情を意味する場合もある。さらに感情を表現する単語の数は言語によって異なる。それぞれの言語における単語はそれぞれの言語を基盤にする人々の世界の知覚を反映している。感情を表現する言葉の数や意味の文化差に基づいて考案された理論が感情の**社会構成主義**（social constructivism）（Averill, 1980 ; Gergen, 1985 ; Kemper, 1978 ; Lutz, 1988 ; Markus, & Kitayama, 1991 など）である。

　感情の社会構成主義は，感情を生物学的実体とは考えず，また感情の生得性を否定し，感情は文化によって構築されると主張し

74　　第3章　感情の機能

ている。たとえばエイブリル（Averill, 1980）は，感情は状況についての個人の認知評価や，ある文化における人間関係の目標，人間関係のあり方，あるいは社会的規範などによって形成される社会的に構成された症候群であると主張している。すなわち感情は社会や文化によって規定されるという考え方が感情の社会構成主義の特徴である。感情の社会構成主義の考え方は，上述した感情進化理論（基本情動理論）よりも，認知的評価説や構成要素理論に近いが，生物学的要素を感情に不可欠なものであるとは考えない点で独自性がある。

　社会構成主義によれば，感情は生物学的法則ではなく，社会・文化における価値，規範，言語，信念，意味など抽象的あるいは象徴的法則によって形成され，人間行動を意味づけたり制御したりする機能を果たしているといえる。感情の社会構成主義は感情の機能について自然科学的アプローチとは異なる視点と理解の可能性を拓くものである。

> **感情の核心は快・不快である**

ラッセルとバレット（Russell, & Barrett, 1999）によると，私たちが感情と呼んでいる現象（幸福，悲しみ，怒り，恐れ，嫌悪，驚きなどを含むあらゆる感情）は，**快**（pleasant）ー**不快**（unpleasant）**次元**と，**活性**（activated）ー**不活性**（deactivation）**次元**のような少数の次元に還元できる。

　ラッセル（Russell, 1980）は，快ー不快次元と覚醒ー睡眠次元の二次元座標上にすべての感情を布置することができると主張している（図3-2）。一方，ワトソンとテレゲン（Watson, & Tellegen, 1985）は，快ー不快次元と関与ー非関与次元が直交（2つの次元が90度で交わる）する二次元座標に感情を布置できると主張している（図3-3）。ワトソンとテレゲンはさらに，その二次元座

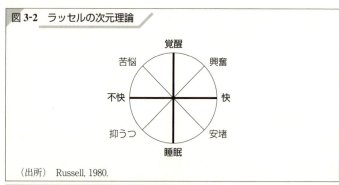

図 3-2 ラッセルの次元理論

（出所）Russell, 1980.

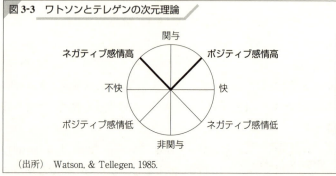

図 3-3 ワトソンとテレゲンの次元理論

（出所）Watson, & Tellegen, 1985.

標の斜交軸（直交軸を 45 度回転させた軸）の 1 つを**ポジティブ感情次元**，もう 1 つを**ネガティブ感情次元**として定義している。すなわちポジティブ感情次元とネガティブ感情次元は直交する。ラッセルと，ワトソンとテレゲンは，いずれも感情現象が少数の次元に還元できるとする点で一致している。しかし，上記のように，その次元をどのように定義するかについては意見の相違がある。

細かい定義の違いはさておき，いずれも快と不快が感情の核心であると指摘している。そうした意味でラッセルとバレット (Russell, & Barrett, 1999) は快一不快次元と覚醒一睡眠次元の二次元で定義できる神経生物学的状態を**コア・アフェクト**（core af-

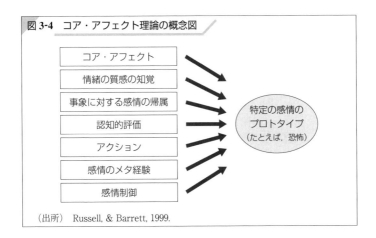

図 3-4 コア・アフェクト理論の概念図

(出所) Russell, & Barrett, 1999.

fect）と呼んでいる（第1章参照）。コア・アフェクトとは**感情現象の核心**となるもので，外界から入力される感覚情報（外受容感覚）と体内からもたらされる身体内臓情報（内受容感覚；第2章参照）によって生起する神経生物学的反応であり，それは常に意識されるかどうかは別として，連続して生じているとされる（図3-4）。コア・アフェクトは個人の生命活動の表れであり，またそれは個人と他者，個人と事象，個人と物理的環境などの関係によって，変動する。さらに人はコア・アフェクトを最適な状態に制御するために，社会的環境や物理的環境を選択したり，特定のアクションを実行したり，よりよい社会的環境や物理的環境を創出するのだと考えられる。ラッセルによれば，快一不快以外の感情，すなわち幸福，悲しみ，怒り，恐れなどの感情は，コア・アフェクトとは別の知識構造であり，生物学的実体ではない（Barrett et al., 2007；*Column* ❽参照）。

Column ❽　感情の主観的経験とコア・アフェクト

　感情の主観的経験とは何か，またそれらはどのように形成されるの
かを検討することは，感情心理学における重要課題の1つである。と
ころが，バレットら（Barrett et al., 2007）によれば，心理学が精
神の科学から行動の科学に変わったとき，研究の主題から感情の主観
的経験が脱落したと指摘されている。その傾向は今日でも認められる。
たとえば神経科学者のルドゥー（LeDoux, 2000）は，感情研究を進
歩させるには，主観性の足枷から逃れねばならないと述べている。そ
して，主観的経験を含めてすべての感情現象は，生物学的あるいは神
経科学的視点から説明されるべきだと主張している。これに対してバ
レットらは，そのような，感情現象のすべてが神経系の活動に還元で
きるとする理論を唯物主義的な心脳同一説と呼び，そうした考え方で
は感情の主観的経験を理解することはできないと考えている。

　バレットらは感情の主観的経験の生物学的基盤として，快－不快次
元と覚醒－睡眠次元の二次元で定義されるコア・アフェクト（第3
章参照）の存在を指摘している。そして彼女らは，感情の主観的経験
は，連続的に変化する自らのコア・アフェクト状態の原因に関する解
釈や，その状態について幸福，悲しみ，怒りなどの感情に関する概念
カテゴリーを適用することによって生じると述べている。それを彼女
らは，色彩知覚にたとえて説明する。人間はある物体（たとえばリン
ゴ）の反射光の連続的なスペクトラムに対して「赤」という概念を割
り当てた結果，その物体が赤色であると認識することができる。この
場合，光のスペクトラムやそれに対する網膜や脳の視覚領域の活動は
物理学的・生物学的な事実であるが，それに「赤」という概念を割り
当てるのは主観的で心的な活動である。同様に，ある不快で興奮的な
コア・アフェクトの状態に対して「怒り」という概念を割り当てるこ
とによって，人は怒りを感じていると認識するというわけである。

　またバレットらの考え方は，いわゆる基本情動理論（本章本文参
照）とも鋭く対立する。基本情動理論では，幸福，悲しみ，怒りなど
の情動の種類が実在すると仮定して，それらの神経生物学的基盤や行

78　　第3章　感情の機能

動様式を特定しようとする。しかし，バレットらによれば，それらの基本情動は，赤，緑，黄，などの色彩概念と同様に，人間がつくりだした概念やカテゴリーであり，知識構造として保存されているものだと考えられている。彼女らは，そうした個々の概念やカテゴリーに対応する神経生物学的基盤は存在しないと主張している。

3 感情と認知，行動

> 認知処理を誘導する機能

バウマイスターとブッシュマン（Baumeister, & Bushman, 2008）によると，感情は個人と環境の関係（良いまたは悪い）を知らせる重要で強力なフィードバック・システムであるといわれている。感情が欠如すると，対人関係や学習，意思決定などを含め生活は著しく影響を受ける（Damasio, 1994）。

また上述した快一不快次元と覚醒一睡眠次元で定義されるコア・アフェクトは，外界からの感覚情報と体内の骨格筋・内臓感覚情報（内受容感覚）を脳の前頭連合野が評価した結果として生じると考えられている（Barrett et al., 2007）。コア・アフェクトが変化（つまり，快一不快および覚醒一睡眠の度合いが変化）すると，人はコア・アフェクトに注意を向け，その変化の原因を探ろうとする。つまりコア・アフェクトの変化は認知プロセスに作用すると考えられている。その基本原理は気分一致効果（第5章参照）に示されるもので，たとえばコア・アフェクトの快の度合いが強まれば，人はポジティブな出来事や事象に選択的に注意を向けたり，ポジティブな意味のある記憶を選択的に想起したりする傾向

3 感情と認知，行動　79

があるとされている。コア・アフェクトは選好や態度の偶発学習や意思決定にも影響する。人々のさまざまな日常行動は，それが意識的であれ無意識的であれ，コア・アフェクトを制御するという目的で選択・実行されているということができる。

　感情は注意，知覚，判断，推論，意思決定，カテゴリ化などの認知プロセスに作用し，ある状況における適応的な状態を創出するのに役立っている（Bless et al., 1996 ; Damasio, 1994 ; Lerner, & Keltner, 2001 ; Mathews, & MacLeod, 1994 ; Schupp et al., 2004）。

行動選択を導く機能　人は自分の感情を利用して**行動を選択**することもある。クロアら（Clore, Gasper, & Garvin, 2001）が提唱する**アフェクト・アズ・インフォメーション仮説**（affect-as-information hypothesis）によると，人はものごとを**判断**しようとするとき「それについて自分はどのように感じるか」を自問自答する。良い感情を感じるなら，そのものごとは良いと認識され，悪い感情を感じるなら，そのものごとは良くないと認識される。つまり感情は自己と世界の関係を意味づけ，世界との関わり方を規定していると考えられる。人はまた，感情を通して現在の自己と世界の関係を認識するだけではなく，感情を通して未来の自己の行動を予測し，行動を選択している。未来の出来事に対する自分の感情反応を予測する能力は**感情予測**（affective forecasting ; 第 5 章 *Column* ❶参照）と呼ばれる（Gilbert et al., 1998）。感情予測では，人は自分の感情反応の強度や持続時間を過大評価する傾向があり，人は現在や未来の状況について最悪の結果を想定し，そのリスクが生じる可能性を見積もり，**リスクを回避**しようとする場合がある。そうした判断は嫌な感じがどれくらいするかに依存している（Loewenstein et al., 2001）。

　感情はその感情を経験する個人に影響を及ぼすだけでなく，二

80　第 3 章　感情の機能

者関係や集団行動など**対人相互作用のプロセス**にも影響を及ぼしている（Keltner, & Haidt, 1999）。感情は，語りを介して，あるいは表情や音声や姿勢など身体的模倣のプロセスを介して，あるいは共感のプロセスを介して，人から人へと伝達され，対人関係の形成，維持，発展，崩壊を促進したり抑制したりするのである。

| 感情の機能不全 |

多くの精神疾患は**感情の機能不全**という症状を共有している（Barlow, 2002 ; Harvey et al., 2004）。とりわけコア・アフェクトの脳神経基盤は，抑うつ，統合失調症，強迫症，心的外傷後ストレス症，社交不安症，全般性不安症，パニック症などとの関連が認められている（Barrett et al., 2007）。またセロトニン・トランスポーター（5-HTT）遺伝子の短い対立遺伝子（ショート・アレル）の多い人々は環境ストレスによる**感情的脆弱性**を示す傾向があることも知られている（Hariri, & Holmes, 2006）。

　従来，心理障害（精神病理）は顕在化した感情，思考，行動から特徴づけられ，分類されてきたが，今後は感情，特にコア・アフェクトのはたらきと**概念処理システム**のはたらきの二層構造の観点から記述することで，障害の形成プロセスの新たな理解や治療・ケア介入法の開発が可能になるかもしれない。たとえば，不快感情を中心にした心理障害を示す人々に対する介入は，コア・アフェクトのはたらきに障害が認められる場合と，コア・アフェクトは正常に作動しているが概念処理や原因帰属など認知プロセスが機能不全に陥っている場合では異なるものにするべきであろう。また，心理カウンセリングでは，コア・アフェクトが直接的に制御されるというよりも，感情の主観的経験への焦点化と語りによって認知プロセスにおける概念処理システムの修復や安定化が促された結果，コア・アフェクトの安定化が促進されることで

3　感情と認知，行動　　81

問題解決に至るのかもしれない。

　感情に関連づけられる精神疾患の形成メカニズム，診断，有効な治療・ケア法についての考え方は，感情の本質と機能が解明されることにより，刷新されるであろう。

サマリー

　本章では感情の機能，つまり，生物にとって感情がどのような役割を果たしているかを説明する代表的な理論を紹介した。

　アーノルドは1950年代に，感情には私たちが出会うさまざまな事象が，良いものか悪いものかを判定する機能があると提唱した。同時期の理論家トムキンスは，感情には生物が環境の中で最適に行動するように動機づける機能があり，その仕組みは生得的に組み込まれていると主張した。この考え方は，幸福，悲しみ，怒りなどの基本情動がプログラムとして組み込まれていると主張する基本情動理論やアージ理論，その進化的基盤を論じた感情進化理論に発展した。

　さらに，感情のプログラムの中身を詳細に検討しようとする感情の構成要素理論が提唱された。一方で，そうした生物学的基盤を前提とせず，人間の感情は，文化，人間関係，社会的な規範などによって決定されると主張する感情の社会構成主義も出現した。

　近年，ラッセルなどにより提唱された理論では，感情の核心は快－不快，覚醒－睡眠の二次元であり，環境に適応するために，生物は自らの感情をこの二次元上で制御しようとするのだと主張されている。

　現在の感情研究においては，こうした多様な理論の間で論争があり，感情をどのようにとらえたらよいかについて議論が続けられている。

学習文献案内

エヴァンズ,D./遠藤利彦訳・解説(2005)『感情』〈1冊でわかる〉シリーズ,岩波書店
  ▶本章で言及した理論を含む代表的な理論を知るうえで有用な書籍である。
乾敏郎(2018)『感情とはそもそも何なのか——現代科学で読み解く感情のしくみと障害』ミネルヴァ書房
  ▶「自由エネルギー理論」から感情現象をとらえなおそうとする比較的新しい書籍である。
バレット,L. F./高橋洋訳(2019)『情動はこうしてつくられる——脳の隠れた働きと構成主義的情動理論』紀伊國屋書店
  ▶本章の後半に登場するバレットの感情理論の入門書の日本語訳である。
バレット,L. F./高橋洋訳(2021)『バレット博士の脳科学教室7½章』紀伊國屋書店
  ▶意識,知覚,感情などの心理学的現象を統合的に説明しようとするバレットによる脳科学の入門書の日本語訳である。

第4章 感情と進化

● 感情を設計した「進化の見えざる手」

ダーウィン（C. R. Darwin）

私が進化心理学の父である

感情とは，適応問題を解決するため，多くの心のシステムをコーディネートする上位プログラムである

コスミデスとトゥービー
(L. Cosmides & J. Tooby)

この章で学ぶこと

多くの研究者は，感情の大枠は基本的に進化によってつくりあげられてきたものであろうと考えている。したがって，進化的な適応という観点は，感情が私たちにこのようなかたちで備わっている理由の解明に大きな示唆を与えるだろう。しかし，旧来の漠然とした適応論では実証研究につながる仮説を導くのが難しかった。その一方，進化論に基づく動物行動研究は，行動生態学と呼ばれる領域においてめざましい理論的発展を遂げていた。その後，心理学でもその成果や観点を人間に適用しようとする動きが興り，進化心理学と呼ばれる領域となって確立した。

本章では，人間の感情に関連する進化心理学的知見と考察を概観し，進化を前提とした感情理解について考える。

1 進化心理学の基本的視点

進化の仕組み

　進化とは，「1世代以上の長さのタイムスケールでの形質の平均的な変化」と定義される（粕谷，1990）。すなわち，特定の生物集団を複数の世代にわたり追跡したとき，平均的な形質が変化していく過程を指す。

　進化の基本的な仕組みは，ダーウィン（Darwin, 1859）の提唱した進化論として広く知られている。その理論の骨格は，**変異，遺伝，競争，選択**，そして結果としての**適応**にまとめられる（クレブス＆デイビス，1984）。通常，同種に属する動物においても個体間には形質（形態や生理反応や行動などの特徴）にさまざまな違いがある（変異）。変異の一部は，細胞核中のゲノムを構成するDNA配列が個体によって異なるため，それによって生成される身体をつくるタンパク質が発生的に違い，その結果，身体や脳の構造に違いが生じることによる。したがって形質の一部はDNAを通じて子孫へと伝えられる（遺伝；*Column* ❾参照）。繁殖さえできれば，個体は原理的に際限なく増加できるのに対して，生育に必要な空間，環境中の食料，配偶のパートナーなど，繁殖に必要なさまざまな資源には限りがあるため，実際に子孫を残せる個体は限られる（競争）。そこで，最終的に子孫を多く残せる個体と残せない個体が生じる。これを**選択**（selection）という（**淘汰**とも訳される）。

　この事態が続けば，繁殖できる確率が高い形質を発現させる遺伝子は必然的に個体群内に広まっていき，繁殖できない形質の遺伝子はいずれ個体群内から消失する。このプロセスが結果として，

86　第4章　感情と進化

生物を特定の環境に適した形質に変化させていく（適応）。

　繁殖率に一定の差があれば，当初はわずかな差にみえたとしても時間を経て結果は劇的に現れる。たとえば，単純計算でいって，繁殖率が1％低い形質が集団中の99％から1％以下に減少するのに，人間のように1世代が長い種においても約1万年しかかからない（トリヴァース，1991）。

適応度の概念

適応度（fitness）は，集団内において遺伝子が次世代に受け継がれる程度を指し，進化を考える際の最重要概念である。適応度には，その個体が自分の子孫を残せる率である直接適応度（ダーウィンの適応度）だけでなく，その個体の血縁者を通じて遺伝子が受け継がれていく分，すなわち間接適応度も含まれる。直接適応度と間接適応度を総称して**包括適応度**という（Hamilton，1964）。

　進化の結果，個体はさまざまな行動を実行して生存をはかり，遺伝子を次世代に伝えるべくふるまうようになる。行動における表現形，すなわち，進化的に形成された行動パターンや行動傾向を一般に**戦略**（strategy）という（メイナード＝スミス，1985）。

　動物がある戦略を実行する際には，その戦略によって見込まれる適応度の向上，すなわち**利益**（benefit）がある一方，消費するエネルギーや時間の増大，負傷する可能性などによって見込まれる適応度の減少，すなわち**コスト**（cost）もある。たとえば，ある動物の個体が極端に攻撃的であることは縄張りの維持にとって有利にはたらくだろうが，他個体との闘争に割くエネルギーや時間はより多くかかり，その分，繁殖などの他の活動への割り当てが少なくなるだろうし，闘って負傷する確率や捕食者にねらわれる可能性も増えるだろう。このように特定の戦略はさまざまな面からなるコストと利益のせめぎ合いの中にある。

1　進化心理学の基本的視点　　87

Column ❾ 染色体・遺伝子・DNA・ゲノム

生物と非生物の違いを突き詰めると，繁殖が可能かどうかという点に行き着く。すなわち，自己の複製を自分で作成できることが生物の要件である。自己の複製である子を作成する際に，身体構造や行動パターンが伝えられる。この現象が遺伝だから，遺伝は生命の本質であるといっても過言ではない。

遺伝を担っている何らかの因子を遺伝子と呼ぶ。真核生物には，細胞分裂の際に塩基性色素に染まりやすい物質である染色体が出現する。染色体の数は，人間では23対（46本），チンパンジーでは24対（48本）など，種によって決まっている。染色体の中には，デオキシリボ核酸（DNA）という物質が存在し，よく知られているように，ほとんどの生物においてDNAこそが遺伝子の実体である。細胞核中のDNAには，その生物が自己の身体を構成する際に材料となるタンパク質を合成するための情報が，アデニン（A），グアニン（G），シトシン（C），チミン（T）の4種の塩基の配列によって記録されている。

ある動物がもっているこの遺伝子の集合全体がゲノムと呼ばれる。ゲノム中の一部の遺伝子は同じ種である限り同一で，その結果，同種であれば似た形質になる。一方，個体によって塩基配列が異なる部分もあり，これを指して**対立遺伝子**（アレル）という。遺伝的な個体差は，対立遺伝子のパターンの違いによる。

通常の有性生殖の動物では，父親と母親は自分のDNAをそれぞれ50％ずつ取り分けたうえで，再び組み合わせて自分たちの子どもをつくるので，子どもの対立遺伝子の組み合わせは両親のどちらとも異なるものになる。個体のゲノムの中にあるさまざまな対立遺伝子の集合は遺伝子型と呼ばれ，個体差の基盤となっていると考えられる。

なお，特定の形質が集団中にどの程度広まるかは，形質とその適応度との関連度（共分散）と，形質の世代間変化量とに基づいて理論的に算出可能である。これはプライス方程式として定式化されている（Price, 1970）。

88　第4章　感情と進化

進化的適応環境 ｜ 進化心理学は，現代の人間の心理メカニズムも基本的に進化的適応環境における適応問題の解決に適したように設計されていると仮定する。進化を前提として人間の心理システムの成立を考えるには，人間が長期間にわたって解決しなければならなかった適応問題やその際の条件，すなわち**進化的適応環境**（environment of evolutionary adaptation：**EEA**）をある程度推定しなければならない。EEA とは，特定の時間や場所を指すのではなく，さまざまな形質の適応を形成した期間に生じた淘汰圧（どのような変異が選択されるかを決める要因やその際の選択の強さ）の総体のことである（Tooby & Cosmides, 2016）。

とはいえ，人間の心理システムの多くは，農耕以前に長期間続いていた生活様式や広義の環境に適応しているものと考えられており，これはおおよそ，300 万年前から 3 万年前までの期間が想定されることが多い。この大部分は，地質学的な時代区分でいう更新世にあたる。この時期の祖先の生活様式は，①基本的に狩猟採集や屍肉あさりによる食料調達，②遊動的あるいは半遊動的な移住パターン，③低い人口密度，④比較的小規模で，親族を中心とした集団生活（100 人程度とされることが多い），⑤時代を通して技術力に極端な向上はなく，石器時代程度の技術，⑥近代社会に比べ，幼児死亡率がずっと高く寿命が短い，⑦生活が自然環境に左右される，⑧後世の社会に比べ生活の選択肢が少ない，などの特徴があったと推定される（Badcock, 2000）。

これらの状況は，近代的な工業化社会とはかなり相違しており，適応問題の様相も異なっていたと考えられている。一方，今も狩猟採集生活を送る伝統社会は EEA に比較的近い状況にあると考えられるので，進化的過去を推定する際に，進化心理学では伝統

1　進化心理学の基本的視点　　89

社会で暮らす人々を参照することが多い。

| 感情の進化心理学 |

進化の観点からみれば，感情は個体の適応度を高めるように作用するシステムといえる。

ジョンストン（2001）は，コンピュータを用いて架空の生物の進化をシミュレートする実験を行った。その結果，生物が世代を重ねると適応に重要な感覚評価系（感情に相当）が急速に進化し，感覚の強さが刺激の強さを増幅するようになることが示された。実際の動物でもこのような増幅が起こっていることは明らかである。たとえば，わずかな刺し傷は繁殖的な成功度との直接の関わりは非常に小さいはずだが，感じる痛みは大きい。脅威や報酬は，それらを避けたり接近したりするよう個体が学習するために，増幅して経験されるのである。これがすべての感情にあてはまるなら，感情は祖先の環境で適応度に直接的な影響を及ぼした環境的な状況に対して，非常に敏感になるものと予想される。

一方，トゥービーとコスミデス（Tooby, & Cosmides, 1992）は当初，人間の心理システムが，相貌認知，調整，配偶者選択，捕食者への警戒などの適応問題の解決にそれぞれ特化したサブシステムから構成されていると考えた。このサブシステムは，かつて心的モジュールと呼ばれたが，その後，**機能的特化**（functional specialization）という概念に置き換えられるようになった（竹澤，2023 ; Pietraszewski, & Wertz, 2022）。

各機能を担うシステムはある程度独立して作動するので，それぞれの処理結果が食い違ったり，共通する処理過程に対して異なる要請がなされたりすることも起こる。その際には，各システムを統合制御して，事態下での有効な対処を行う仕組みが必要であり，感情はこれを担う上位プログラムであるとされる（Tooby, &

> **表 4-1　ある感情（emotion）の進化論的説明のアウトライン**
>
> Ⅰ．その感情を媒介し調整する心理・生理メカニズムの至近的な説明
> 　　A．感情を誘発する手がかり
> 　　B．手がかりを評価し感情を調整するメカニズム
> 　　C．感情状態の特徴
> 　　　　1．生理的な特徴／2．行動的な特徴／3．認知的・主観的な特徴
> Ⅱ．その至近的なメカニズムの個体発生
> Ⅲ．自然選択による感情能力形成の説明（その感情が適応度を増大させてきた機能）
> 　　A．その感情が適応的な状況
> 　　　　1．関連する脅威／2．関連する好機
> 　　B．その感情の諸側面がもつ適応的意義
> 　　　　1．生理（覚醒など，もしくはより特殊なパターン）
> 　　　　2．行動傾向とパターン（顔面表情など）
> 　　　　3．認知的・主観的変化（動機づけとプランニングなど）
> 　　　　4．感覚の変化など，その感情の他の側面
> Ⅳ．その感情能力の系統発生
>
> （出所）　Nesse, 1990 をもとに作成。

Cosmides, 2016）。したがって，特定の感情は，目標選択，動機づけ，生理反応などを制御するさまざまなサブプログラムとそれらの相互作用を方向づけるはたらきをもつ。

　このように，環境の適応的意味を増幅して生体に経験させ，さまざまな内的処理を統合して方向づける上位プロセスが感情であると考えられている。感情がしばしば抗しがたい強烈な支配力をもつ理由はここにある。

　ネシー（Nesse, 1990）は，行動研究における基本的な「**4つの問い**」を適用し，感情研究を表 4-1 のように整理した。4つの問いとは，その行動を引き起こす直接的な仕組みである「至近的なメカニズム」（表中のⅠに該当），その行動を獲得する過程である「発達（個体発生）」（表中のⅡ），その行動が実行されることによる結果的な「機能（適応）」（表中のⅢ），その行動が進化してきた過

程である「系統発生」(表中のⅣ) に関する問いである (Tinbergen, 1963)。この4つの問いに対する説明のうち, 前2つはまとめて「至近的な説明」, 後の2つは「究極的な説明」ともいわれる。

心理学の従来の感情研究は, Ⅰの分析が主であったといえるだろう。これに対して, 進化心理学的な感情の研究は, Ⅲの適応機能という観点からの分析が中心となっている。そこでは, 特定の感情を生じさせる状況下で, その感情が状況のもつ脅威をどのように低減するのか, あるいは, どのように適応度増大の可能性を高めているのかが主要な論点となる。

以降では, いくつかの感情を, 個体の安全および生存, 配偶者の獲得と維持, 集団生活の3側面に関わるものに分類し, 進化心理学的な論考を紹介する (ただし, 各種の感情のもつ機能は多岐にわたるため, この分類はあくまで主要と思われる機能であることに留意されたい)。

2 個体の安全と生存に関わる感情

恐怖と不安

一般に**恐怖**と**不安**は, ある状況下での危険の信号として機能していると考えられる。たとえばマークス (Marks, 1987) は, 恐怖を「現実の危険に対する正常な反応として生じる不快反応」と定義した。恐怖と不安は, 凍結・不動 (動かずに状況をよく判断する, 捕食者から発見されにくくする), 逃避・回避 (脅威から遠ざかる), 攻撃 (捕食者を排除する), 服従・譲歩 (同種のメンバーが脅威となっている場合, 服従を示すことで相手からの攻撃を防ぐ) の4種の反応を引き起こすことによって, 個体を防衛しているとされる。

92 第4章 感情と進化

表 4-2　さまざまな恐怖症とその背景となる人間の適応問題

恐怖のタイプ	適応問題
ヘビ恐怖	毒牙に咬まれる
クモ恐怖	毒牙に咬まれる
高さ恐怖	崖や木から落ちて傷害を負う
パニック	捕食者や人間からの攻撃が切迫している
広場恐怖	逃げようのない場所が混み合っている
小動物恐怖	危険な小動物
心気症	病気
分離恐怖	親の保護からの分離
よそ者恐怖	見知らぬ人間（特に男）から危害を加えられる
傷による出血恐怖	危険な捕食者や人間

（出所）　Buss, 2004.

　嫌悪や恐怖を引き起こす刺激（手がかり刺激）の種類が，ある程度生得的に決まっていることは，**味覚嫌悪条件づけ**（Garcia, & Koelling, 1966）の発見などによってよく知られている。つまり，恐怖・嫌悪反応とその手がかり刺激には，結びつきやすい組み合わせと結びつきにくい組み合わせがある。この結びつきやすさを**準備性**という（Seligman, 1970）。

　人間においても恐怖を引き起こしやすい刺激や状況には進化的な背景があり，特に，進化的適応環境における普遍的な脅威と**恐怖症**とが対応しているという指摘がある。その根拠として，一般的に人間は，電気よりもヘビやクモなどに恐怖を喚起されやすいなど，恐怖対象が偏って存在すること（恐怖対象の非ランダム分布）が挙げられる（Mercklbach, & Jong, 1997）。これまで，恐怖症とその背景となる人間の適応問題が指摘されている（表 4-2）。

　害になる食物を避けることは，生存に直接寄与するだろう。そのため，ダーウィン（Darwin, 2005）は，嫌悪感が不快な食べ物の味覚に対する反

応に由来すると考えたが，それをさらに発展させたのがロジンらの**嫌悪感**の理論（Rozin, Haidt, & McCauley, 2000）である。この理論では，まずい味に対する反応として成立した「まずさ」（distaste）から，病気の原因や伝染病の感染源となる対象への嫌悪感が生じるとする。この中核的な嫌悪感は，単にまずいことや，食べると危険なこと，食べるのが文化的に不適切であることなどとは区別され，口から取り込む感覚，不快な感覚，感染可能性があることが感情生起の要素となる。

　特に，感染の原因である病原体は目に見えない。そこで，感染症を未然に防ぐには何らかの感染源の手がかりを知覚した際に適切な回避行動をとることが適応的だろう。それを実現するためには，知覚的な感染手がかりから感染リスクを推定し，嫌悪感と嫌悪的認知を生起させ，回避行動を動機づける一連のシステムが存在すると仮定できる。これは**行動免疫システム**（behavioral immune system）と呼ばれている（Schaller, 2011；岩佐, 2019）。

　人間の嫌悪対象はこれだけにとどまらない。一般に人は，性や死体，他者の崩れた容貌などに対し，それ自体が直接有害でなくとも目にすると嫌悪を感じる。そのうえ，嫌悪対象は社会的に拡張され対人的な嫌悪感もある。これは，よそ者や社会的に望ましくない人物に対して直接・間接に接触することへの嫌悪である。

　たとえば，見知らぬ他人が着た衣類は仮にそれが洗濯後の清潔なものであろうと着るのにある程度の嫌悪を感じる。このことは，対人的な嫌悪感が，見知らぬ人との接触によって起こる病気感染を予防する機能や，親しくない他者との接触を回避させ，その結果，社会階層を維持する機能をもつことを示唆する。加えて，人は犯罪や偽善といった道徳に反する行為をも嫌悪する。これは道徳的な逸脱を防止し，社会秩序の維持に寄与していると考えられ

る。

　これらの議論を総合し，タイバーら（Tybur et al., 2013）は，嫌悪対象を病原体嫌悪，性嫌悪，道徳的嫌悪の 3 領域に再分類した。これは**嫌悪機能の三領域理論**（three functional domains of disgust）と呼ばれる。それぞれの領域は，感染源の回避，望ましくない配偶者との性的接触の回避，他者の望ましくない行動への非難と調整の機能を担っているとされる。

うつ（depression）は，何らかの喪失によって生じる感情であり（イザード，1996），進化心理学的に言い換えれば，個人が所有する繁殖資源の減少の際に生じる感情のことである（ネシー・ウィリアムズ，2001；第 **8** 章も参照）。うつはきわめて非生産的な状態にみえるので，単純に不適応とみなされやすい。しかし，否定的な状況で広範かつ強力に生じる感情であることから，何らかの適応的意味がある，もしくは進化的適応環境においてかつて適応的であったと推定される。

　長期間深刻なうつ症状を呈する病的なうつとは別に，健常な範囲で生じるうつの適応的機能に関しては，さまざまな仮説が提出されている。**社会的競争仮説**（social competition hypothesis；Price et al., 1994）では，うつになることによって，社会的地位を喪失した後の低い地位を受容できるようになるとともに，うつ状態が他者に対する服従の信号として作用すると考える。失敗・喪失などによって社会にかける負担が自分の社会的な価値を上回ると，社会関係から排斥される危険性が高まる。**社会的リスク仮説**（social risk hypothesis；Allen, & Badcock, 2003）は，この事態において社会的リスク（直接的には広義の社会的資源の喪失）を回避するための戦略としてうつをとらえ，社会的脅威に対する感受性の

2　個体の安全と生存に関わる感情　　95

亢進，社会的リスクを低めるような信号を他者に送る，リスク志向の自分の行動を抑制する，といったうつの特徴をこの点から説明する。社会的操作の手段としてうつをとらえる考え方もあり，たとえば，母親の出産後抑うつは，母親が子どもにかけるコストを減少させるために配偶者などの他者に子どもに対する投資を促す機能をもつとする説（Hagen, 1999, 2002）がある。**社会的ナビゲーション仮説**（social navigation hypothesis ; Watson, & Andrews, 2002）では，うつ症状である心的反すうによって，直面する問題の分析を行うとともに，気分の落ち込みというコストを他者に示すことで他者からの援助と譲歩を引き出す機能があると推定する。

健常な範囲のうつに想定される以上のような適応的機能は，認知・行動の変化と社会的呈示の効果の2種に大別できるだろう。関連して，うつの原因となった出来事が，努力が無駄になったこと（解決の促進は認知行動の変化による）か，社会的な喪失（解決の促進は社会的な支援による）かによって，それぞれの機能に対応するうつ症状が異なるとする知見も提出されている（Keller, & Nesse, 2006）。なお，近代社会でうつが多い理由として，バス（Buss, 2000）は，血縁者を中心とした親密な関係が崩壊したこと，マスメディアの発達によって，知覚される自己の価値が矮小化されたことなどを指摘している。

3 配偶者の獲得と維持に関わる感情

愛　情

多くの哺乳類と鳥類は一般に，親による直接的な育仔を行うという特徴をもつ。

すなわち，配偶者を獲得して交配した後，ある程度の期間，仔を飼育しなければならない。愛情は，それらを確実にさせる機能をもつ感情と考えられる。フィッシャー（Fisher, 2000）は，脳神経科学的な研究に基づき，愛情は，性的な充足に対する欲求である性的欲求（lust），魅力（attraction：人間では，対象者への注意の集中と侵入思考，感情的な結びつきの欲求が特徴となる），愛着（attachment：同じく，親しい接触と穏やかな感情的結びつきが特徴となる）から構成されており，それぞれ，交尾，繁殖，育仔に対応していると主張した。

配偶者選好

最初に述べたように，進化の観点から重要なのは，次世代に遺伝子を残せるか否かである。有性生殖の種の場合，繁殖には異性の個体が必要なので，いかに適切な配偶者を獲得できるかが適応度を左右する。

　人間において，繁殖をめぐる状況は，男性と女性で大きく異なる。男性は，性的に接近可能な女性が多く，性交機会が多ければ一代できわめて多くの子を残せるだろう。しかも，繁殖可能な期間は長く，人生を通じて長期間子どもをつくることができる。したがって男性は，配偶者の選択について慎重になるよりも，多くの女性にアクセスする戦略が繁殖上の効率が高い。そのため男性は，女性に比べて性的に興奮しやすく，短期的な性関係を結びやすい心理的傾向を発達させると予想される。

　一方，女性はおおよそ毎年一度しか自分の子どもを出産できない。また，生涯における繁殖可能な期間が閉経期までに限られるうえ，1回の産子数は基本的に1人である。したがって，おのおのの繁殖にかかるコストが男性よりも高く，繁殖の失敗による損失が大きくなってしまう。結果的に，配偶者選択は慎重にならざるをえない。その選択条件の中には，配偶者が自分との関係を継

3　配偶者の獲得と維持に関わる感情　97

続し，自分と子どもに長期間安定した援助を提供する見込みが高いことも含まれると予想される。進化的適応環境では，母親は子どもの世話に相当程度拘束され，母子が外敵からねらわれることも多かったと想定されるから，他者からある程度の援助がなければ，生存の確保はしばしば困難であったと考えられるからである。したがって，自分と子どもへの援助を配偶者の男性に打ち切られることは，女性の繁殖にとってきわめて不利だっただろう。

　このような生物学的な性差を前提とし，バス（Buss, 1989）は，配偶者に求める属性に男女で差が生じると予想した。男性の繁殖にとって重要な点は，配偶する女性が確実に健康な子を出産することだから，出産に適した身体の女性を魅力的に感じたほうが適応的だろう。そこで男性は，女性について，健康であることを表す外見（顔や身体の美しさ）と，出産可能な年齢であることを表す若さに価値をおくようになると予想される。これに対して女性は，自分と子どもに十分な投資を行う男性を配偶者に選ぶことが繁殖上有利になるから，子育て援助へのその時点の投資可能性を表す経済力と，勤勉さや野心をもっていて将来の投資能力が予測される男性を求めると予想される。実際，世界の 37 地域を対象とした大規模な質問紙調査の結果，ほとんどの地域においてこれらの傾向がかなり明瞭にみられる（表 4-3）。

　また，交際相手募集広告を用いて，交際相手に求める属性と自分が広告する属性とを分析した一連の研究において，文化による差異も一部にみられるものの，これらの傾向がおおよそ支持されることが知られている（Greenlees, & McGrew, 1994 ; 小田, 2000）。

性的嫉妬

男性と女性が生物学的に大きく異なる点の 1 つは，親であることの確証性である。子どもを産んだ女性は，その子どもの母親であることが自明であ

98　　第 4 章　感情と進化

表 4-3　配偶者選択の際の好ましさ

仮　　説	仮説を支持する文化	仮説を支持しない［あるいは反する］文化
女性は男性よりも，配偶者の経済的能力を好む	36（97%）	1（3%）
女性は男性よりも，野心と勤勉さを好む	29（78%）	5（14%） ［逆の有意義があった文化　3（8%）］
男性は女性よりも，身体的特徴に価値をおく	34（92%）	3（8%）
男性は女性よりも，貞節に価値をおく	23（62%）	14（38%）
男性は女性よりも，自分よりも若い女性を好む	37（100%）	0（0%）

（注）　Buss, 1989 のデータによる。括弧内は全体に対する割合。
（出所）　カートライト，2005 をもとに作成。

るのに比べ，男性には父親である絶対的な確証はない。したがって，配偶者の不貞を見逃しやすい心理特性をもつ男性は，不貞を防ごうとする行動傾向をもつ男性に比べ，他者の子を育てる可能性が相対的に高い。もし男性がほかの男性の子どもの生育に自分の所有する資源を投資すれば，財産，労力，他の配偶者を得るために使える時間などを浪費することになるうえ，配偶者獲得のライバルである他の男性の子どもを成育させるのを助けることになる。これは繁殖上きわめて大きなコストである。そこで，男性は特に配偶者の身体的な不貞を許さない傾向を進化させており，**嫉妬**感情も身体的な不貞に対して強く生じると予想できる。

　これに対し，配偶者の不貞による繁殖上の損失は女性では比較的小さい。むしろ繁殖上問題なのは，配偶者がほかの女性への投資を優先し，自分への支援が打ち切られる事態である。したがっ

3　配偶者の獲得と維持に関わる感情　　99

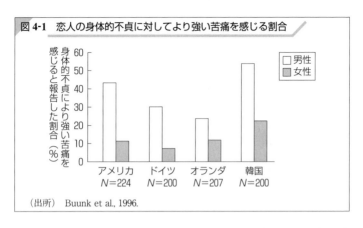

図 4-1　恋人の身体的不貞に対してより強い苦痛を感じる割合

(出所)　Buunk et al., 1996.

て女性は，相対的に配偶者の身体的不貞よりも精神的な不貞に嫉妬をより強く感じると予測される。バスの研究グループ（Buunk et al., 1996）が，さまざまな国の大学生に質問紙調査を実施し，恋人の身体的な不貞と精神的な不貞のどちらにより強い苦痛を感じるか検討した結果，この予想が確認された（図4-1）。

男性が社会的な決定権をもつ家父長的な社会では，繁殖適齢期の女性に対して，外出の禁止や処女性の重視など，女性の行動や性的活動を束縛する習慣がしばしばみられる。このような習慣も，女性の身体的不貞を防ごうとする男性の性的嫉妬傾向が反映されたものと考えられている（Dickemann, 1981）。

4 集団生活に関わる感情

互恵的利他性と
それに関連する感情

互恵的利他性（reciprocal altruism）とは，コストを払っても他者（他個体）の適応度の向上に寄与しあうことを意味する。

友達からのちょっとした頼みごとなら，多少煩わしくとも多くの人がたいてい快く引き受けるように，互恵的なやりとりは人間に自然にみられる。基本的に，人間社会は互恵的に維持されているといえる。

　もちろん，互いに助け合うという規範が守られれば，わずかなコストを各自が負担しあうだけで，得られる便益は大きなものになるから，最終的に個体の利益を増大させることにつながる。特に，包括適応度の考え方からすると，他個体であっても血縁者なら，その個体への利益供与が血縁度に応じて自己の遺伝子の増殖にも寄与することになるので，一定の条件下で互恵的行動は比較的容易に進化できる。その極端な例に，自分は生殖能力をもたずに集団のために奉仕する，いわゆる働きバチ・働きアリなどの社会性昆虫の存在がある。

　しかし，多くの動物では非血縁者間の互恵的利他性は一般的でない。その理由は，集団内の成員が他者を助ける動機づけシステムを備える必要があるうえ，その動機づけに乗じて利益を得るが自分は他者を助けない裏切り個体が突然変異などで発生した場合，裏切り者が一方的に有利になるという脆弱性を抱えているからである。発生した裏切り個体は進化のプロセスによって集団中に増えていき，最終的に他者を助ける個体はいなくなって，互恵性は崩壊してしまう。したがって，裏切りを排除する何らかの仕組みをもたない限り，互恵的利他性は維持できないと考えられる。

　人間の互恵的利他性には，血縁がない他者に対しても利益供与が広くみられるという特徴がある。さらに，利益供与に対するお返し，すなわち返報（reciprocity）に際して，人間の場合のみ直接的返報（援助した人に返す）だけでなく，**間接的返報**（直接利益を与えた相手からではなく，第三者から返礼を受け取る）によって互恵

的利他性が成立している（Alexander, 1987）。このような特殊な互恵的利他性が人間に成立した理由の解明は，進化心理学の課題の1つとなっている。

これに関して，トリヴァース（Trivers, 1971；トリヴァース，1991）は人間に特徴的な**社会的感情**が互恵的利他性の維持に寄与している可能性を早くから指摘した。そこで論じられた主な感情には，以下に示すようなものがある。

好き嫌いの感情と友情　人は好意を感じる相手に対して一般に協力的になる一方，嫌いな相手に対しては非協力的になる。友人に対しては，友人以外の人に比べてずっと利他的にふるまう。他者に好意を感じて友人関係をつくり，友人や好意を感じる人に対して利他的にふるまう傾向は，利他的行動と利他的な関係を形成する直接的な感情的報酬になっているだろう。逆に，裏切る人は嫌われ，友情は壊れる。このように人は好悪の感情を介して特定の他者と互恵的な関係を形成していると考えられる。

利他的な人とつきあうことは，一般的な同盟関係においても配偶関係においても，より大きな利益をもたらすので，利他的な人は他者から選ばれやすいだろう。長期的にこの状況は，人間の向社会的な性質を劇的に進化させる**社会選択**（social selection）として作用した可能性がある（Nesse, 2007）。

道徳的攻撃　人は道義に反した他者の行動に対して，義憤を感じ，攻撃を行う。このような道徳的攻撃の機能には，裏切り者に対してもつい情がはたらいて利他的にふるまってしまおうとする傾向を抑制する，見返りを与えない者を脅すことでその行動を変えさせる，極端な場合に，見返りを与えない者に危害を加える，追放する，などが想定されている。

感謝・同情　利他的な行為についてのコストと利益の比は，

102　第4章　感情と進化

互恵的利他性の成立にとって重要なので，人間はこの点にきわめて敏感になっていると推定される。たとえば，受け手が苦況にあって援助によって得られる受け手の潜在的な利益が大きければ，同情という感情が強く生じて援助が行われやすくなる。そして，受け手側のコスト・利益比に応じて，受け手に感謝の気持ちが起こるのであれば，苦境に同情して援助することが互恵的利他性を維持するだろう。

罪悪感と償い　互恵的利他性が機能する中で裏切りが露見すれば，何らかの裏切り排除機能がはたらき，将来的な援助を打ち切られてしまうだろう。完全な援助打ち切りの痛手は非常に大きい。そこで，裏切った者が償い，今後は裏切らないことを示せば，将来の互恵的な関係を壊さずにすむので，裏切った者にも裏切られた者にも都合がよい。罪悪感は，裏切りを埋め合わせ，今後は互恵的に行動するように動機づける機能をもつことで，互恵的利他性の崩壊を防いでいると思われる。

正　義　感　正義感は，他者の行動を評価する一般的な基準となっており，その内容は，公平感の共有と，公平が破られた際の反発と攻撃から成り立っている。この基準は，さまざまな立場の者からの利益供与から成立する間接的返報において非常に重要と考えられる。

これらの感情は，互恵的利他性の対象者範囲を規定し，コストと利益のやりとりの量を調整し，互いの裏切りを防止するように作用しているだろう。

なお，互恵的利他性の維持について，**評判**（reputation）の役割がよく検討されてきた（Smith, 2010）。人は他者が利他的かどうかについて敏感であり，それを評判としてしばしば他者に伝えている。それにより，利己者の排除が促されていると考えられる。

4　集団生活に関わる感情　103

さらに，あまりにも利己的なふるまいに対してはさまざまなかたちでの罰が下され，そうなれば，利己者は大きなコストを払うことになる。一方，利己者に対して罰を実行する者は，罰するための労力などのコストを負担することになるものの，他者から肯定的な評判を得るだろう（Barclay, 2006）。こういった情報によるコストと利益の調整システムも人間の利他性には大きく貢献していると考えられている。

より大枠としては，**複数レベル選択**（multilevel selection：複数レベル淘汰ともいう）による利他性進化の説明もなされている（Wilson, 2019）。これは，人間の場合，個体間よりも部族などの集団間での適応度の差が大きいため，集団内の成員がより利他的で集団全体の適応度を高めた集団がそうでない集団を駆逐することで利他性を促したとする考え方である。

集団間の攻撃

非血縁者間にも互恵的利他性を成立させられるほど融和的であることが人間の一側面であっても，同時に，進化史を通じて人間は互いに脅威であり続けた。男性の集団間の攻撃は，巨大で複雑な同盟関係の構築とともに人間に特徴的な行動である（Tooby, & DeVore, 1987）。古典的エソロジーの主張（ローレンツ, 1985）と異なり，同種間の殺戮は動物においてもしばしば観察され，人間がとりわけ高率というわけではない（ウィルソン, 1984）。ところが，**戦争**（個体が連合して共通の敵を攻撃する行動と定義される）については，現在のところその実行が確認されている哺乳類は人間とチンパンジーだけ（Wrangham, & Peterson, 1996）とされる。

戦争はきわめて協同的な行動であるため，高度な社会性が要求される。他の多くの動物種に戦争がみられないのは，そこまでの社会性がないことが理由の1つと考えられる。同時に，戦争は危

104　第4章　感情と進化

険な行動でもあるため，成立し維持されるには参加者の死や負傷のコストを上回る利益が必要となる。この点から，戦争が進化するための条件として，以下の点が指摘されている（Tooby, & Cosmides, 1988）。

①繁殖資源における長期的増大の平均が，進化の時間の中で繁殖コストを十分に上回っていること。この場合の繁殖資源は女性との性交機会の増大である可能性が高く，戦争によってその機会が大きく増大するなら危険を冒すだけの利益が生じる。②連合のメンバーは，自分の集団が勝利すると信じていること。単に勝つだけでなく，戦前よりも戦後に資源が増大するという信念をもっていること。③各メンバーの危険度と成功への寄与が利益の配分に反映されること。すなわち，戦争利益の配分は戦功によること。④戦闘する者は，誰が生きるか死ぬかについて予測できないこと。死が確実ならば誰も闘わなくなるので，死の可能性はメンバーにある程度ランダムでなければならない。

人間には，石器時代から現在まで，また，さまざまな文化において，かなり組織化された戦争が広くみられる（アイブル＝アイベスフェルト，2001）。集団の防衛力・戦闘力は，集団サイズに大きく依存するので，協力集団にはますます大きくなっていくように淘汰圧が加わっていった可能性がある（Alexander, 1987）。

集団内の地位と感情　動物における闘争能力や強靱さの相対的評価のことを**資源保持能力**（resource-holding potential : RHP）という（Parker, 1974）。人間以外の動物は，互いの資源保持能力を査定することによって，しばしば，実際の戦闘を行わずに優劣を決定し，資源保持能力の高い個体が高い地位（rank）について，多くの資源を獲得する。人間においては個体間の競争が実際の闘争から社会的な名声（prestige）をめ

4　集団生活に関わる感情　　105

ぐる競争へと変化したと考えられるので，資源保持能力に相当する概念として，**社会的注意保持力**（social attention-holding potential：SAHP）が提唱された（Gilbert, 1990, 2000）。

社会的注意保持力とは，人々から特定の人に払われる注意の質と量を指す。集団のメンバーから賞賛などの質の高い注意を多く注がれる個人は，名声を高めて集団内の地位が向上する。一方，メンバーから無視される個人の地位は低下する。集団内の地位は，資源へのアクセスに重大な影響力をもつ。したがって人間は，他者からの注目を得ようと競争することになる。

社会的注意保持理論によると，動機づけ状態，気分，感情は，社会的地位の自己評価が変化する際に生じる。地位に関連する何らかの競争に勝利することは，気分の肯定的な変化につながり，意気（elation）を盛んにする。その場合，友情や利他的な行動が促される。また，復讐を避けるために，勝者には敗者に対する和解行動も促されるとする。

一方，地位の急落は，対人不安（social axiety），恥（shame），怒り（rage），妬み（envy），うつを増大させる。対人不安は地位低下を避けるような努力を動機づける機能をもつため，地位の低下の可能性が高ければいっそう強く引き起こされる。恥は，人前であざけりの対象となってしまい，主観的な地位が低下した場合に典型的に生じ，あざけり対象となるのを避けるように人を動機づける。怒りは，地位低下の原因となった人物に対する復讐を動機づけ，報復的な攻撃を正当化する。妬みは，自分が望む資源を他者が所有しているのに，自分は所有できないような場合に生じる感情である。他者を崇拝したり理想化したりするかたちで現れることもあるが，他者の成果をけなしたり噂を流したりして他者の地位を引き下ろす行動を促すこともある。前述のように，うつ

は，資源の喪失，特にここでは地位の失墜に対する適応的な反応と考えられ，社会的注意保持力の向上によって回復するとされる。

5 人間行動の進化論的考察の今後

　進化心理学の発想は，心理行動現象の機能から構造を推定するような道筋をとることが多く，しばしば**リバース・エンジニアリング**（reverse engineering）に喩えられる（小田，2013 ; Buss，2019）。感情に関する進化心理学の議論も，人間の祖先の進化的適応環境に関する仮定を認めたうえで，そこに適応していると思われる感情の諸特徴を推定し，導かれる予測をデータによって検証するというスタイルをとることが多い。そこに感情の説明に進化を適用するおもしろさがあるといえよう。だが同時に，直接的な検証が元来難しい進化を説明に用い，いわば状況証拠に依存して議論が展開される現状に危うさを感じる向きもあるかもしれない。

　確かに，進化心理学理論の限界として，心理メカニズムの進化を正確には予測できない点がある（Buss，1996）。そのため，予測と結果が一致しない場合にも，後づけ的にいくらでも適応論的な解釈が可能となる。同様に，ダーウィン進化論に基づく適応論は，追試と検証が不可能な仮説をもてあそぶ「just so stories（なるべくしてそうなったというお話）」にすぎないとするグールドら（Gould，1978 ; Gould, & Lewontin，1979）の批判もある。

　これに対し，仮説が扱う問題が重要であれば，後づけ的な説明もそれ自体がさらに検討されて，多くの場合，最終的には妥当性と限界が明らかになると考えられる（オルコック，2004）。同時に，遺伝子と心理行動の対応に関する研究や考古学的研究など，近

Column ⑩ 進化の研究ツールとしてのコンピュータ・シミュレーション

　進化は多数の個体が多数の世代にわたって繁殖を繰り返す際に起こる長期間にわたる変化であるため，寿命の長い生物を実際に使って研究することは，ほとんどの場合，事実上不可能である（微生物を使った進化実験は四方〔2005〕などを参照）。そこで，生物のふるまいを単純化したモデルを使って，進化のプロセスをコンピュータ上で観察しようとする手法が開発されてきた。生物学では，このような手法は数理生態学（mathematical ecology）と呼ばれる領域に含まれる（巖佐，2002）。

　生物の戦略進化について，後の研究に大きな影響を与えたコンピュータ・シミュレーション研究に，繰り返しのある囚人のジレンマゲーム研究（アクセルロッド，1998）がある。この研究では，2個体がそれぞれ相手に対して「協力」か「非協力」かどちらかを繰り返し呈示するゲーム事態を設定し，1回あたり，お互いが「協力」なら互いが得点を得るが，一方の「協力」に対し他方が「非協力」の場合には協力個体は失点し非協力個体は得点する，両者とも「非協力」だった場合には両者とも失点する，という利得構造を設定した。これは，他者への協力にはコストがかかる一方，お互いに協力しあえばコストを上回る大きな利益が相互に得られ，相手の協力を搾取すれば一方的に利益が得られるという，一般的な社会の利害関係をシミュレートしたものと考えられる。アクセルロッドは，このようなルールのもとで「協力」と「非協力」の手の出し方をさまざまな戦略に基づいて呈示する15種のコンピュータ・プログラム間で総当たり戦を行った。その結果，「はじめは必ず協力を出し，次には前回相手が出した手と同じ手を出す」という応報戦略（tit for tat：「しっぺ返し」）と呼ばれる戦略が有効であることが明らかになった。

　アクセルロッドはさらに，異なる戦略をとる個体からなる集団でゲームを繰り返して，得点が高いとその個体は増殖し，低いと淘汰される事態を設定し，世代が進むにつれて生じる個体数変化を検討した。

これは，個体がとる戦略とそれに応じたコストと利益をきわめて簡略
化して再現し，進化のプロセスを確認したわけである。その結果，や
はり応報戦略が有効なことが示されている。

このようなシミュレーションはその後，個体の占める空間的位置を
導入して隣接個体とのみゲームを行うモデル（Nowak, & May, 1992），
個体が相手の過去の手に関する情報を利用できるモデル（Nowak, &
Sigmund, 1998）などさまざまに拡張され，どのような条件下で協
力行動に関わる戦略が進化しうるのか検討が重ねられている。

こういったコンピュータ・シミュレーションは，社会的な感情を中
心として，ある感情の進化が起こりうる本質的な条件を探る基礎研究
と位置づけられるだろう。

接・関連領域の知見が蓄積して多面的な検証が可能になる結果，
少なくとも一部の仮説の成否は今後明らかにされていくだろう。

進化理論の最も大きな効用として仮説構築力の大きさがある
（長谷川，1996）。今後も人間の心理行動に関して多くの進化心理
学的な仮説が呈示されていくだろう。また，性行動や戦争に関す
る感情など，旧来の心理学では中心的に扱われてこなかったにも
かかわらず適応論的に重要なテーマは多い。今後も感情を含む心
理行動に関して多くの進化心理学的な仮説が提示されるだろう。
それによって感情心理学の研究対象と仮説の枠組みがいっそう拡
大し，新たな知見が集積することが期待される。

✎ サマリー

進化は，個体間の変異が遺伝する状況で個体間に競争と選択が
起こるとき，結果として適応が生じるプロセスである。感情は進
化的適応環境における脅威や好機を増幅して個体に伝え，さまざ

5 人間行動の進化論的考察の今後 109

まな心的なシステムを調整して事態に対応する適応過程であるとみなされる。

恐怖や嫌悪は，進化的過去あるいは現在に脅威となる刺激に対して自己を防衛し，適応度低下時にはうつが個体内・個体間の調整を促して，適応度の維持回復をはかっていると考えられる。生物学的な基盤に基づいた男性と女性の適応戦略の違いの一部は，配偶者の選好性や性的嫉妬の性差に反映されている。

非血縁個体間の高度な互恵的利他性は人間の顕著な特徴であり，さまざまな社会的感情が互恵的利他性を維持しつつ，利他者が一方的に搾取されるのを阻止するよう機能している。その一方，人間のもつ戦争遂行能力は，人間にとっての脅威であり続けた。集団中では，一般に地位の向上が重大な適応問題であるため，地位の上昇や下落に応じ，さまざまな感情が生じて対処行動を動機づけている可能性が指摘される。

学習文献案内

長谷川寿一・長谷川眞理子・大槻久（2022）『進化と人間行動』第2版，東京大学出版会
　▶進化心理学を学ぶ際の必読書であり，2000年発行の初版から大幅に改訂された。遺伝のメカニズム，進化生物学の基本的理論から進化心理学の立場と提出された知見まで，この領域が概観できる。

カートライト，J. H.／鈴木光太郎・河野和明訳（2005）『進化心理学入門』新曜社
　▶初学者に配慮した読みやすい内容である。感情や精神疾患に関する記述も比較的多い。前掲書を読む前に読んでおくとこの領域の理解が容易になるだろう。

小田亮・橋彌和秀・大坪庸介・平石界編（2021）『進化でわかる人間行動の事典』朝倉書店
　▶「遊ぶ」「争う」など，43の行動それぞれについて，進化的視点から解説されている。興味のある項目を読めば，そのテーマの適応論的な研究がコンパクトに把握できる。

第5章 感情と認知

● こころをもった情報処理装置としての人間

戸田正直

この章で学ぶこと

1960年代から,認知心理学の隆盛により,人間をコンピュータのような情報処理装置になぞらえて理解しようという人間観が優勢になった。そこでは,人間は高度に精緻化・体制化された情報処理装置であると考えられた。こうした論理的で機械的な認知のあり方を「冷たい認知」と呼ぶことがある。しかし,人間には機械とは違って感情がある。1970年代頃から,感情と認知が互いに影響しあう現象が注目されるようになった。そのような感情に影響された認知のあり方を「熱い認知」または「温かい認知」(海保,1997)と呼ぶことがある。本章では,さまざまな認知過程と感情の関連について取り上げる。

1 感情と記憶

　記憶は，さまざまな認知過程を支える基本的な精神機能であると考えられる。認知心理学では，記憶は，ある情報を覚え学習する**記銘**，情報を維持する**保持**，情報を思い出す**想起**という 3 つの段階からなっていると考えられている。感情は，そのいずれの段階にも関わっている。

日常体験の記憶と感情

　2001 年 9 月 11 日，世界を震撼させた同時多発テロ事件が勃発した。世界貿易センタービルに航空機が激突し，ビルが炎上する衝撃的な光景を覚えている方も多いだろう。この日，何をしていて，どこでこのニュースを知ったか？ すぐに答えられる方が多いのではないだろうか。では，その一月前，2001 年 8 月 11 日には何をしていたか思い出せるだろうか？ これは難しいのではないだろうか。

　このように，大きな事故，災害，戦争などの事件報道は，強い感情的体験をもたらす。その際に，その出来事の記憶が脳裏に刻み付けられることがあり，これを**フラッシュバルブ記憶**（flashbulb memory）と呼ぶ。フラッシュバルブとはカメラ撮影で用いられる閃光電球のことであり，体験した場面がフラッシュのもとで焼き付けられたかのように記銘されることから，こう呼ばれるようになった。フラッシュバルブ記憶は，一般の記憶と比較して，記憶の変容が起きにくく一貫性が高いとされる。その理由として，驚きや恐怖などの強い感情をもたらす社会的・個人的に重要な出来事に接すると，人はそのことを何度も繰り返し考えたり，他者と話したりする。これは記憶研究では**リハーサル**（rehearsal）と

112　　第 5 章　感情と認知

いわれる行為で，記憶を定着させ強化する機能がある。それが鮮明で一貫した記憶をもたらすのだと主張されている（Brown, & Kulik, 1977）。

こうした現象は，脳機能からも説明できる。感情的な刺激を検出する扁桃体（第2章参照）は，記憶において重要な海馬（hippocampus）の隣に位置し，両者は密な神経連絡を有する。海馬は特に，短期記憶を長期記憶に転送して記銘するうえで重要なはたらきをする。感情的な出来事に接して扁桃体が強く活動すると，海馬が刺激され，その結果として記憶が強化されると考えられている。カヒルら（Cahill et al., 1996）は，参加者に情動を誘発する映像と，中立的な映像，それぞれ12種類を見せて，その際の脳活動をPET（第2章参照）により糖代謝を撮像することで測定した。さらに，その3週間後に映像についての自由再生テストを行った。すると感情映像（感情的な刺激）視聴中の扁桃体活動が強かった参加者ほど，それらの映像に対する記憶成績が優れていた。中性刺激映像の記憶成績には，扁桃体活動は関係がみられなかった。この結果は，感情的記憶の記銘に扁桃体が関与していることを示している。日常場面におけるフラッシュバルブ記憶にも，同様なメカニズムがはたらいている可能性が考えられる。

気分一致効果と
気分状態依存効果

仕事で大きな失敗をしてしまい，落ち込んだとしよう。そんなとき，過去の失恋や，受験での失敗などが思い出され，「俺ってだめな人間だな」とさらに落ち込んでしまうことがある。また逆に，思いがけず宝くじに当たって喜んだときには，他人から誉められた出来事や，楽しかったことが思い出され，より高揚感が増すこともあるだろう。

このように，気分が起こっているときには，その気分と一致す

1 感情と記憶 113

る記憶を想起しやすいという現象は，**気分一致効果**（mood congruent effect）と呼ばれている（Blaney，1986；高橋，1997）。フォーガスとバウアー（Forgas，& Bower，1987）は，参加者を快気分，不快気分に誘導し，架空の対象人物が行った社会的に望ましい行動と望ましくない行動を記述したいくつかの文章を読ませた。すると，快気分を経験している参加者は望ましい行動を，不快気分を経験している参加者は望ましくない行動を多く想起し，人物の印象もその記憶想起に影響されることが明らかになった。

　また，お酒を飲んで愉快になったときに見聞きしたことは，再びお酒を飲んだときに思い出しやすい，という経験をすることがある。快気分のもとで記銘されたことは快気分を経験したときに想起されやすく，不快気分のもとで記銘されたことは不快気分を経験したときに想起されやすい。こうした現象を**気分状態依存効果**（mood state dependent effect）と呼ぶ。ここでは，記銘される出来事や材料の感情的性質は関係がない。この点で気分一致効果とは区別される。アイヒ（Eich, Macaulay, & Ryan, 1994）は，音楽によって気分を誘導しながら，参加者に単語（ポジティブ語8語，ネガティブ語8語）を提示し，それぞれの単語から思い出される過去の記憶（ポジティブな出来事8つ，ネガティブな出来事8つ）を想起させた。数日後に，再び音楽により，前と同じ気分状態か，あるいは異なる気分状態に参加者を誘導したうえで，前に想起した自伝的記憶を再生させた。すると，想起した出来事がポジティブであるかネガティブであるかには関係なく，記銘時と想起時の気分状態が同じである場合のほうが，気分状態が違う場合よりも，記憶成績が優れていた（図5-1）。

図 5-1 気分一致効果と気分状態依存効果

1. 気分一致効果

2. 気分状態依存効果

気分一致効果では、現在の気分状態と一致した情報の想起が促進される。たとえば図のように快気分を経験している場合には、快気分に関係した情報が想起されやすくなる。気分状態と一致していない不快気分に関係した情報の想起は促進されない。

一方、気分状態依存効果では、記銘時と想起時の気分状態が一致していれば、どのような情報であれ想起が促進される。たとえば快気分を経験しているときに記銘された情報は、その内容が快気分に関係がなくとも、あるいはたとえ不快気分に関係したものであっても、再び快気分を経験した場合に想起されやすくなる。

感情ネットワーク・モデル

こうした感情が記憶に影響する現象は、**感情ネットワーク・モデル**（affective network model）により説明されている。認知心理学では、私たちがもっている知識は、ノード（結び目という意味）と呼ばれる概念がリンクと呼ばれる経路によって連結したネットワークのかたちで表現される（Anderson, & Bower, 1973）。ある概念が処理を受けると、それに対応するノードが活性化するが、その活性化はリンクに沿って連結している概念にも自動的に拡散していくと考えられている。それによって周囲のノードの処理効率が上がり、連想的な処理が可能になって、思考や

1 感情と記憶　　115

Column ⑪　研究における気分状態の操作方法

気分と認知に関する研究では，気分を独立変数として扱い，認知過程への影響を検討することが多い。このとき独立変数となる気分を操作する方法として，個人差に基づく方法と，実験的に一時的な気分状態を誘導する方法がある。

個人差については，質問紙の得点に基づいて，たとえば，うつ傾向の高い個人とそうでない個人，特性不安の高い個人とそうでない個人を抽出し，比較するという方法がとられる。また，臨床的にうつ病や不安障害という精神疾患であると診断された患者と，健常者を比較する場合もある。そうした研究では，精神疾患の患者群と質問紙で抽出された傾向者は，程度の差はあるものの連続性があるということが前提とされることが多い。

これに対して実験的な気分誘導法としては，まず言語的な方法が挙げられる。「私は疲れきって憂うつで，何もしないまま座っていることが多い」「私は実に気分がいいし，気もちも高ぶっている」などの文章を読ませるヴェルテン法（Velten, 1968），過去のポジティブ，あるいはネガティブな体験を想起させる方法，「私がいちばん楽しいのは……」「私がいちばん悲しくなるのは……」のように文章を完成させる方法などが使われる。非言語的な気分誘導法には，快活または陰うつな音楽を聴かせる方法，美しい風景やかわいい小動物などの写真あるいはクモやヘビなどの嫌悪的な写真を見せる方法，コメディや悲しいストーリーの映画を視聴させる方法，などがある。

どのような方法を用いても，一般に不快気分の誘導は比較的容易だが，快気分の誘導は比較的難しい。この原因の1つは，好みや何を美しくて良いものだと思うかについては個人差が大きいことであると思われる。そこで筆者らは，参加者の恋人や，一番好きな異性タレントの映像を視聴させ，いわば参加者にあわせたオーダーメイドな刺激を用いることで頑健な快気分を誘導することに成功している（Matsunaga et al., 2008）。

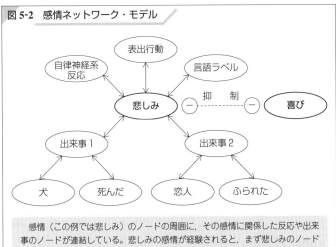

図 5-2 感情ネットワーク・モデル

感情(この例では悲しみ)のノードの周囲に,その感情に関係した反応や出来事のノードが連結している。悲しみの感情が経験されると,まず悲しみのノードの活性化が高まり,リンクに沿って連結している周囲のノードの活性化も高まる。その結果,悲しみに関係した過去の出来事が想起されやすくなる。一方,別の感情(この例では喜び)のノードは抑制され,喜びに関係した出来事は想起されにくくなる。

(出所) Bower, 1981 をもとに作成。

文章の読みなどの認知活動が円滑に行えるのだと主張されている。バウアー (Bower, 1981) は,こうした知識構造のネットワークに「怒り」「喜び」「悲しみ」などの感情のノードがあると仮定し,それらの感情を経験した過去の事例の記憶,それらの感情に伴う表出行動,自律神経反応などのノードとが連結されていると考えた。さらに,「悲しみ」と「喜び」のように相反する感情価をもつ感情ノードの間には相互抑制の関係があり,一方の感情が経験されている場合には,他方の感情ノードは活性化しにくくなるようにはたらくと仮定されている (図5-2)。

このモデルに従って,気分一致効果を解釈してみよう。何らかの原因により,「悲しみ」の感情が喚起されると,ネットワーク

1 感情と記憶　　117

中の「悲しみ」ノードの活性化が高まる。リンクに沿って活性化が自動的に拡散し，連結している「かわいがっていた犬が死んでしまった」や「恋人にふられた」などの出来事のノードの活性化が高まる。それにより，これらの出来事が記憶に想起されやすくなる。一方で，「喜び」のノードは抑制されるので，これに連結している出来事は想起しにくくなる。一方，気分状態依存効果の場合は次のように解釈できる。「悲しみ」感情を経験した際に，何らかの情報の記銘が求められると，そこに新たなリンクが形成される。それゆえ，再び「悲しみ」感情が経験された場合にも，その情報が想起されやすくなる。このようにネットワークは固定したものではなく，経験によって変容していく，一種の学習機能が想定されている。

　感情ネットワーク・モデルは，概念や意味記憶の説明理論として認知心理学で優勢であったネットワーク・モデルを感情に応用・拡張したものであり，広汎な現象をシンプルに説明できるモデルとして長い間影響力をもっていた。しかし後に，このモデルでは説明できない現象も知られるようになった。まず，気分一致効果は快気分のもとでは強く生じるが，不快気分のもとでは弱いか生じない（伊藤，2000）。これは，人間は不快気分をなるべく早く回復させようとするからだと考えられている。感情ネットワーク・モデルでは，そうした動機づけ的側面は考慮されていないため，この快・不快気分の非対称性を説明できない。また，記銘時に体制化など記憶を促進するような処理方略を積極的に被験者に行わせると，気分一致効果が起こらなくなる（Rinck, Glowalla, & Schneider, 1992）。感情ネットワーク・モデルはあくまで意識や意図の関与しない，あたかもコンピュータのデータ・ベースのような自動的過程のみを想定している。それゆえ，こうした人間

118　第5章　感情と認知

が積極的に行う意識的過程の効果を説明できない。感情ネットワーク・モデルは、まさに人間を情報処理装置として理解しようとした典型的な認知主義のモデルであり、それゆえに自動的過程に関しては高い説明力をもつが、人間ならではの特性を説明できないという制約をもあわせもっているといえよう。

2 社会的判断と感情

情報としての感情 　自分自身、他者、集団、社会的な問題などに対して評価をしたり、賛成・反対、支持・不支持などの態度を決めたりすることを**社会的判断**（social judgment）という。こうした判断にも感情の影響がみられることがある。

シュワルツとクロア（Schwarz, & Clore, 1983）は、晴れの日か、あるいは雨の日に電話調査を実施し、生活満足感について尋ねた。その結果、晴れた日には雨の日よりも生活満足感が高く評定された。これは、晴れた日には気分がよくなるので、その気分が本来無関係である生活満足感の評価に影響したのだと解釈されている。また、ジョンソンとトバスキー（Johnson, & Tversky, 1983）は、参加者にネガティブな内容の新聞記事を読ませて不快気分を誘導させた後、事故や病気による年間死亡者数を推定させた。すると、不快気分を経験した参加者は、そうでない被験者に比べて、死亡者数を多く推定した。

このような現象についてシュワルツ（Schwarz, 1990）は、**情報としての感情**（affect as information）**仮説**を提唱している。すなわち、人間は曖昧で不確実な対象について判断する場合、自分自

身の感情を手がかりにするということである。上記の研究で，生活満足感は多くの人にとってある程度曖昧であり，何を基準にするかによって評価が変わってくると考えられる。また，正確な統計を知らなければ，年間死亡者数を推定するのは印象によるしかない。しかし私たちの日常生活で，その種の判断を行うことはしばしばあり，そのような場合に，人間は知らず知らずのうちに感情を判断の手がかりにするということである。その結果，快気分にある場合にはより楽観的で肯定的な判断が，不快気分にある場合にはより悲観的で否定的な判断がなされることになる。

こうした現象は，図5-2に紹介した感情ネットワーク・モデルによっても説明できるとも考えられる。つまり，ある気分になった場合，それと一致した情報が活性化し想起されるので，判断に影響するということである。たとえば不快な気分になると，物価の高騰や医療問題などのネガティブな事柄の記憶が活性化して想起されやすくなり，そのため生活満足感が低く評定されるという解釈である。しかし，シュワルツとクロアの研究では，生活満足感について尋ねる前に，参加者に今日の天気について答えさせると，生活満足感への天気の影響がみられなくなったと報告されている。これは，天気を意識させることで，参加者が自分の気分の原因が天気であることを理解し，生活満足感とは関係がないことを認識して，感情を判断の手がかりとして使わなかったためだと解釈されている。この知見から，感情ネットワーク・モデルが想定するのとは異なるメカニズムがはたらいていると考えられる。また，この知見から，感情が判断の手がかりとしてはたらくのは，本人もそのことを意識していない自動的で無意識的な過程によることがうかがえる。

| 感情混入モデル |

これまでみてきたように，感情ネットワーク・モデルや情報としての感情仮説が想定するのは，感情が自動的に認知過程に影響するという姿である。そこで暗黙に想定されていたのは，本来精緻である人間の情報処理システムが，感情の影響を受けて処理が歪むという発想であったように思われる。そのために，そうした感情の影響は自動的であって，もし理性の力により意識的に認識されたならば，感情の影響は回避されると考えられてきた。

しかしながら実際には，人間は受動的に感情の影響を受けるだけでなく，自らの感情状態を積極的に制御し，変容させようともする（本章4節参照）。また，処理されるべき課題が容易であったり，慣れていたりする場合には感情の影響が小さくなることも知られており，要求される課題に応じて処理方略を積極的に選択しているとも考えられる。このような観点から，フォーガス（Forgas, 1995, 2001）は，感情と判断の関係を包括的に説明する**感情混入モデル**（affect infusion model）を提唱した（図5-3）。

このモデルでは，感情の影響を受けにくい（感情混入の少ない）2種類の処理方略と，感情の影響を受けやすい（感情混入の多い）2種類の処理方略が考えられている。

「直接アクセス処理」とは，過去の経験や知識，信念などをそのまま呼び出して判断に適用する処理をさす。たとえば選挙のとき，過去にある政党に投票したことを思い出したり，「私はこの政党を支持している」というこれまでの信念に基づいて，投票を決定するのがこれにあたる。「動機充足処理」は，はっきりした目標や動機づけがある場合，それを最優先させるような判断が行われるときのような処理である。たとえば高齢な扶養家族をもち経済的に苦しい状況にある人は，たとえ普段は支持していない政

2　社会的判断と感情　　121

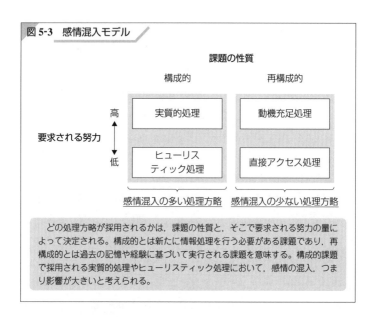

図5-3 感情混入モデル

課題の性質
構成的／再構成的

要求される努力 高⇔低

- 実質的処理
- 動機充足処理
- ヒューリスティック処理
- 直接アクセス処理

感情混入の多い処理方略／感情混入の少ない処理方略

どの処理方略が採用されるかは、課題の性質と、そこで要求される努力の量によって決定される。構成的とは新たに情報処理を行う必要がある課題であり、再構成的とは過去の記憶や経験に基づいて実行される課題を意味する。構成的課題で採用される実質的処理やヒューリスティック処理において、感情の混入、つまり影響が大きいと考えられる。

党でも、高齢者問題を改善してくれそうな候補に投票するだろう。この2つの処理方略は、感情の影響をほとんど受けない。

これに対して、強固な信念や動機づけがなかったり、正しい決定が不明確であり判断の手がかりがなかったり、熟考して判断を行う余裕がなかったりする場合には、判断対象のごく限られた情報だけに基づいた簡略な処理が行われる。これを「**ヒューリスティック処理**」と呼ぶ。無党派層の人が、候補者の外見や第一印象だけに基づいて投票するのがこれにあたる。この場合には、情報としての感情仮説が想定するような強い感情の影響が生じると考えられる。一方、同じように信念、動機づけ、明確な判断手がかりがなくても、課題が重要である場合には「実質的処理」が採用される。ゴミ処理場や原発の受け入れに賛成の候補と反対の候補が争う自治体選挙のような場合、その選挙結果は自分の生活に直

結する。このような場合には，新たに多くの情報を取り入れ，既存の知識と照合しながらそれらを評価する心的作業が必要となる。こうした場合には，感情ネットワーク・モデルが想定する過程が優勢になり，情報の評価，記憶に感情の影響が混入しやすくなる。

このモデルは，感情と認知の研究を刺激し，多くの実証的研究を生んだ。たとえば，利益や社会的地位などを獲得するためにどれだけリスクをとるかというリスク選好行動について，このモデルの観点から体系的レビューを行った研究が報告されている (Saka, & Yildirim, 2024)。この研究によれば，感情と認知の関係には文化的な文脈が強く影響する。アメリカのような個人主義的文化の社会ではポジティブ気分でいることが推奨され，感情混入の多い処理方略が採用される確率が高くなるのでリスク選好が強まる。日本のような集団主義的文化の社会では，集団の規範に合うように感情が制御される傾向が強いので，感情混入の少ない処理方略が採用される確率が高く，結果として気分がリスク選好に結びつかない。この例のように，感情と認知の関係には文化など多様な要因が複雑に影響することが考えられる。

3 感情と自己

自己表象と感情

私たちは，自分がどのような性格で，どのような能力や特徴をもち，これまでどのような体験をしてきたか，あるいは今後どのような人生を歩んでいくか，などについての観念をもっている。社会的認知の研究領域では，こうした自己についての観念も，一種の知識構造として私たちの認知機構の中に保持されていると考える。こうした自

己についての知識構造を**自己表象**（self representation）と呼ぶ。

ヒギンス（Higgins, 1987）は，私たちは，現在の自己についての知識構造である現実自己に加えて，自分はこうありたいと希望する理想自己，自分はこうあらねばならないと責任を感じる義務自己を，それぞれ表象としてもっていると主張した。彼は，これらの自己表象の間にずれがあると，不快気分が生じると考えた。現実自己と理想自己の間にずれがあると，報酬や自己実現などの望ましい状態や出来事が得られないということを意味し，悲しみ，不満足などの落胆関連の感情を経験することになる。一方，現実自己と義務自己のずれは，罰を受けるかもしれない，責任を果たせていないということを意味し，恐れ，心配などの動揺関連の感情を経験することになる（図5-4）。この考え方は，**自己乖離理論**（self-discrepancy theory）と呼ばれている。ヒギンスらは，質問紙によって3つの自己表象を測定する研究によって，自己乖離理論の予測を実証している（Higgins, Klein, & Strauman, 1985）。

自己乖離理論は，自己表象にずれがあるときに生じる不快気分に焦点を当てており，快気分を説明できないという制約があった。そこでヒギンス（Higgins, 1998）は，自らの理論を拡張し，**制御焦点理論**（regulatory focus theory）を提唱した。これによると，人間が自らの行動を定めるときの指針として，促進焦点と防止焦点という概念が考えられている。促進焦点は理想を追求しようという動機づけが強い場合や，あることを獲得できるかできないかという状況で優勢になる。促進焦点が優勢な場合は，肯定的な出来事に対して敏感になり，望ましい状態に接近しようという目標が動機づけられる。その結果，目標が達成できれば快活な感情が起こり，目標達成に失敗すれば落胆の感情が生じる。

一方，防止焦点は義務感が強い場合や，あることを喪失するか

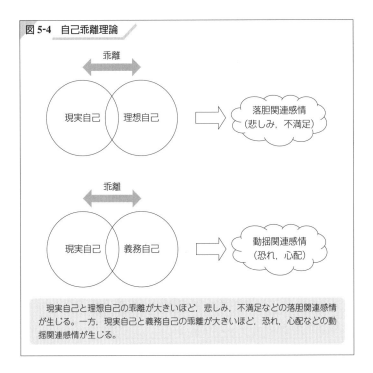

しないかという状況で優勢になる。防止焦点が優勢な場合は、否定的な出来事に対して敏感になり、望ましくない状態を回避しようという目標が動機づけられる。その結果、目標が達成できれば静穏な感情が、達成できなければ動揺した感情を経験することになる（図5-5）。

促進焦点と防止焦点のどちらが優勢になりやすいかについては、個人差があると考えられている。これはたとえば、コップに入った半分の水を見て、半分もあるという人（促進焦点が優勢）と、半分しかない（防止焦点が優勢）と考える人がいることに対応している。また、同じ個人の中でも、さまざまな状況によってどちらの

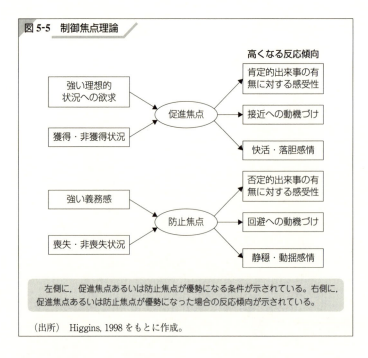

図 5-5 制御焦点理論

左側に，促進焦点あるいは防止焦点が優勢になる条件が示されている。右側に，促進焦点あるいは防止焦点が優勢になった場合の反応傾向が示されている。

（出所） Higgins, 1998 をもとに作成。

焦点が優勢になるかが変化することも想定されている。この理論は，認知，感情，行動にまつわるさまざまな現象，さらには性格のようなそれらの現象の個人差，を包括的に説明できるという点で魅力的である。たとえばメタ解析により，さまざまな性格特性が防止焦点の優勢さを媒介して，現実場面での仕事の成果と関連することを示した研究が報告されている（Lanaj, Chang, & Johnson 2012）。

うつ傾向と自己情報処理

一時的に起こる感情とは別に，ある感情状態を持続的に経験しやすい性格特性をもつ個人がいると考えられ，それはときとして病理的状態と結びつく。うつはその典型である。うつ病の

生涯罹患率は，女性で20％，男性で7〜12％といわれている。診断に至らない潜在的な患者や，治療が必要なほど重篤でないうつ状態の個人を含めれば，その割合はずっと大きなものになる。

　うつ病患者やうつ傾向者の認知過程は，慢性的な不快気分によって，ネガティブな方向に偏っていると考えられている。たとえば抑うつ傾向者は，そうでない人に比べて過去の記憶を再生する課題でネガティブな出来事をより多く報告する（Llord, & Lishman, 1975）。健常者でもうつ的な気分に陥っているときにはそうでないときに比べて不幸な出来事を再生しやすい（Clark, & Teasdale, 1982）。また，実験的な記憶課題を用いた研究でも，うつ病患者はネガティブな意味の単語をよく記憶し（Matt, Vazquez, & Campbell, 1992），与えられた情報の解釈も否定的な方向に偏ることなどが明らかにされている。こうした現象は，先に述べた気分一致効果が慢性的に生じている状態であると解釈することができる。

　このようなうつ傾向の個人における情報処理のネガティブな偏りは，自己が関連する場合により顕著になるといわれている。たとえば，個人的記憶の想起を求める際，自己に注意を向けさせた場合にのみ，うつ傾向をもつ参加者はネガティブな事象を多く想起した（Pyszczynski et al., 1989）。また，形容詞を記憶させる際に，その形容詞が自分にあてはまるか否かの判断（自己参照判断）をさせた場合にのみ，うつ傾向をもつ個人はネガティブな形容詞をより多く再生した（Derry, & Kuiper, 1981；Kuiper, & Derry, 1982）。こうした自己関連的なうつ感情と認知過程の関連を説明するために，バージとトータ（Bargh, & Tota, 1988）は，自己をノードとして組み込んだ一種のネットワーク・モデルを提唱した。このモデルでは，うつ傾向者ではうつに関連したネガティブな意

3　感情と自己　　127

味をもつ性格特性概念のノードと自己の間のリンクが強く，健常者ではポジティブな性格特性概念のノードと自己の間のリンクが強いと仮定されている。これを先に述べたバウアーの感情ネットワーク・モデル（図5-2）とあわせて考えてみると，ネガティブな性格特性概念は不快気分のノードと，ポジティブな性格特性概念は快気分のノードと，それぞれリンクをもつはずである。すると，うつ傾向者は，慢性的に喚起されている不快気分によって不快気分ノードが常時活性化している。このとき自己関連情報処理によって自己ノードが活性化すると，それらと結びついているネガティブな性格特性概念ノードは二重に活性化拡散の影響を受け，想起されやすさが非常に高くなることが予測される（図5-6）。うつに関連したネガティブな情報処理が，自己に関係する場合に特に促進されるという現象は，このようなメカニズムによって生じると考えられる。

4 感情の自己制御

意思による感情制御 第2章で述べたように，人間の神経機構には感情を制御する仕組みが組み込まれている。自らの意思で感情を制御しようと努力する動物は，おそらく人間だけだろう。感情はもともと，適応のために進化の過程で発達した仕組みであるので（第4章参照），ほとんどの動物にとっては，感情の命じるままに行動することが適応的な結果をもたらす。しかし人間は社会環境に生きているので，生のままの感情を表出したり，感情のままに行動したりすることは，適応的でない。また人間は，怒りや悲しみなどの不快感情を経験すること

128 第5章 感情と認知

図 5-6 自己を組み込んだネットワーク・モデル

1. うつ傾向者

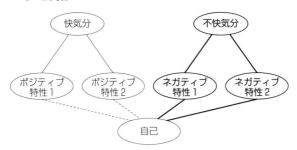

2. 非うつ傾向者

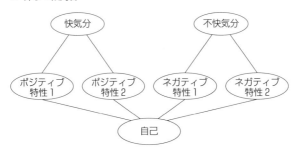

> うつ傾向者では,自己のノードとネガティブな性格特性概念のノードとのリンクが強く,さらに慢性的に経験する不快気分によって,これらのネガティブな性格特性概念のノードが常に活性化されていると考えられる。それゆえ,うつ傾向者が自己に関する情報処理を行った場合,これらのネガティブな性格特性の概念が顕著に優勢になると考えられる。一方,非うつ傾向者ではこうした偏りはなく,通常の気分一致効果が生じると考えられる。
>
> ちなみにこの研究では,日本人ではポジティブな性格特性概念とネガティブ特性概念が,自己と同じような強さで連結していると想定される(Markus, & Kitayama, 1991)。より自己高揚傾向が強いと考えられる欧米人では,自己とポジティブな性格特性概念の連結がより強いと想定することができよう。

(出所) Bargh, & Tota, 1988.

Column ⑫ 感情の予測——幸せを追い求めるがゆえのバイアス

　将来の自分はどんな仕事に就き，誰と結婚し，どんな暮らしをしているのだろうか。誰もがこのような想像を一度はしたことがあるだろう。あれやこれやと将来を想像することはそれだけで楽しい。人間には，将来について想像する能力があるため，心の中で自分を未来の状況に移動させ，そのときどのような気持ちになるかをあらかじめ推測することができる。このような将来の感情の予測は意思決定に不可欠なものだ。たとえば，今の恋人と結婚するかどうかを決めるとき，「その人と結婚したらどのくらい幸せだろうか，そしてその幸せはずっと続くのだろうか」といったことを考えずに結婚を決意することは難しいだろう。

　しかし，**感情予測**（affective forecasting）の研究は，人々が自分の将来の感情を正確に予測できないことを明らかにしている。こうなったらどんなに幸せだろうと想像していたのに，実現してみると思い描いていたほど幸せではないことはよくある。どうやら，将来のある出来事から生じる感情を予測するとき，人々は実際よりも強くそして長く感情反応のインパクトを見積もってしまうようだ。ウィルソンとギルバート（Wilson, & Gilbert, 2003）は，このような感情予測のバイアスをインパクト・バイアスと呼んでいる。インパクト・バイアスは，予測する感情がポジティブであれネガティブであれ頑健に生じることが示されている。

　確かに，賢い意思決定をするには将来の感情を正確に予測できたほうが望ましいだろう。しかし，将来の感情のインパクトを過大に見積もることが行動の自己制御に役立っているとも考えられる。出来事後のポジティブな感情を強めに予期すれば，良い結果が得られるよう努力が促進され，嫌なことが起きたときのネガティブな感情を強く見積もっておけば，ネガティブな出来事が起きないよう努力がなされるだろう。いずれにせよ，私たち人間が「幸せ」を想像して追い求めてしまう存在である限り，このバイアスから逃れることは難しいのかもしれない。

を避け，生じてしまった不快感情から早く回復しようと望むために，感情の制御を試みることもある。

　自らの思考や行動を監視し，それらを望ましい方向に変えようとする認知的活動を**自己統制**（self control）と呼ぶ。**感情制御**（emotion regulation）は，自らの感情を対象とした自己統制の一形態であると考えられており，さまざまな感情制御方略の効果が研究されている。

　抑制（suppression）は，感情が生じ，それが意識された後で，それを表出しないように制御する行為である。激しい怒りを感じつつも平静を装う，といった場面がこれにあてはまる。抑制は，日常場面でおそらく最もよく採用される感情制御方略であるが，弊害も多いことが指摘されている。抑制を行うと，表出行動は抑えることができても，自律神経系の興奮はかえって高まってしまう（Gross, 1998）。これは感情の抑制が負荷の高い認知的活動であるからである。そのため，持続的・慢性的に感情の抑制を行う傾向のある個人は健康面で問題が多いとさえ報告されている（Pennebaker, 1997）。

　ディストラクション（distraction）とは，感情から無関係な事物へ注意をそらす行為を指す。たとえば，不快な怒りが持続しているとき，読書をしたり，買い物に出かけたりすることがこれにあたる。

　ディストラクションを，認知的な感情制御方略として積極的に活用しようとする研究がある。たとえば，木村（2004）は，考えたくないネガティブな出来事が頭に浮かんだときに，ほかに考えることをあらかじめ用意しておき，そちらに注意を移す努力をすることで，気分が回復できたことを示している。また筆者ら（Iida, Nakao, & Ohira, 2011）は，緊張するスピーチ課題の直前

4　感情の自己制御　　131

に，無関係な暗算課題に集中することで，スピーチに伴うストレス感や自律神経系の興奮を低減することができたことを示している。

より積極的な認知的活動による感情制御方略として**認知的再評価**（cognitive appraisal）がある。これは不快感情をもたらしたネガティブな事象について思考し，新たな意味を見出したり，よりポジティブな解釈を加えようとする行為である。失恋して悲しみに沈んでいるときに，この体験が自分を成長させてくれたのだと考え直すのが，これにあたる。実際，喪失体験をした個人のうち，何らかの意義を見出せた個人は，そうでない個人に比べて6カ月後におけるうつ傾向が低かったことが示されている（Davis, Nolen-Hoeksema, & Larson, 1998）。また実験的にも，参加者に不快感情を喚起する映像を視聴させた際に，感情を抑制させた群では自律神経系の興奮がかえって高まってしまったが，認知的再評価を試みさせた群では不快感情を低減できたことが報告されている（Gross, 1998）。

日常生活で経験するように，こうした感情制御に常に成功できるわけでなく，私たちはしばしば感情に圧倒されてしまうことがある。それは，感情制御にはこころのエネルギーともいうべき**統制資源**（control resource）が必要だからである。統制資源は，制御を続けると減少していき，いったん枯渇してしまうと回復に時間がかかると考えられている。この統制資源の実体は脳のエネルギー源であるグルコースやグリコーゲンであるという説も提唱されている（Gailliot, & Baumeister, 2007）。いずれにせよ，私たちは常に十分な力を感情制御に注げるわけではないので，感情制御の効果には制約がある。

| 自動的な感情制御 |

こうした認知的活動による感情制御が自動的にもはたらきうることは，神経レベルの知見として第2章でも述べた。社会心理学，認知心理学の分野でも，そうした**自動的な感情制御**の効果が主張されている。

自動的な感情制御を検証するために，モースら（Mauss, Cook, & Gross, 2007）は巧妙な実験を行った。参加者はまず，バラバラな順序で提示された単語を並び替えて意味の通る文章をつくる課題（乱文完成課題）を与えられたが，その際に，感情制御群の被験者には「冷静な」「かかえこむ」などの感情制御に関係した単語が与えられた。一方，感情表出群では，「頭にくる」「表に出す」などの感情表出に関係した単語が与えられた。これらの単語のほかは，両群に与えられた単語は同じであった。参加者は，この実験操作の意味には気づいていない。この後に，参加者に対し課題の成績が不満足なものであるという感情的な挑発が行われた。実験者からこのようなふるまいをされれば，参加者は当然怒ると考えられる。ところが，感情制御群の参加者は，感情表出群の被験者と乱文完成課題をせずに挑発だけを受けた統制群の参加者に比べて，より弱い不快感情を報告し，心臓血管系反応も弱かった。

ここで重要なのは，この研究の感情制御群の参加者は，自らの意思で「怒りを抑制しよう」とは思っていないことである。乱文完成課題でたまたま与えられた感情制御に関係する単語に触発され，自動的に感情を制御する目標が活性化したのだと解釈されている。こうした考えは，社会的認知研究における**自動動機仮説**に想を得ている。バージら（Bargh, & Gollwitzer, 1994）は，私たちが行う行動のかなりの部分は，周囲の環境手がかりによって自動的に動機づけられた結果であると主張している。モースらの研究は，個人がある場面で感情を制御できるかできないかも，その状

況にたまたま存在する手がかりにより自動的に決められる側面が
強いことを示唆している。

　筆者ら（飯田・市川・大平, 2009 ; Iida, Nako, & Ohira, 2011）も，
別の文脈での自動的な感情制御を検討した。筆者らは，参加者に，
嫌悪や恐怖を喚起する写真（感情的刺激）を次々と 10 分間見せて
不快感情を喚起した。その 10 分前に，参加者に一桁の数字を
次々と見せ，それを単に見ていること（注視課題：統制課題）をさ
せたグループと，それに対して 3 種類の認知課題のいずれかを行
うことを求めたグループとで比較をした。認知課題としては，ワ
ーキング・メモリを使用する 2 バック課題（現在見ている数字と 2
つ前の数字の異同を判断する課題），抑制機能の使用が必要となる
Go-NoGo 課題（いくつかの数字には一押し〔Go 反応〕，別のいくつか
の数字には無反応〔NoGo 反応〕を求める課題），認知の柔軟性が必要
とされるウィスコンシン・カード・ソーティング課題（ある基準
に従い数字を分類するが，ときどき基準が予告なしに変更される課題）
のいずれかを行わせた。すると，課題が何であっても，感情的刺
激（写真）に接する前に認知課題を行った参加者は，注視課題を
行った参加者に比べて，主観的な不快感情の評定も心臓血管系の
反応も顕著に抑制された。この実験でも参加者は，認知課題と感
情的刺激の関係には気づいていない。また，認知課題は感情の制
御とは無関係で純粋に認知的なものであるので，感情制御の目標
が活性化したわけでもない。単に，感情的刺激に接する前に，た
またま認知的活動を行ったことが，自動的に感情を制御する効果
を発揮したのである。これは認知課題によって高まった前頭前野
の活動により，感情に関連する脳領域の活動が抑制されたためと
推測される。

　自動的な感情制御がどのように役に立っているのかについては，

134　　第 5 章　感情と認知

まだ不明な部分が多い。上述したように人間の制御資源には限りがあるため，意思による感情制御が常に成功するわけではない。おそらく，自動的な感情制御は，その制約を補うために発達したのかもしれない。

サマリー

感情は記憶を強めるはたらきがあり，それは感情が記憶のリハーサルを促進したり，扁桃体と海馬の活動を高めたりすることが原因だと考えられている。また，経験している気分と一致した材料を記憶しやすい気分一致効果や，記銘時と想起時の気分が一致していると記憶が促進される気分状態依存効果が知られており，これらの効果は，感情ネットワーク・モデルにより説明されている。感情は，社会的判断にも影響する。そこでは採用される処理方略によって感情の影響の大きさが異なる。こうした現象は感情混入モデルにより説明されている。

認知構造としての自己が感情に影響し，自己表象の間のずれによりネガティブな感情が生じたり，報酬の促進か罰の防止かのどちらに焦点が当てられるかによって経験する感情の性質が異なったりすると考えられている。また，うつ傾向をもつ個人はネガティブな方向に偏った情報処理を行う特性があり，その特性は自己に関係した情報処理の場合に強調される。

人間は受動的に感情を経験するだけでなく，積極的に感情を制御しようとする。ディストラクションや認知的再評価などの認知活動により感情制御が可能であるが，制御資源が限られているため常に制御が可能なわけではない。おそらくそれを補うために，人間は自動的な感情制御を発達させたと考えられる。

4　感情の自己制御　135

学習文献案内

唐沢穣ほか(2001)『社会的認知の心理学——社会を描く心のはたらき』ナカニシヤ出版

▶社会的認知の重要理論と個別のトピックが詳説されている。テキストというより,著者らの主張が盛り込まれた専門書である。

高橋雅延・谷口高士編著(2002)『感情と心理学——発達・生理・認知・社会・臨床の接点と新展開』北大路書房

▶認知心理学をはじめ心理学のさまざまな領域での感情研究を総合的に紹介。わかりやすく書かれており,感情研究を学ぶうえでの基本的なテキストとなる。

北村英哉・木村晴編(2006)『感情研究の新展開』ナカニシヤ出版

▶認知心理学の観点からの感情研究を,最新の知見を盛り込みつつ解説している。若い研究者らによる意欲作であるが,やや専門性が高い。

有光興記監修／飯田沙依亜・榊原良太・手塚洋介編著(2022)『感情制御ハンドブック——基礎から応用そして実践へ』北大路書房

▶本章で取り上げた感情の自己制御について,基礎から応用までを最新の研究知見を含めて網羅的に解説している。

第6章　感情と発達

● 表情とコミュニケーションの仕組み

バック (R. Buck)

この章で学ぶこと ●●●●●●●●●●●●●

　感情と発達について，特に表情を通した感情のコミュニケーションという観点から考えてみたい。子どもは，言語を身につける以前から，泣き声や笑顔などで周りに適切な対応を促したり，同時に，母親の優しい表情や厳しい口ぶりを手がかりに自分の行動を修正したりするなど，感情のコミュニケーションを介して多くのことを伝え，学んでいる。この章では，まず，このような感情のコミュニケーションを支える基本的な要素である表情とその認知が，どのように発達するのかについて説明する。ついで，より一般的なコミュニケーションへとつながる他者からのフィードバックのプロセス，さらに適切な感情表出についての社会文化的ルールの獲得について考える。最後に，感情のコミュニケーションを重視しつつ，感情間の関係とその発達について包括的に説明しようとする理論として，発達相互作用論について話を進めたい。

1 表情の発達

　オギャーと泣く，生まれて間もない赤ちゃんの顔を思い浮かべ
てみよう。そこには固く目を閉じて，鼻根がふくらみ深いしわが
できるほどの強い表情がある。このような表情には，眼輪筋と呼
ばれる目の周りの筋肉や口の周りのさまざまな筋肉が関係してい
るが，すでに母胎内でかなりの**表情筋**（facial muscles）が発達し，
作動している（Klaus, & Klaus, 1985）。本節では，出産前にすで
にある程度動き始める表情が，生後どのように発達していくのか
について，時間を追ってみていきたい。

初期の表情

　生後最も早い段階で**新生児**（neonates）
の表情を調べた研究に，シュタイナー
（Steiner, 1979）による**味覚刺激**（taste stimulation）への反応の実
験がある。シュタイナーは，生後間もない，まだ母乳やミルクも
摂取していない新生児に，さまざまな味の水溶液を与えた。これ
らの水溶液を口に含んだときの表情反応を記録したところ，甘味
に対しては穏やかな表情が，酸味では口をすぼめるような表情が，
苦味では吐き出すような表情がそれぞれ観察された（図6-1）。こ
の結果は，特定の味覚刺激に対して，ある特定の表情反応が生じ
ていることを示している。誕生直後の泣きと同様に，このような
反応には特別な学習や経験は必要ないといえそうだ。

　また，**におい刺激**（smell stimulation）を用いて生後3日目の乳
児の反応を調べた研究では（Soussignan, Schaal, & Marlier, 1999），
満腹時に，今までに飲んでいた粉ミルクのにおいを嗅がせると，
鼻にしわを寄せたり，上唇を上げたり，眉をひそめるような嫌悪

図 6-1 新生児の味覚反応

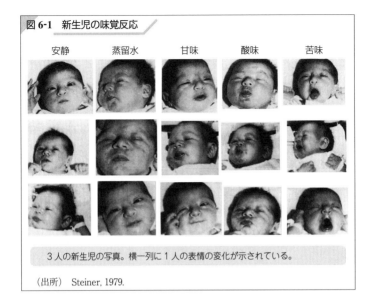

安静　　蒸留水　　甘味　　酸味　　苦味

3人の新生児の写真。横一列に1人の表情の変化が示されている。

（出所）Steiner, 1979.

の表情や，刺激から頭を遠ざけるような拒絶の動作が観察された。このような乳児の反応が即座に嫌悪の感情を反映したものと断定することには注意が必要だが，飲み飽きたものをさらに与えられるという状況を考慮すれば，少なくとも不快の感情状態を反映している表情や表出行動が生じたといってもよいだろう。

イザードら（Izard, Hembree, & Huebner, 1987）は，生後2, 4, 6，および18ヵ月時に行われる3種混合ワクチンの予防接種（注射）に対する乳児（infants）の感情的反応を縦断的に調べるために，注射の瞬間から感情が静まるまでの表情を録画するという研究を行っている。録画された表情を分析したところ，2～7ヵ月齢児では，注射に対する自動的な反応は，大声での泣きを伴う苦痛の表出で，眉が下がり内側に寄り，目が固く閉じられていた。また，この反応は注射後間もなく終わり，これらの乳児の90%には，

注射中にさらに2番目の表情として怒りの表情が観察された。さらに，「18カ月時」（平均19カ月齢）での注射に対する反応としては，全員が怒りの表出を示した。苦痛の表情をした乳幼児は72％であったが比較的短時間であり，基本的に注射によって与えられた身体的苦痛に対しては怒りの反応が観察された。

　この縦断的研究から，発達初期では予期せぬ身体的苦痛に対して，苦痛を端的に表す反応を示し，やがて，幼児期にかけて怒りの反応へと変化することが推察される。イザードはこのような発達的変化は，乳児期では自ら苦痛に対応することができないため母親などの養育者への警告のメッセージを発するという意味で適切な反応であり，その後幼児期にかけて，苦痛を与えるものに自ら怒りの反応で対応するための準備がなされていると論じている。

　同様に，発達のごく初期においては，否定的な感情がさまざまな種類に分化（discrete）しているわけではなく，大まかには苦痛の感情があり，その表情が観察されると考える研究者もいる。このような研究者も，発達段階における必要に応じて，分化した感情を経験し，その表情が観察されるようになると説明している（**4**節も参照）。

　一方，**微笑**（smiles）も生後間もなくから観察される代表的な表情の1つで，微笑と類似した表情が生後2〜12時間の間には観察される。生後1週間では他人の声やさまざまな音に対して微笑が生じ，生後3週間頃には他人の声に対するはっきりした反応として生じる。その後，5週間までに顔を含む視覚的な刺激に対して微笑反応が生じるようになる。さらに，生後2〜5カ月くらいの時期には，人の顔に対して**社会的な微笑**（social smiles）が生じる（たとえばIzard, 1991 ; Oatley, & Jenkins, 1996）。

　ところで，同じ微笑といっても社会的微笑のように快の感情と

140　　第6章　感情と発達

直結していることがうかがわれる表情と，自動的な身体反応と考えられている**自発的微笑**（spontaneous smiles）とに区別される。生後数時間で観察される微笑様の表情や，睡眠中に観察される微笑の多くは自発的微笑であり，必ずしも感情状態を反映しているとは考えられていない。しかし，感情が関係していようがいまいが，乳児の微笑は養育者との絆をつくりあげるために非常に重要な役割を果たしている。微笑は動機づけとしてはたらき，養育者に微笑を引き起こすとともに，温かい愛情や**アタッチメント**（愛着）の感情を引き起こし，相互の絆を強め，確実なものにしているのである。

学習経験の影響

生まれつき目が見えないあるいは耳が聴こえない（the blind/deaf）子どもの7年間にわたる行動観察によると（Eibl-Eibesfeldt, 1984），このような子どもたちの笑い，怒り，拒絶などの表出行動は健常児とよく似ており，感情を表す表情や動作，発声などが，視聴覚的な学習を必要としないことが示されている。また，先に紹介したシュタイナーによる味覚刺激への反応を分析した研究は，視覚や聴覚に障害をもつ人たちや，さらに，先天的に大脳新皮質をもたない無脳症児を対象にしても行われ，健常者と同様の結果が得られている。

これらが示唆することは，微笑や泣き顔といった表情には人間が生まれながらに備えている基盤が存在する可能性である。しかし，表情に生物学的基盤があるからといって，そのすべてが先天的に決定されているわけではなく，出生後の環境やさまざまな人との相互作用によって，調整され，獲得されると考えられる。

表情を画像解析し，晴眼者と比較した研究によると（益谷ほか，1990），生まれつき目の見えない人の成人期の表情は左右の相称

1　表情の発達　　141

性がいびつになり，顔面全体が緊張する傾向があった。これは，もともと基本的に備わった表情の構成要素が，発達の過程で適切な調整が行われなかったために全体として調和していくことに失敗したためと考えられる。このような研究から，表情はその生得的側面が発達過程で社会的影響を受け調整されてはじめて，有効なコミュニケーションチャンネルになると推察される。

高齢者の表情研究　発達初期の子どもの研究に比して，**高齢者**（older adults）を対象にした表情研究は限られているが（宇良，2004），加齢により表出能力の衰えが生じている可能性が示されている（中村・益谷，2001）。怒りや悲しみなどの表情を演じる実験では，たとえ演技することができたとしても第三者からみて何を演じたのかがわかりにくい傾向があった。このような表出能力の低下は，身体運動全般の老化（aging）とも関係した筋力の衰えのせいだけではなく，顔に刻まれたしわなどにより，表情が認知されにくくなるからだと考えられる。

さらに，発達的変化の問題ではないが，高齢者が独自の**表示規則**（display rules：社会的慣習，習慣など；*3*節参照）を有している可能性も考えられる。つまり，表出そのものの変化に加え，特定の表示規則に従って行動するために，ある場面で自分自身の感情を素直に表出することができず，そのために相手に感情が伝わらないという可能性である。何が場面に応じた適切な感情表現かという点に関しては，高齢者と若年者の世代間の差異とともに，ケアをされる側とする側といった立場の違いを反映している可能性もあるが，十分な研究は行われていない。

生物学的側面の影響　バック（Buck, 1988）は，コミュニケーションの**生物学的側面**（biological aspects）と社会的影響のような**獲得された側面**（acquired aspects）

142　第6章　感情と発達

とが，人間の行動にどのように影響を与えているかについて説明している。図6-2の横軸は発達や系統発生のレベルを表しており，縦軸は2つの側面の相対的な影響の度合いを示している。たとえば，生後間もない新生児の

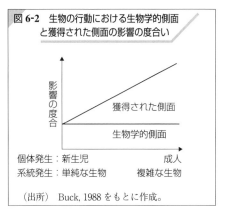

図6-2 生物の行動における生物学的側面と獲得された側面の影響の度合い

個体発生：新生児　　　　　成人
系統発生：単純な生物　　　複雑な生物

(出所) Buck, 1988 をもとに作成。

ような発達のごく初期では，さまざまな反射や泣きなど，その行動の多くが生物学的に説明できるだろう。発達段階が進み，横軸を右に移動するにつれて学習などによって獲得された側面の影響が大きくなることがわかる。ただし，横軸のどの位置においても，生物学的な側面の影響はなくならないことに注意する必要がある。獲得された側面の影響がない行動はありえても，私たちの行動の背景には生物学的側面があり，獲得された側面と調整されて行動に影響を与えていると考えられる。

2 表情認知の発達

初期の表情認知

新生児が生後間もなくからヒトの顔様の刺激に対して選択的な好みを示すことはよく知られている。ただ顔のように見えればよいのではなく，特に目にあたる部分の中心に黒目があることが乳児の定位反応（注視行動など）を引き起こすために重要な手がかりになっているこ

とが報告されている。人間は，まさに見る者としての顔の特徴を
もった視覚刺激に対して特別な感受性をもって生まれてくるよう
である（Farroni et al., 2005）。それでは，顔の動きとしての表情
を，乳児はどのように認知しているのだろう。

　これまでに多くの研究が乳児の**表情認知**（recognition of facial
expressions）能力について調べている。たとえば，生後3カ月で
幸福と悲しみを驚きの表情から，笑顔をしかめ面から区別でき，
4カ月までに喜びを怒りや中立の表情から区別でき，5カ月まで
に悲しみ，恐れ，怒りの表情を，5〜7カ月の間に幸福，驚き，
悲しみを区別できるという報告がある。

　これらの研究を展望したネルソンら（Nelson, & de Haan, 1997）
によると，幼児は生後2,3カ月の段階で表情を弁別することがで
きる。だが，表出者が変わったり，表情の強度が変わったりして
も表情の種類が変わらないと認識できるようになるのは6,7カ月
の段階であると述べている。したがって，乳児が表情を弁別する
ことができるとしても，最も初期の段階では必ずしも感情と結び
つけているかは断定できないといえよう。一般的に乳児の視力は
非常に悪く，生後6カ月で大人の2分の1程度であるといわれて
いる（Banks, & Salapatek, 1978）。細かな動きを反映した表情の
認知は，発達初期の段階では容易ではないのかもしれない。

　ところで，成人を対象にした実験では，表情を見るだけでその
表情に対応する顔面筋が活動することが**筋電図**（**EMG**：electro-
myogram）反応の測定によって見出されている（Dimberg, 1982；
McHugo et al., 1985）。表情刺激を提示されると，観察者は自分で
意識することはなく，笑顔に対しては口元をななめ上に持ち上げ
る大頬骨筋を活動させ，怒った表情に対しては眉をひそめる**皺鼻
筋**を活動させたのである。このような反応は，観察した表情を観

察者が真似るという意味で**模倣**（imitation）と呼ばれたり，意識しないで相手と同じ表情をしてしまうことから**伝染**（contagion）と呼ばれている。このような反応は，発達のごく初期にも観察されていることをふまえると（池上，1998；Melzoff, & Moore, 1977），ある種の表情認知は生後数時間の段階ですでに成立していることになる。

このような同調的反応は，ミラーニューロンシステムを基盤とする感覚運動連合による動作の共起として説明されているが（佐藤，2019），この反応には，感情情報を含むプロセスが関与している可能性も指摘されている（磯村，2021）。すなわち，コミュニケーションの相手が，ある喚起要因に対して示した感情的解釈（表情）と，その喚起要因に対する受け手の感情的解釈が一致していることが，受け手の反応，すなわち同調的反応として表されている可能性がある。このようなプロセスの理解にはさらに研究が必要だが，相手と同じ反応を示すことは，相互の共感的コミュニケーションに実質的で重要な役割を果たすといえるだろう。

感情の認知と社会的参照　発達初期の子どもには言葉で直接たずねることができないため，表情を感情的な意味をもつものであると認識しているかどうかを確かめることは困難である。ここでは，さまざまな工夫によって，この問題に取り組んでいる研究を紹介しよう。

5カ月齢くらいから，乳児は受容的な話し方には肯定的な反応を示し，拒否的な話し方には否定的な感情反応を示すというように，音声的な感情表出を理解するようになることが確かめられている（Fernald, 1989, 1993）。このような感情的音声と表情刺激とを組み合わせて乳児に提示したところ，5カ月児では正しい組み合わせとそうでない組み合わせとを区別できなかったが，7カ月

2 表情認知の発達　145

児では正しい組み合わせの刺激をより長く注視することがわかった（Walker-Andrews, 1986）。

　一方，モンターギュら（Montague, & Walker-Andrews, 2001）は，イナイイナイバーという，子どもにとってより自然な方法で研究を行っている。4カ月児に，3回続けて普通のイナイイナイバー（驚いたような笑顔で）をした後で，恐れ，怒り，悲しみのいずれかに表情を変化させる試行を2度繰り返した。刺激表情に対する注視時間や感情反応の変化を検討したところ，単に表情の変化に対してだけではなく，変化した表情の種類によって反応の仕方が異なることがわかった。たとえば，悲しみに対しては注視時間が短くなり不安定な行動が生じ，怒りに対しては注視時間が継続して長くなった。また恐れに対しては一時的に注視時間が長くなったことなどから，4カ月児は表情を弁別しているだけでなく，意味を判別していたと考えられる。モンターギュらは，子どもにとって自然な研究方法を工夫し，複数の測度をとることによって，より適切に子どもの認知能力を評価できると述べている。

　表情が感情的な意味をもつと認識できているかを確かめる方法の1つは，**社会的参照**（social referencing）を検討することである。

　社会的参照については**視覚的断崖**（visual cliff）を使った実験が有名である（Sorce et al., 1985）。たとえば，テーブル上にテーブルから大きくはみ出す丈夫なガラスを置いて（しっかり固定して落ちないようにしてある），はみ出した部分が断崖に見えるように工夫した装置を使って実験を行う（図6-3）。テーブルの部分に座らせると，乳児はテーブルの上を這い進み母親に近づいていくが，やがてガラスがテーブルからはみ出している断崖部分にさしかかると，乳児はどうしてよいかわからず，まず母親を見る。実験では，母親が笑顔を示すと子どもはその断崖を渡って母親のもとへ

146　第6章　感情と発達

図 6-3 社会的参照の実験状況

子どもは視覚的断崖の前で、母親の表情を参照してどのように行動するべきかを決定している。

(出所) Oatley, & Jenkins, 1996 をもとに作成。

近づいていった。一方，恐れや拒否の表情をしたときには子どもは断崖を渡ろうとしない傾向があることがわかった。

社会的参照は発達の初期，生後10カ月までには表れるが（Bandura, 1986；Bretherton, 1984），このような反応は，曖昧な状況で自分がどうふるまうべきかを，母親の表情を参照して決定していることを意味していると考えられ（Moses et al., 2001；Repacholi, & Gopnik, 1997），子どもが的確に表情の意味を理解していることを示している。

さらに，**高齢者**を対象にした表情の読み取り能力についての研究も少数であるが行われている。マラテスタら（Malatesta et al., 1987）は，面接場面で過去の感情経験の回想時に表出された表出者の表情などを録画し，その表情から判断者に感情を判断させる研究を行っている。表出者，判断者ともに，若年，中年，高齢者の3グループを対象にして実験を行った結果，加齢によって表情

2 表情認知の発達　　147

読み取り（判断）能力が低下することが示され，同時に，表出者の年齢と判断者側の年齢の組み合わせによって表情認知能力の差がみられた。これは，高齢の判断者の読み取り成績は，若年もしくは中年の判断者の読み取り成績と比較して総じて良くないが，表出者が高齢者の場合には相対的に成績が良いことを表している。この結果は，高齢者の表情に対する慣れとの関係で考察されているが，同時に，**1**節で指摘した表示規則の世代間での差と世代内での共有を反映しているとも考えられる。

3 感情のコミュニケーション

感情表出の抑制と制御

うれしい，悲しいといった自覚された感情の経験は基本的に主観的であり，自分自身の感情状態を知るのは自分だけである。このような感情状態に適切に名前をつけ，制御できるようになるためには環境からの**フィードバック**（feedback）が欠かせない。

　たとえば，一緒に遊んでいる他の子どものおもちゃに手を伸ばしたが，それが手に入れられずに腹を立ててしまった幼児は，怒りの感情にとらわれて相手の子どもを叩くかもしれない。このようなとき，養育者らが「おもちゃが欲しかったんだね」と言ってなだめたり，「怒っちゃったんだね，でもそんなことしたらだめだよ」と諭したりすることで，子どもは落ち着き，自分の内的状態（感情）に名前があることを知り，自分が感情を表出していること，さらにはそれを適切に**調節**（regulation）・**制御**（control）する必要があることを学ぶのである。

　しかし，このようなとき，養育者がいきなり大声で怒鳴りつけ

148　第6章　感情と発達

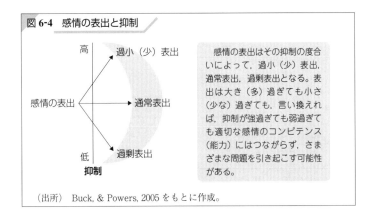

たり強く叩いたりなどの過剰な**罰**（punishment）を与えることがあるかもしれない。極端な場合には、子どもにとって適切なフィードバックとはならず、罰によって必要以上に自らの感情を抑制する傾向が生まれるかもしれない。バックら（Buck, & Powers, 2005）は、適切なレベルの感情表出が適切なフィードバックにつながり効果的な感情の**能力**（コンピテンス）の獲得につながると論じている（図6-4）。また、抑制が高過ぎれば過小（少）な表出に結びつき、情報提供不足により他者からのフィードバックを得にくくし、抑制が低過ぎれば過剰表出のために、結果的に他者からの適切なフィードバックが得られない。いずれの場合も効果的なフィードバックを欠くため、感情の理解・制御について学ぶことができず、正常な感情能力の獲得につながらない可能性がある。

社会的バイオフィードバック・モデル

前項で述べたように、感情反応として表出される行動は、表出者自身にではなく、それを知覚する他者に対して情報を提供する。自分の感情状態を十分に理解できていない段階では、その情報に対する他者からの反応が得られたときに、はじめて自分の

3 感情のコミュニケーション 149

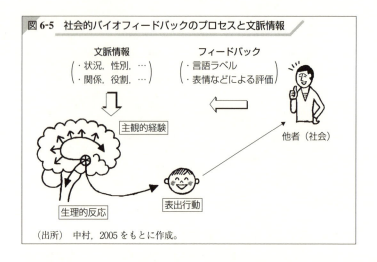

図 6-5　社会的バイオフィードバックのプロセスと文脈情報

（出所）　中村, 2005 をもとに作成。

感情に関する手がかりを得ることになる。バック（Buck, 1988）はこのようなプロセスを**社会的バイオフィードバック**（social biofeedback）と呼んでいるが、このようなフィードバックによる学習のプロセスを説明するモデルを考えてみよう。図 6-5 に表出行動をはじめとした感情反応の経路と、表出行動に対する外界からのフィードバック、さらにこのようなプロセスが生じる**文脈**（contexts）に関する情報の関係を示した（中村, 2005）。

表情などとして外界に示された**表出行動**（expressive behaviors）は、他者によって評価され、その結果、フィードバックとして**言語ラベル**（verbal labels）や正または負の**評価**（evaluations）を与えられる。ある特定の文脈のもとで（たとえば、プレゼントをもらったとき）、ある特定の表出行動（笑顔）が、特定の言語ラベル（よかったね、うれしいね）によるフィードバックを繰り返し与えられることで、特定の感情状態の自覚された経験や特定の文脈にその言語ラベルが結びつけられ、感情の理解につながる。また、

Column ⑬ 表出制御の発達と性差
——コミュニケーションの正確さの測定と生理的指標

アメリカを中心にしたこれまでの**非言語的コミュニケーション**に関する研究によると、一般に女性は男性よりも表出的である。このような表出行動における**性差**は、遺伝的・生物学的側面と社会的・獲得的側面の両者を反映している可能性がある。

バック(Buck, 1984)は、コミュニケーションの正確さを測定するために、実験に参加した同性ペアの一方(表出者)に感情刺激としてのスライド写真を見せ、その様子をビデオで隠し撮りし、もう一方(解読者)に見せ、表出者が見ているスライドを判断させた。自分が見ているスライドが解読者にわかりやすい表出者は**送信能力**が高く(感情が表出されている)、表出者の見ているスライドを正しく判断することができる解読者は**解読能力**が高いと考えた。また、表出者には皮膚電導反応、心拍数のような**生理的反応**の測定装置を装着し、感情刺激に対する反応を記録した。

年少児の研究では性差はみられなかったが、成人を対象にした研究

図 Column ⑬ 反応の外在化と内在化

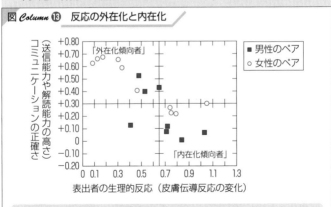

生理的反応が大きい(感情の表出が抑制される)表出者の場合コミュニケーションの正確さが劣り、生理的反応が小さい表出者の場合コミュニケーションが正確である傾向がある。それぞれ、内在化傾向、外在化傾向と呼ばれる。

(出所) Buck, 2005 をもとに作成。

では，コミュニケーションの正確さでは女性が男性よりも，生理的反応では男性が女性よりも高いことが見出された。感情の表出が抑制されることによって内的生理反応が高まると考えると，本来性差のなかった表出行動が，発達における社会化の過程で男性に表出を抑制する圧力がかかることによって，結果的に，表出を抑えることによる生理的反応の高まりがみられたと説明することもできる。もちろん，成熟によりこのような性差が生まれる可能性は否定できないが，表出行動への社会化の影響を否定することもできないだろう。

特定の文脈における特定の表出行動が，正または負の評価を繰り返し受けると（プレゼントをもらったときにうれしそうにすると喜ばれ，不満そうな顔をするとしかられる），その文脈と表情とが結びつき表出の規則（もらったときは喜ぶべきである）が固定化し獲得されると考えられる。このとき，特に年少の子どもの場合，養育者の励ましや笑顔が正の評価を示すフィードバックとなり，同じく叱責や怒りの表情などが負のフィードバックになることが知られている（Boccia, & Campos, 1989 ; Klinnert, 1984 ; Zarbatany, & Lamb, 1985）。表情は相手への手がかりであるとともに，相手からのフィードバックとしての役割を果たし，適切な表出とその認知がこのようなプロセスの重要な基礎になっているのである。

> 感情表出と
> 解読のルール

日常的な対人コミュニケーションの場面においては，自分や相手の性別や年齢，職業や役割，相手と自分との関係など，さまざまな要因が表情を通したコミュニケーションに影響を与えている。このようなさまざまな要因を**文脈**と呼ぶが，文脈と感情や表情との関係は，先に紹介した社会的フィードバックのプロセスによって学習されると考えられる。そのため，基本的な情動と表情との関係は普遍的であっても，どのような場面でどのような

152　　第6章　感情と発達

表6-1	出生から5歳までの感情制御の発達
0～ 3カ月	生体調節のための情動の活用
3～ 6カ月	緊張のマネジメント
7～12カ月	養育者（たち）との間に情動的な機能を果たすインターラクション；アタッチメントの形成
13～18カ月	探索活動；相補的，相互的な遊びの構造；安定した友人関係
19～30カ月	情動的な意味をもったコミュニケーション；友人関係の可塑性
31～54カ月	衝動のマネジメント；情動的対処の技能の習熟（すなわち，表出の調整，自己と他者の情動の理解，広い他者の情動への反応）

（出所）須田・別府, 2002。

表情をするべきかについては個々の集団によって異なる。

　この考え方は**神経文化モデル**（neuro-cultural model）と呼ばれており（Ekman, & Friesen, 1969），表情の文化差の問題を説明するために，どのような場面でどのように感情を表すべきかについての文化的取り決めがあると仮定されている。このような取り決めは**表示規則**と呼ばれ，文化的慣習として，ある場面でどのような表出行動をするべきかを規定している。同時に，表情がこのような文化的規則の影響を反映しているとすると，その表情を手がかりに相手の感情を読み取るためには解読のための規則，**解読規則**（decoding rules）を仮定する必要がある（Buck, 1984）。

　このような規則は発達の過程で修得されるものであるが，その修得のプロセスにおいても表情が重要な役割を果たしていると考えられる。表6-1は，出生から5歳までの**感情制御**（情動調整：emotion regulation）の発達についてまとめられたものだが，2歳後半以降から感情を管理するための技能の習熟が始まる。ただし，より基本的な感情理解や制御については，表情などの表出行動の認知が成立する発達の初期から始まるものと考えられる。

3　感情のコミュニケーション　　153

4 感情システムの発達

● 感情の分化と発達相互作用論

感情の分化　　　ブリッジス（Bridges, 1932）は，カナダ，モントリオールの児童養護施設での新生児から 2 歳児までの 62 名の子どもたちの観察をふまえて，感情が興奮や快・不快のような基本的なものから，徐々に分化していくという発達モデルを発表した。この**感情分化**に関する古典的研究はその後の感情発達研究の基礎となった（Sroufe, 1996；Lewis, 2011, 2014, 2016）。本節では，特に生後 3 年間の感情発達を説明しようとするルイス（Lewis, 2016）のモデルを紹介する。

　ルイスは，図 6-6 で示したように，人間の感情が，喚起要因との相互作用などの文脈の中で生じる，生物学的な行動パターンとしての一次感情（喜び，怒り，興味，嫌悪，悲しみ，恐れ）から始まるとし，認知発達により，そこに自己意識的感情が加わっていくと考えている。おおむね 2 歳時後半に，まず，自己参照的行動として表れる意識の発達により，気恥ずかしさ／照れ（exposure embarrassment：自己意識による困惑），共感，羨み，嫉妬のような自己意識的感情が生じると考える。2 歳時後半から 3 歳にかけて，さらに認知的能力が発達すると，規範やルール，目的との照合によって生じる評価的自己意識感情（評価に関わる困惑，誇り，恥，罪悪感）の獲得へ進んでいくと論じている。

心理構成主義と
感情発達　　　ここで紹介したモデルをはじめ，感情発達を発達段階による感情の分化として説明しようとする考え方は，生物学的行動パターンをふまえた感情カテゴリーを前提にしているといえる。

154　　第 6 章　感情と発達

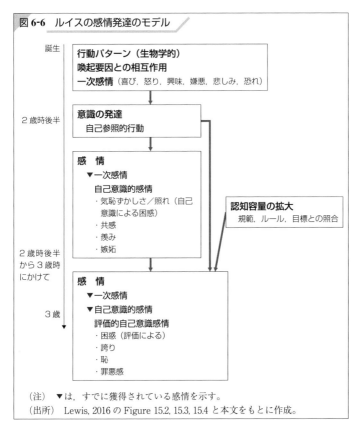

図 6-6 ルイスの感情発達のモデル

誕生　行動パターン（生物学的）喚起要因との相互作用
　　　一次感情（喜び，怒り，興味，嫌悪，悲しみ，恐れ）

2歳時後半　意識の発達
　　　　　　自己参照的行動

感　情
▼一次感情
自己意識的感情
・気恥ずかしさ／照れ（自己意識による困惑）
・共感
・羨み
・嫉妬

認知容量の拡大
規範，ルール，目標との照合

2歳時後半から3歳時にかけて

感　情
▼一次感情
▼自己意識的感情
評価的自己意識感情
・困惑（評価による）
・誇り
・恥
・罪悪感

3歳

（注）　▼は，すでに獲得されている感情を示す。
（出所）Lewis, 2016 の Figure 15.2, 15.3, 15.4 と本文をもとに作成。

一方，1990年代以降，感情の心理構成主義（第1章参照）が展開され（Barrett, 2020, 2022），固定された生物学的感情カテゴリーは前提とはならず，対人関係や社会文化的文脈といった誕生後の子どものさまざまな相互作用の中で，言語ラベルとしての感情カテゴリーやそのカテゴリーとの関係で生じる特定の行動パターンを獲得していくという説明が展開されるようになった。バレットら（Barrett, & Lida, 2024）は，感情に関わる遺伝情報に基づく

表情や生理的変化，あるいは神経発火のパターンがあるわけではなく，代わりに，発達の過程で，物理的，身体的，社会的環境からの信号によって世界をモデル化し，抽象的な特徴を計算する能力を発展させると考える。たとえば，人間は短時間で複雑な動的変化の情報パターンを認識でき，幼い子どもはこれまでに見たことがない顔の動きの感情的意味を素早く学習し，わずか12分で顔の動きに基づいた新しいカテゴリーを学ぶと指摘している。

　子どもの社会・感情発達に関する展望論文において，ローゼンブルームら（Rosenblum, Dayton, & Muzik, 2019）は，ルイスらが示しているような発達段階に応じた感情の獲得を報告しているが，同時に，乳幼児の感情経験，表出，理解の発達において，親や養育者と子どものとの関係や社会的環境との相互作用の重要性を強調している。このような，関係性や文脈の重要性は，**1，2**節で紹介した表情，およびその認知に関する発達研究でも繰り返し指摘されている（Camras et al., 2016）。つまり，伝統的な基本情動理論（第1，3章参照）が仮定する固定された静的な感情カテゴリーという考え方では十分に説明することができない動的関係性や文脈の重要性が強調されるようになった。感情やその発達のこのような側面に関する説明においては，心理構成主義が重要な役割を果たすと考えられ，今後の研究の展開が期待される。

生物学的感情と高次の感情

感情についての心理学的研究では，通常，個別の感情を取り上げて検討することが多く，一度に複数の感情を取り上げていても感情間の相互関係やその発達についての研究は必ずしも十分ではない（Lewis, 2000）。バック（Buck, 1999, 2005）は，**発達相互作用論**（developmental-interactionist〔**DI**〕theory）という立場からこの課題に応えようとしている。この理論は，心理構成主義

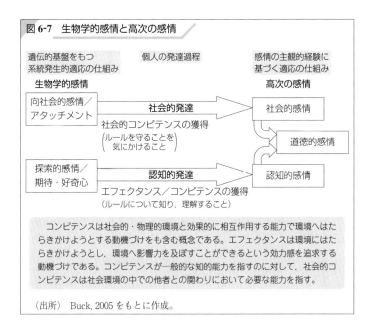

(出所) Buck, 2005 をもとに作成。

が展開される時期に先立って提唱されたが,発達過程における,対人社会的,環境的相互作用を重視しており,基本情動理論と社会構成主義(第3章参照)を総合的にみていくための,1つの手がかりになると考えられる。

バックは感情を大きく**生物学的感情**(biological emotions)と**高次の感情**(higher-level emotions)に分けている(図6-7)。生物学的感情は,生物学的にヒトに備わった感情であり,脳における中枢システムなどのハードウェアとの関係を特定することができる。

生物学的感情は**向社会的感情**(pro-social emotions)と**探索的感情**(exploratory emotions)からなる。これらの感情としては,愛着の感情である**アタッチメント**や他者との絆を構築し,維持しようとするボンディング,さらに**期待**(expectancy)や好奇心など

4 感情システムの発達　157

が挙げられるが，いずれも脳における神経化学システムと直接関係している。さらに，生物学的感情であるアタッチメントが高次の感情である**社会的感情**（social emotions）の発達の基本的な動機づけ要因であり，同様に，生物学的感情である期待が高次の感情である**認知的感情**（cognitive emotions）の発達の基本的な動機づけ要因になっており，さらに，アタッチメントと期待が組み合わさって**道徳的感情**（moral emotions）の基本的動機づけ要因となっていると主張している。

また，高次の感情である社会的，認知的，道徳的感情は，生物学的感情の主観的経験，すなわち感情を自覚的に経験することと関係しており，感情を自覚することによって社会的・対人的関係や生態学的環境における重要な刺激に効果的に反応するための役割を果たす。つまり，これらの高次の感情は，生体の外の事象である他者，外的刺激，状況（これらには記憶や想像によるものも含まれる）との相対的関係において存在しているともいえる。言い換えると，社会的・環境的条件の特定の組み合わせを含むある種の共通の刺激パターン（基本的な**社会的・環境的随伴要因**〔social/environmental contingency〕，または文脈）が，高次の社会的，認知的，道徳的感情と関係している。

> **社会的感情**

社会的感情のもとになる**向社会的感情**は，人間の社会的行動に普遍的にみられる基本的な**社会的随伴要因**と結びついて社会的感情の生物学的基盤となっている。向社会的感情としては，ボンディング，情愛，愛の感情，また，相手を失ったときや受け入れられなかったときに経験する孤独，拒絶，パニックの感情が含まれる。社会的感情に関して重要な点は，**アタッチメント**も社会的感情の発達に必要不可欠であるが，さらに，生活の中で子どもに反応してくれる相手が

158　第6章　感情と発達

いることも不可欠である。

　社会的感情の生物学的基盤であるアタッチメントが関係している動機づけは，**愛されたい欲求**（need to be loved）と，**期待に応えたい（期待を上回りたい）欲求**（need to follow/exceed expectation）の2つに大きく分けることができる。アタッチメントの結果として，愛されることと期待に応えることは社会的受容やボンディングにおける強い肯定的感情の主観的経験と結びついている。他方，愛されることや期待に応えることに失敗することは，社会的な拒絶や孤立，パニックと結びついている。

　「愛されたい欲求」は動物や年少児にもみられる根源的な欲求である。この欲求が活性化されるのに学習は必要なく，アタッチメントが必要かつ十分な条件である。この欲求の受容と拒絶の対象になるのは人物（自分か他者；*Column* ⓮参照）である。一方，「期待に応えたい欲求」には，アタッチメントは必要であるが十分な条件ではない。アタッチメントに加えて，子どもが社会的発達の過程と探索を通じて期待について学習し理解すること，すなわち「**ルール**（rules）を学習する」必要がある。もう1つの重要な相違点は，期待に応えたい欲求では，人物ではなく行為が受容と拒絶の対象ということである。

　これら2種類の社会的動機づけは，3つの社会的・対人的随伴要因と関係している。1つ目は，受容と拒絶の対象が人間であるか，行為であるかという要因である。2つ目は，受容の成否，すなわち，愛されたり，期待に応えたりすることに成功したか，失敗したかという要因である。3つ目は，受容と拒絶の対象が自分自身か比較対象としての他者であるかという要因である。これらの要因の組み合わせによって，喚起される社会的感情が決定されると考えられる（*Column* ⓮参照）。

| 認知的感情 |

認知的感情のもとになるのは興味と好奇心のような**期待**感情である。認知的感情は，外的，社会的・生態的要因における現実を反映した基本的な**環境的随伴要因**のもとで機能している。期待を含む感情が基本的な生態学的随伴要因と結びついて，探索的な認知的感情の生物学的基盤となっているのである。認知的感情の役割は，強力で持続的な探索の動機づけであり，吟味し，精査し，探査し，自らの生の経験を学習し，理解することである。

認知的感情には，認知的・言語的探索や予測がうまくいったときに経験する興奮や，失敗したときのフラストレーション，困惑，虚脱感，絶望があり，いずれも期待感情に基づくものである。認知的感情の発達に関しては，好奇心に加えて，安全で人の心を惹きつけるような物理的・社会的環境も必要である。

社会的感情と同様に，認知的感情は基本的な社会的・生態学的随伴要因と結びついている。事象は肯定的か，否定的か，中立的かのいずれかであろうし，現実の出来事か，想定されたものかのいずれかである。また，予期されたものか，予期されていなかったものかのいずれかでもある。これらの随伴要因についてもその組み合わせを考えることができる（詳細は，Buck, 1999を参照）。

| 道徳的感情 |

道徳的判断は，たとえば善い行いをなしたという恍惚感や，不正義をはたらいたものに対する義憤のような強い感情を伴う。このような感情は人間の行動を動機づける最も強い要因の1つである。**道徳的感情**は正義感の基盤になる感情的な動機づけをもたらす感情であり，**ルールを理解すること**（understanding the rules）と**ルールが守られることを気にかけること**（caring that the rules are followed）の両者が関係している。道徳的感情は，社会的発達と認知的発達が両者

Column ⑭ 社会的感情とそのダイナミックス

　随伴要因を組み合わせると 8 種類の基本的な対人的随伴条件を考えることができ，これらの随伴条件のそれぞれに特定の**社会的感情**を関連づけることができる（図 Column ⑭a 参照）。自分自身が愛されることに成功すると傲慢を経験し，他者の場合であれば嫉妬を経験する。一方，期待に応えることに成功すると，自分の場合は誇りを経験し，他者の場合は羨みか，もしくは成功に値するとみなせば賞賛を経験する。これに対して，愛されることに失敗すると，自分の場合は恥ずかしさを，他者の場合は軽蔑を経験する。期待に応えることに失敗すると，自分の場合は罪悪感を，他者の場合はあわれみを経験する。これらの 8 つの社会的感情はすべてアタッチメントに基づいている。

　このような社会的感情の見方は，図 Column ⑭b に示したように，成功した個人が自分に対して誇り，傲慢の感情経験をし，相対的に成功していない他者に対してはあわれみや軽蔑の感情を経験するという

図 Column ⑭a　随伴要因と社会的感情

社会的動機づけ	自分自身		比較対象としての他者	
	成功	失敗	成功	失敗
期待に応えたい欲求	誇り pride	罪悪感 guilt	羨み envy	あわれみ pity
愛されたい欲求	傲慢さ arrogance	恥ずかしさ shame	嫉妬 jealousy	軽蔑 scorn

アタッチメント
社会的経験 ↑
遺伝によるシステム

（出所）　Buck, 2005 をもとに作成。

図 Column ⑭b　社会的感情のダイナミズム

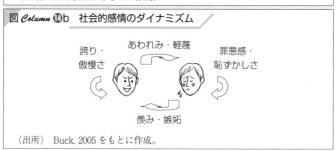

誇り・傲慢さ　　あわれみ・軽蔑　　罪悪感・恥ずかしさ

羨み・嫉妬

（出所）　Buck, 2005 をもとに作成。

ような社会的感情間の関係を示唆している。同じように，成功しなかった人は自分に対して罪悪感や恥ずかしさの感情を経験し，相対的に成功している他者に対しては羨み・賞賛，嫉妬の感情を経験する傾向があると考えられる。このように，社会的感情は他者との動的な相互関係を反映した**ダイナミズム**をもつと考えることができる。

とも成熟して発揮されるものである。よって，適切な発達経験によって育まれた社会的感情と認知的感情の両者が備わっていることが，道徳的感情獲得のための必要かつ十分な条件である。

社会的感情の中で愛されたい欲求にのみ関係した感情（喜び・傲慢，恥ずかしさ，嫉妬，軽蔑等）は，道徳的感情とはいえないが，期待に応えたい欲求と関係した感情（誇り，罪悪感，羨み・賞賛，あわれみ等）については，学習された社会的ルールを適応することによって生じるため，道徳的感情とされている。

ルールに従うこと，特に正義と公平性のルールに従うことは高次の道徳的判断と関係しており，たとえ憎むべき敵との間であっても相互に満足のいくやりとりを可能にする。ルールに従ったことにより相手を賞賛し，自分自身に対して誇りを感じることもできる。また，何らかの社会的孤立や虐待によって引き起こされたアタッチメントの欠如は，たとえルールに対する知識があったとしても，社会的感情における気遣い（社会的コンピテンスの1つ）の欠陥をもたらし，結果的に道徳的感情の欠陥を招く。社会病理ともいえる，人々の良心の欠如はこのような例とも考えられる。

発達相互作用論と
感情の発達：まとめ

本節では発達相互作用論と生物学的感情，さらに高次の感情についての理論を紹介してきた。系統発生的適応のために遺伝的な基盤をもつ生物学的感情が基礎になり，個人の社会的，認知的発達の過程でさまざまな環境要因に対応するためのより柔軟性

162　第6章　感情と発達

の高い高次の感情を獲得する。この発達の過程で，**3**節で紹介した社会的バイオフィードバックのプロセスは非常に重要な役割を果たすものと考えられる。つまり，言語を介したコミュニケーションが成立するずっと以前から，このようなフィードバックのプロセスによって人間は多くのことを学ぶことができるのである。

このプロセスを支える重要な役割を果たすのが，表情を含む感情表出である。感情表出が，生物学的基盤をもつことで，発達初期から正確な情報を他者に提供することにつながり，ひいては適切なフィードバックを得る可能性を高めている。表情認知の発達を含め，このプロセスが何らかの理由により破綻すると，感情的，認知的発達にさまざまな障害が生じ，極端な場合には社会病理的傾向などの問題が引き起こされると考えられる。なお，発達相互作用論は，基本情動理論に依拠する感情理論の1つと考えられるが，発達の過程における社会的随伴性，環境的随伴性との交互作用を重視しており，心理構成主義による感情カテゴリー獲得の説明との統合によって，より包括的な理論に発展する可能性がある。感情がどのように発達し，相互にどのような関係をもつのかを明らかにすることによって，人間にとって感情がいかに重要なはたらきをしているかについて理解を深めることができるだろう。

サマリー

本章では，感情の発達について特にコミュニケーションの観点から論じた。伝統的なコミュニケーションのプロセスを想定すると，情報の発信と受信，また発信者と受信者の関係などの要因が重要な要素となるが，ここでは，発信の側面として表情の発達を，受信の側面としての表情認知の発達をそれぞれ取り上げた。

次いで解説した社会的バイオフィードバック・モデルでは，特

に発達初期において，子どもが自分の表出行動に対する養育者などの反応を手がかりにして，感情について考え，自らの行動を修正するようになるとしている。さらに種々の社会的，対人的な条件をふまえた適切な感情表出とその理解についての社会文化的ルール（表示規則と解読規則）の獲得について論じた。

最後に，感情の分化に関するルイスの発達モデルとともに，今後の感情研究の発展に貢献することが期待される心理構成主義について紹介した。さらに，感情のコミュニケーションを重視しつつ，個別の感情ではなく，より多くの感情間の包括的な関係とその発達について説明しようとする理論として，バックの発達相互作用論について概説した。発達相互作用論は心理構成主義との統合によって，より包括的な理論となる可能性があるだろう。

学習文献案内

平山諭・保野孝弘編著（2003）『脳科学からみた機能の発達』発達心理学の基礎と臨床 2，ミネルヴァ書房
　▶感情，知覚，認知などのテーマごとに，脳機能との関係に注目して胎児期から老年期にわたる発達的変化について解説している。

無藤隆・岡本祐子・大坪治彦編（2009）『よくわかる発達心理学』第 2 版，ミネルヴァ書房
　▶全体を胎児期から老年期という発達段階で構成し，それぞれの段階で特徴的なテーマを取り上げて平易に解説している。

竹原卓真・野村理朗編著（2004）『「顔」研究の最前線』北大路書房
　▶顔・表情認知の発達について最新の研究成果をまとめた章がある。やや専門性が高い。

日本感情心理学会企画／内山伊知郎監修（2019）『感情心理学ハンドブック』北大路書房
　▶感情の発達のほかに，個人差の観点から，各発達期における感情の障害を取り上げた章がある。専門的な内容を概説している。

第7章 感情と言語

● キモチをコトバにする

自分の感情を書いてみる。すると，心身ともに健康になる

ペネベーカー
(J. W. Pennebaker)

この章で学ぶこと

　人間は「言語」を駆使する動物であり，社会や人間関係は多くの場合，言語を媒介して形成されている。心理学は人間全般を対象とした学問であり，必然的に人間の使う言語が，研究対象としても，研究手段としても，さらには臨床的な介入方法としても，最も重要な要素となってくる。一方，「感情」は，臨床と基礎の両方を結ぶ領域横断的なテーマといえる。したがって，「感情と言語」という本章のテーマは，心理学のいろいろな領域，たとえば，臨床心理学・異常心理学・発達心理学・認知心理学・言語心理学・思考心理学・社会心理学・産業心理学などを縦横に結びつけるダイナミックなテーマである。本章では，この「感情と言語」というテーマに，感情経験を「話す」ことと「書く」ことという2つの面からアプローチしていく。

1 感情経験と言語の関係

　言語が記憶に影響することについては，古くから実証されてきた。たとえば，カーマイケルら（Carmichael, Hogan, & Walter, 1932）は，無意味な図形にある名前をつけて実験参加者に呈示し，別の実験参加者には別の名前をつけて呈示した。その後，実験参加者に図形を再生させる（思い出させる）と，それぞれ一緒に示された名前に引っ張られてかたちを記憶していることがわかった。また，ロフタスとパーマー（Loftus, & Palmer, 1974）は，実験参加者に自動車事故の映像を見せ，その後，「自動車が〇〇したときのスピードはどのくらいだったか」と質問した。〇〇のところには，「衝突」か「激突」のいずれかが入る。その結果，「激突」の場合が平均時速 65 km で，「衝突」の場合が平均時速 54 km だった。まったく同じ映像にもかかわらず，「激突」のほうが「衝突」よりもスピードを速く見積もったのである。カーマイケルらの実験は記憶の記銘時に，ロフタスとパーマーの実験は記憶の想起時に，それぞれ言語が影響を与えたことになる。つまり，出来事や経験をどのように記憶に留めるか，また，記憶された出来事や経験をどのように思い出すか，言い換えれば，出来事や経験をどのように言語化するかによって，その内容は変化するということである。

　本章は，感情と言語の関係について，特に感情経験を言語化することの意味や効果などを中心に議論する。具体的には，感情を経験し表出するまでのプロセスにおいて言語がもつ役割，言語を用いて感情経験を「話す」あるいは「書く」ことのもつ機能，特

166　　第 7 章　感情と言語

に日常生活での意味や臨床的な効果について，順に検討していくこととする（感情経験の文化差については *Column* ⑮参照）。

2 感情表出のプロセス
● 感情はどのように経験され表出されるのか

　感情と言語について考えるうえで，そもそも私たちが感情をどのように経験しているのかをとらえておく必要があるだろう。ケネディームーアとワトソン（Kennedy-Moore, & Watson, 1999）によれば，感情の表出にはいくつかの段階あるいはプロセスがある。彼らのモデルでは，感情喚起刺激の呈示からその結果としての感情表出までの間に，5つの段階が想定されている（図7-1）。第1に，反省以前の（熟考したり内省したりする前の）反応として，潜在的な感情喚起刺激が，その人の心理学的・生物学的閾値を超えて，基本的・一次的感情状態とそれに伴う生理的覚醒を喚起しなければならない。第2に，反応の意識的知覚として，ある刺激がある基本的な感情反応を喚起したならば，この経験を意識的に認識する必要がある。第3に，反応のラベルづけと解釈として，ある感情状態を意識することができれば，人はその感情を同定・ラベルづけし，理解しようと試みる。第4に，反応の受容可能性の評価として，感情を区別し処理できれば，感情を表出することについてのその人の個人的な態度・価値・関心に従って，表出されるかどうかが決まる。最後に，表出する際の社会的文脈の知覚として，特定の感情を表出することに基本的には問題を感じないとしても，その場の環境がそうした表出を思いとどまらせる可能性がある。この5段階のうち，本書の第1章が第2段階の「反応の意識的知覚」までを扱っている。本章は，言語を用いて感情経

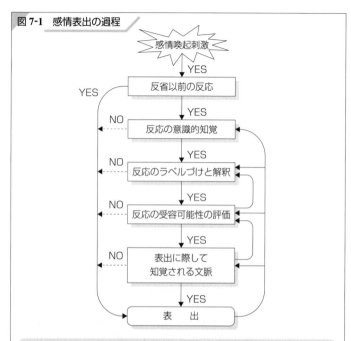

図 7-1 感情表出の過程

図左側の下向き矢印は,認知評価の各ステップを経ずに,「反省以前の反応」から直接的にある程度感情が表出する(もれ出る)ことを示す。
破線の左向き矢印は,各ステップで保持・処理容量を超えると感情表出としてもれ出ることを示す。
図右側の上向き矢印は,前段階へ情報がフィードバックされ再活性化されることを示す。

(出所) Kennedy-Moore, & Watson, 1999 をもとに作成。

験を「話す」あるいは「書く」という点に注目するので,第3段階以降の「反応のラベルづけと解釈」「反応の受容可能性の評価」「社会的文脈の知覚」に関わっている。

ちなみに,段階の初期において,刺激によって感情が喚起されたとしても,それを知覚したり解釈したりすることが困難な人がいる。ネガティブな感情状態の意識の欠如は一般に,**抑圧型**(re-

Column ⑮ 感情経験を支える言語と文化——文化比較の難しさ

どのような感情経験をするかは，どのような感情の言語（感情を表す単語やその使用方法など）をもっているかに依存する。そして，言語は歴史的・文化的に多様だから，それに応じて感情経験も多様であると考えられる（Harré, 1986）。したがって，エクマンら（Ekman, & Friesen, 1971）の表情研究などを根拠に，感情には文化的普遍性があるとしばしばいわれるけれども，厳密には，感情を表現する言葉は文化によって異なるから，経験される感情も異なるはずである（感情の理論について詳しくは第1章参照）。ここから，異文化間で感情語彙を比較すれば，文化による感情経験の違いを検討することができるとされる（Mesquita, & Frijda, 1992）。また，そうした感情の言語は，その文化での慣習・規範や社会生活（対人関係）などと密接に結びついているので，文化人類学や民族学のみならず，文化心理学や発達心理学のテーマとしても興味深い。

ただ，比較したい感情を定義する言語そのものがそれぞれの文化によって異なるので，比較はそう簡単な問題ではない。身近なところで，たとえば，日本語の「怒り」と英語の「anger」は訳語として対応しているかのように辞書には書かれている。確かにおおむね一致してはいるのだろうが，しかし，細かくいえば，その単語の意味や使用方法は両言語間（文化間）で微妙に異なるはずである。このように，感情経験の比較文化的な研究には常に，方法論上あるいは解釈上の注意が必要である（Wierzbicka, 1986）。

pressor）あるいは抑圧的対処スタイルと呼ばれる。これは，不安の主観的報告と生理指標・行動指標とが一致しないタイプのことであり（Weinberger, Schwartz, & Davidson, 1979），ケネディームーアとワトソンの段階モデルで言えば，第2段階の，反応の意識的知覚が損なわれている場合に相当する。また，第3段階の，反応のラベルづけと解釈が機能していない人，すなわち，感情を弁

2 感情表出のプロセス　　169

別し同定することができない人も存在する。こうした症状は通常，**アレキシサイミア**（alexithymia：失感情症）と呼ばれている（第9章3節，本章 *Column* ⓰も参照）。これら抑圧型やアレキシサイミアは，さまざまな身体疾患と結びついている。後ほど筆記による健康増進効果について述べるが，このような感情の知覚や解釈が困難な人にはそもそも，筆記による効果を期待することは難しいと考えられている（Lumley, Tojek, & Macklem, 2002）。

3 感情経験を「話す」
● 生きる中でのコトバの役割

> 独り言の機能

次に，私たちはふだん，内的な思考や感情をどのように言葉として発しているか（言語化しているか）を考えてみよう。一般に，発話には**社会的発話**（social speech）と**私的発話**（private speech）がある（岩男，1995）。社会的発話とは，話し手が伝達意図をもって行うコミュニケーションのための発話のことであり，一方，私的発話とは，考え事をしているようなときに生じる思考や問題解決と関連した発話のことである。特に大人の場合，私的発話は1人でいるときに，**独り言**として生じることが多い（John-Steiner, 1992）。

ヴィゴツキー（Vygotsky, 1934）は，言語をその機能面から，**外言**（outer speech）と**内言**（inner speech）の2種類に分け，独り言は両者の中間的な言語であるとした。すなわち，声に出してコミュニケーションの道具として用いられる言語を外言とし，声に出さずに頭の中で思考の道具として用いられる言語を内言とした。彼によれば，思考と言語はもともと独立していて，2歳前後になってようやく結びつき始める。つまり，物事を考えるときに言語

170 第7章 感情と言語

を用い，発話は思考を反映し始める。この相互依存は2歳から7歳にかけて次第に深まっていく。その過程で（3〜6歳），子どもはよく思考内容を言葉に出す（ランド，2006）。このように，独り言（私的発話）とは，外言から内言へと移行していく過程で，外言のかたちをとりながら機能的には内言である言語として出現する。子どもの私的発話の研究では，処理する課題が困難なほど私的発話が多くなることがわかっている（Berk, 1992）。これは，私的発話が思考や問題解決を助ける（頭の中で考えていることを整理したり調整したりするのを補助する）役割を果たしていることを示唆するものである。また，ガニエとスミス（Gagné, & Smith, 1962）は，実験参加者に複雑な課題を課し，その際に自分の行為の理由を声に出して言わせると，課題解決の効率が良いことを見出した。この実験結果も，言語化によって思考が整理されることを示す好例の1つである。

> **感情経験の共有と隠蔽**

このように，内的な思考を独り言として口にする一方で，私たちはしばしば，社会的発話として，自分の感情経験やそれにまつわる思考を他人に話して聞かせる。リメイら（Rimé et al., 1998）によれば，私たちは，ポジティブであれネガティブであれ，大半の感情経験を，それが起こったすぐ後に他者に語る傾向がある。彼らは，感情経験を他者に語るこうした行動を**感情の社会的共有**（social sharing of emotions）と呼び，感情経験に不可欠な部分であると考えた。わが国でも，余語と尾上（Yogo, & Onoue, 1998）が調査を行い，幸福，悲しみ，怒り，恐怖，嫌悪，愛，不安，恥，罪悪のいずれの感情経験も，高い確率で他者と共有されることを示した。これらのデータからして，私たち人間にはどうやら，自分の感情経験を人に話したいという基本的な欲求あるいは動機が備わっている

3 感情経験を「話す」 171

ようである。

　また，日常的な場面に限らず，宗教的な場面でも，古くよりキリスト教徒は罪を悔い改めるために，自らの経験を告白するという行為を行ってきた。聖書の箴言 28 章 13 節には，「自分のそむきの罪を隠す者は成功しない。それを告白して，それを捨てる者はあわれみを受ける」（日本聖書刊行会『新改訳聖書』）と書かれている。宗教儀礼の心理学的な効果は信仰者にとってはまた特別かもしれないが，少なくとも自分の感情経験を他者に話して聞かせるという行為が，私たちの本質的な性質や生活の一部として備わっていることを考えると，そこには何らかの機能があると推察される。

　たとえば，互いに感情経験を共有することで，集団内成員の相互理解が促進され，集団のネットワークが強化されるのかもしれない。また，経験の共有が代理強化（模倣学習）のための情報源ともなりうるだろう。個人的な効用としては，上記の私的発話の例から，言葉にすることで混乱した経験が整理される可能性がある。「特定の他者に対して，自分自身に関する情報を言語を介して伝達する」（小口・安藤，1989）行為である**自己開示**（self-disclosure）は，対人関係の発展に寄与する（社会的浸透理論；Altman, & Taylor, 1973）ばかりでなく，精神的健康とも結びついているといわれている。ただし，リメイらは，社会的共有が感情的回復に寄与するのではないかと仮定したが，それを支持する証拠は得られなかった（Rimé et al., 1998）。感情経験を話すという行為は，独り言を除けば，必ず相手（他者）が介在するので，会話という複雑な相互作用の中で，話すことそのものの効果のみを同定して取り出すのは難しいかもしれない。

　自分の感情経験を話す場合はこのように相手（他者）がいるも

のなので，誰もが皆，それを話したがるわけではない。当然，自分の秘密，特にネガティブな内容の秘密を他者に話したがらない人がいる。こうした傾向は**自己隠蔽**（self-concealment）と呼ばれ，正確には「否定的もしくは嫌悪的と感じられる個人的な情報を他者から積極的に隠蔽する傾向」と定義される（河野，2001；Larson, & Chastain, 1990）。この自己隠蔽は，自己報告による不安・抑うつ・身体症状と正の関連があることがわかっている。先に示したケネディームーアとワトソンの段階モデルでいえば，第4段階の，反応の受容可能性の評価として，感情経験を表出することそのものに躊躇を感じるというところに相当するだろう。また，たとえ自己隠蔽的でなくとも，実際の会話場面では，私たちはさまざまな理由で発言することを躊躇する。会話における**発言抑制**（utterance inhibition）について検討した畑中（2003）は，発言を抑制する要因には「相手志向」「自分志向」「関係距離確保」「規範・状況」「スキル不足」の5側面があることを同定した。また，女子において，関係距離確保（相手との関与を避けるために発言を控える）とスキル不足（言いたいのにうまく言葉にすることができず，不本意ながら言うことができない）が，会話不満感を媒介して，精神的不健康に結びついていた。こうした抑制は，対人的なコミュニケーションという環境で生じることから，先ほどのケネディームーアとワトソンの段階モデルでいえば，第5段階の，表出する際の社会的文脈の知覚として，表出を思いとどまらせる場合にあたるだろう。このように，第4段階と第5段階における表出の抑制もまた，健康に問題を生じさせる可能性がある。

臨床場面での語り　　心理療法やカウンセリングでは，主として，セラピストやカウンセラーが患者やクライアントと対話しながら（言葉を交わしながら）プロセスが進

んでいく。すなわち，その核にあるのは言語である。誤解を恐れず極言すれば，問題を抱える患者やクライアントが，自ら経験した（している）感情や思考を語る（言語化する）作業こそが，心理療法でありカウンセリングである。森岡（2004）は，語るという言葉が「型」（形容詞）の活用形であり，「型・取る」から派生しているという説を紹介しながら，臨床場面における語りは「型どり（象り，模り）」であって，そこに自己を再構築するという治療性があることを指摘している。そして，現在の心理療法・カウンセリングにおける主要なアプローチのいずれも，還元すれば，言語化が核となっている。

　心理療法・カウンセリングの主要なアプローチとして，フロイト（S. Freud）の**精神分析療法**（psychoanalytical therapy），ロジャース（C. Rogers）の**クライアント中心療法**（client-centered therapy），そして，**認知行動療法**（cognitive behavior therapy）が挙げられるだろう。精神分析療法では，一般的には，寝椅子に横たわり，自由連想法によって浮かんだ内容を報告し，自己理解を深めることを目標としている。すなわち，語ることによって無意識に抑圧していたものを意識化・解放し，理解し，受容していこうとする。クライアント中心療法では，積極的な傾聴でもって共感的理解を示しながらクライアントと接し，そうした雰囲気の中，クライアント自身が自分の感情を積極的に語ることで，自己実現へと向かっていく。認知行動療法では，患者やクライアントが出来事や経験をどうとらえているかを重視し，さまざまな手法を用いて，それを言語化するところから始まる。このように，技法やそれを支える理論は異なるけれども，いずれのアプローチも患者やクライアント自身に内面を語らせることが，治療プロセスの中心をなしている（認知行動療法について詳しくは第8章参照）。

臨床においても，言語化が1つのキーワードとなっている。たとえば，**ナラティヴ・セラピー**（narrative therapy）というアプローチがよく知られているが，これは，患者やクライアントが「語り」によって現実を再構成することを目指した心理療法である（小森・野口・野村，1999）。そこでは，語り手が自分の経験とそれに付与した意味や文脈を言葉にする（言語化する）ことによって，人生の物語を書き換えていく作業を行う。また，高齢者に対する心理療法として，**回想法**（reminiscence, life review）というものがある。黒川（2005）によれば，回想法とは「クライアントが，受容的，共感的，支持的な良き聞き手とともに心を響かせあいながら過去の来し方を自由に振り返ることで，過去の未解決の葛藤に折り合いをつけ，そのクライアントなりに人格の統合をはかる技法」である。ここでは，心をこめて聞く人に対して，自分の人生を「話す」「語る」ことにその治療効果があるとされ，やはり，言語化することが鍵概念として重要視されている（感情制御における言語化の重要性については *Column* ⓰参照）。

4 感情経験を「書く」

● 筆記開示研究について

キモチを文字にする　　ここまで感情経験を言葉にして語ることについて述べてきたが，次に，そうした感情経験を文字にして書くことについて考えてみよう。たとえば，私たちには，自分の気持ちや考えごとなどを，日記として文字に記す習慣がある。日記を書く理由や動機は人それぞれだろうが，おおむね次の3つに集約できるものと思われる。第1に，日記はそのときの気分や心持ちを言葉にしてはっきり整理する（現在の

Column ⑯　感情制御における言語化の重要性——感情粒度

　感情制御において言語化がいかに重要かは，感情を言語的に同定・伝達することが困難なアレキシサイミア傾向の高い人が「**心身症**」（psychosomatic disease）になりやすい（Sifneos, 1973），というところに端的に表れている（アレキシサイミアについては第9章参照）。すなわち，言語化こそが感情制御ひいては心身の健康を回復・維持・促進するうえできわめて重要な役割を果たしていることは明らかである。こうした言語化による感情制御に関して注目されているのが，「**感情粒度**」（emotional granularity）である。感情粒度とは，感情の特異性を弁別する能力のことであり，具体的には感情語彙サイズ（語彙知識の広さ）などによって測られる（池田, 2022）。つまり，言語力（語彙力）が高いほど，感情をうまく制御することができる，ということである。

　この考えは，感情とは心理的に構成されるものだとする心理構成主義（Barrett, 2017）に基づいている（詳しくは第1, 6章参照）。心理構成主義では，自身の感情状態（コア・アフェクト：core affect）を文脈的にいかに言語化するかによって時々の具体的な感情経験が決まると考えるため，結果として，言語化いかんによって心身の健康状態は良くも悪くもなる，ということである。

　小説家の京極夏彦は，「語彙は解像度である」と説いている（京極, 2021）。すなわち，言葉のバリエーションが豊富であればあるほど，自分の気持ちをうまく表現し，相手の気持ちをよりよく理解することができ，その結果，人間関係も潤滑になり，視野も世界も広がる，としている。至言である。

自己の明確化）機能があるだろう。第2に，日記として記録に残すことによって，後日それを見返すことができ，それを書いたそのときの気持ちを再体験することができる。これは，過去のそのときにも自分が存在したことをありありと実感する効果があるだ

ろう（過去の自己存在の確認）。第3に，現在の気持ちや考えを整理することによって，将来の行動方針や目標を明確にする効用もあるだろう（未来の自己の方針決定）。このように，日記は，過去・現在・未来にわたって自己を明確にかたちづけるのに役立つだろうと考えられる。実際，バート（Burt, 1994）は，日記の習慣がストレスや不安を喚起するような経験を避けたり，過去経験から生じるストレスや不安に対処したりするのに有効であることを実証的に示している。

抑えることの弊害と書くことのもつ治癒力

ただ，こうした私的な筆記（言語化）行動の習慣をもたないために，過去のトラウマティックな経験あるいはストレスフルな経験を，誰にも語らないばかりでなくいっさい文字にもせず，ずっと心のどこかにしまい続けている人がいる。語れない理由も，たとえば，語る相手がいない，語る内容が社会的に受容されにくい，語ると損をすると予想される，他者と話すことに抵抗や緊張を感じる，近くに専門家（精神科医，セラピスト，カウンセラーなど）がいない，専門家にかかる経済的余裕がない，などいろいろあるだろう。ペネベーカー（Pennebaker, 1989）は，トラウマティックな経験そのものが心身の健康に影響を及ぼすのではなく，その経験によって生じた感情や思考を他者に開示することを抑えること（制止）が心身の健康を悪化させると考えた。これは実際，トラウマ体験の開示と身体徴候との関連性の検討から，実証的にも確認されている（佐藤・坂野, 2001）。そして，逆にそうした感情や思考を開示すること（直面）が，認知的・生理的負荷を解除するために，健康を増進させるという理論を提唱した（**制止－直面理論**：theory of inhibition and confrontation）。

このような考えに基づき，ペネベーカーらは，一連の筆記によ

るトラウマ開示実験を行っている。具体的には，過去のトラウマ
ティックな経験やストレスフルな経験に関する心の奥底にある感
情や思考を，1人きりで1日15～30分間鉛筆で紙に筆記すると
いう作業を，3～4日間続けるという手続きを行い，筆記前後の
健康指標の変化を測定する，というものであった。その結果，短
期的には筆記によって精神的な動揺などネガティブな反応が見受
けられたが，長期的には医療機関受診率（月平均の健康センター訪
問回数）などが減ることが示された（Pennebaker, & Beall, 1986）。

　その後，現在に至るまで，多くの筆記開示研究がなされてきた
が，それらの研究を総合してメタ分析を行った論文がいくつか提
出されている。1986年から1996年の間に公刊された筆記開示に
関する13件の実験についてメタ分析を行ったスマイス（Smyth,
1998）は，筆記によって健常な実験参加者の健康（自己報告による
身体的健康，心理的なウェルビーイング，生理的な機能性，全般的な機
能性）が有意に向上することを検証した。スマイスのメタ分析は
健常者を対象とした実験研究だったが，健常群と臨床群それぞれ
を対象とした研究を含めてメタ分析を行ったハリス（Harris,
2006）によれば，ストレスフルな経験について筆記することは，
健常群のヘルスケア利用を低減する効果があるけれども，臨床
群には効果がないという結果だった。さらに2000年代より，
開示に関する146の無作為実験についてメタ分析が行われ
（Frattaroli, 2006），筆記開示は統計的に有意な効果があること，
ただし，そこには，効果を左右するいくつもの変数が存在するこ
とが示された。こうした結果は，筆記開示があらゆる人に対して
あらゆる場合に有効だというわけではないことを意味する。その
ため，後述するように，筆記が効果をもつ（もたない）対象や側
面，手続きについての検討が行われている。

178　　第7章　感情と言語

| 日記式の筆記開示 |

先に日記について述べたが，ペネベーカーの筆記開示パラダイムを日記に応用したらどうなるだろうか。つまり，深刻なトラウマ経験や重いストレス経験を集中的に筆記するのではなく，ふだんの日常的な感情経験を習慣的・継続的に筆記することによって，思考様式や認知スタイルあるいは行動傾向の変容・改善を経て，感情を制御する力や心身の安定・健康を中長期的に向上させられないだろうか，ということである。

こうした発想に基づき，筆者らは，次に示すような一連の日記式筆記開示研究を行った。従来，**怒り経験**（anger experience）の筆記開示は怒り傾向や血圧を低減させる効果が期待されること（Davidson et al., 2002），また，日常生活における対人葛藤経験の筆記は問題行動の減少や向社会的な葛藤解決を増加させること（Daiute, & Buteau, 2002）が報告されている。さらに，日記の習慣は，ストレスや不安を喚起するような経験を避けたり，過去経験から生じるストレスや不安に対処したりするのに有効であることがわかっている（Burt, 1994）。ここから，日常生活における怒り経験を習慣的に筆記開示することは，長期的にみて，怒りを喚起したり持続したりする傾向を弱めるといった効果があると予想される。そこで，荒井と湯川（2006）は，これを検証するための実験を行った。33名の実験参加者を無作為に実験群（筆記群）と統制群（非筆記群）のいずれかに振り分け，実験群の参加者には，日常生活における怒り経験について，3週間にわたって日記を書く要領で筆記させた。その結果，筆記群においてネガティブな反すう傾向（否定的・嫌悪的な事柄を何度も繰り返し考え続ける傾向）が低減することが示唆された。

筆者らは次に，この日記式の筆記開示パラダイムを用いて，福

祉・看護・介護などの領域で働く対人援助職者における感情的不協和経験の筆記開示効果について検討した。**感情的不協和**（emotional dissonance）とは，実際に抱く感情と，クライアントに表出する（しない）ことを職務として求められる感情のずれによって生じる状態のことである。これは，相手から観察可能な感情表出（表情や身体表現など）を自ら意図的につくりだすことが求められる労働である**感情労働**（emotional labor ; Hochschild, 1983）の中で最もストレスフルな因子とされ，極度の身体疲労や感情の枯渇といった**バーンアウト**（burnout）の主要な規定因であることがわかっている（Lewig, & Dollard, 2003）。そこで，関谷と湯川（2009）は，こうした感情的不協和経験を筆記することが，対人援助職者の健康関連指標にどう影響するかを実験的に検討した。21 名の対人援助職者を無作為に実験群（筆記群）と統制群（非筆記群）のいずれかに振り分け，実験群の参加者には，その日に経験した職務中の感情的不協和経験を 3 週間にわたって筆記させた。分析の結果，筆記群において感情的不協和経験の頻度が低減することが示された。感情的不協和がバーンアウトに結びつくことは，事前の調査（Sekiya, & Yukawa, 2006）や先行研究でも明らかにされていることから，この実験によって，感情的不協和経験の筆記にはポジティブな効果があることが示唆されたといえるだろう。

筆記開示のメカニズム　感情経験を書くという行為は，どのようなメカニズムで健康増進に結びつくのだろうか。筆記開示（筆記療法）の効果を説明する理論としては，先にふれたように，ペネベーカー（Pennebaker, 1989）が当初提唱した制止—直面理論がある。意識化や表出を抑制された感情経験を書くことにより，抑制による認知的・生理的負荷が解除され，その結果，健康が改善するというものである。これをふまえ，説

180　第 7 章　感情と言語

明モデルとして，大きく次の3つが挙げられる（Sloan, & Marx, 2004）。第1に，制止一直面理論のように，意識化や言語化が阻まれてきた感情経験を筆記することによって，抑制によるストレス負荷が低減し健康が改善するとする考えは，「感情抑制理論」として括られる。第2に，感情経験を書き綴ることによって，経験への洞察が深まり，記憶の再体制化や同化が促進された結果，ストレスが低減し，身体的な健康が改善するとする「認知適応理論」がある。第3の理論は「暴露理論」と呼ばれるものであって，学習理論に基づき，筆記によって

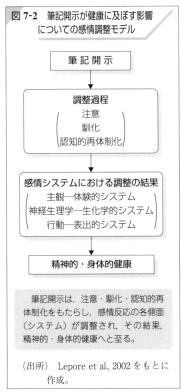

図 7-2 筆記開示が健康に及ぼす影響についての感情調整モデル

（出所）Lepore et al., 2002 をもとに作成。

無条件刺激と条件刺激の連合が消去されることで，認知変容が生じて，ストレス負荷が低減すると考える。おそらく，3つのうちのいずれかが正しいというわけではなく，筆記にはここで示すような効果が複合的に生じていると考えるのが妥当だろう。

こうした筆記の心理的効果をまとめると（図7-2），筆記は，注意をもたらし，馴化（慣れ）を促し，**認知的再体制化**（cognitive restructuring）を助ける，ということになる（Lepore et al., 2002）。まず，筆記によって，問題となる感情経験とそれにまつわるさま

4 感情経験を「書く」　181

ざまな側面や状況に注意を向けることができる。苦しい状態から脱するために，まずはその状態を客観的に把握する必要があり，筆記はそれをもたらす。これは，認知行動療法における**セルフモニタリング**（self-monitoring：自己の現在の状態を観察・記録あるいは管理・評価すること）と一致する効果である。次に，筆記は，ストレスフルな刺激に曝されることを通じて，ネガティブな感情とのつながりを消去するような馴化の役割を果たす。これは，行動療法における**エクスポージャー**（exposure：暴露法）のようなものである。そして，最後に，筆記を行うと，出来事や経験に対する理解が増し，記憶も再編・統合されて，以前に比べて評価が変化するといった認知的再体制化が生じる。これはまさに認知行動療法の核心に通じる。このように，筆記による健康増進効果のメカニズムは，認知行動療法の基本構造と一貫している（坂野，1999）。実際，認知行動療法に基づいた筆記開示効果の妥当性検討も行われている（Guastella, & Dadds, 2006）（第 **8** 章も参照）。

　また，メカニズムの一部として，会話，読書，計算，推理など種々の認知機能の遂行に関わるとされる**ワーキング・メモリ**（working memory）も重要視されている。私たちは，ネガティブな出来事や経験について考えまいとすればするほどそのことを反すう的に考えてしまうが（木村，2003；Wegner, 1994），その出来事や経験について認知的再体制化が進めば，それに関する反すう（侵入的思考）は低減する（Lepore, 1997）。思考の侵入はワーキング・メモリ資源を消費しているから，認知的再体制化によって，ワーキング・メモリの改善がもたらされることになる（Klein, 2002）。実際，クラインとボールズ（Klein, & Boals, 2001）や余語と藤原（Yogo, & Fujihara, 2008）は，筆記がワーキング・メモリ容量の向上をもたらすことを実験的に示した。ワーキング・メモ

リは問題解決やコーピングの能力と関係があるため，メモリ資源が十分でないと，そうした能力を低下させ，ひいては不適応をもたらすだろう（Klein, 2002）。したがって，ワーキング・メモリは認知的再体制化がなされたことを示す指標の1つであるばかりでなく，その容量の向上そのものが心身の健康状態の改善に結びつくと考えられる。

筆記開示研究の今後の課題

この筆記開示（筆記療法）は万事に有効というわけではない。たとえば，アレキシサイミアや抑圧型の人に効果を期待することは難しい（Lumley, Tojek, & Macklem, 2002）。これらの人は，感情の知覚や解釈がそもそも困難なために，言葉を用いる筆記開示にそぐわないからである。また，抑うつ傾向者を対象とした研究から，筆記はむしろ症状を悪化させる可能性も示唆されている（Takagi, & Ohira, 2004）。ワトキンス（Watkins, 2004）は，抑うつ傾向者に自己注目させること自体が問題なのではなく，どう筆記させるかによるだろうと考え，反すう的な自己注目（抑うつ症状と関連が深い）をしがちな人について，概念評価的に失敗経験を書かせる群（「なぜそのように感じたのか？」）と，経験的に書かせる群（その瞬間瞬間の気持ちはどうだったか？）に分けて比較してみた。その結果，後者のほうが失敗に関する思考の侵入が少なかった。また，自由に感情経験を筆記するのではなく，認知行動療法の考えに基づいて構造化された筆記が効果をもつことも示されている（伊藤・佐藤・鈴木, 2009）。また，どのような面についてどのように書くかをある程度方向づけした筆記の効果も認められている（遠藤・湯川, 2018）。このように，筆記による改善効果が期待できる人や逆に悪化をもたらす可能性のある人をさらに同定していくとともに，筆記開示の手続きや教示，症状に合わせた実

4　感情経験を「書く」　　183

施時期などを，系統的に操作して効果を高める研究が求められる。

 サマリー

　私たちは，ふだん日常において，独り言など，言葉を発することで頭の中の思考や感情を整理しようとする。また，私たちはしばしば，感情経験を他人に話す。一方で，そうした経験を話したがらない人もいる。こうした日常場面だけでなく，臨床場面でも，話すことがカウンセリングや心理療法の根幹である。また，自分の感情経験を文字にして書くこと（筆記開示）も，心身の健康がもたらされるとして研究が盛んに行われている。この筆記開示は，日常場面から臨床場面まで，さまざまな分野に応用可能である。「感情と言語」という観点は，さまざまな下位分野に細分化されている心理学を結びつけるダイナミックなテーマといえる。

 学習文献案内

コーネリアス，R. R.／齊藤勇監訳（1999）『感情の科学——心理学は感情をどこまで理解できたか』誠信書房
　▶感情とは何かについて，特に言語がキーワードとなる心理構成主義の立場から詳しく書かれている。

レポーレ，S. J.・スミス，J. M. 編／余語真夫・佐藤健二・河野和明・大平英樹・湯川進太郎監訳（2004）『筆記療法——トラウマやストレスの筆記による心身健康の増進』北大路書房
　▶背景となる考えや理論から最新の実証データや研究トピックまで，筆記開示（筆記療法）について最も詳しく書かれた専門書。

トールネケ，N.／武藤崇・大月友・坂野友子監訳（2021）『メタファー——心理療法に「ことばの科学」を取り入れる』星和書店
　▶臨床においてメタファー（比喩）がどう使われているか，どう役立つかを，関係フレーム理論の立場から紹介・解説している。

第8章 感情と病理

●どのようにして不安や落ち込みから立ち直るか

マルクス・アウレーリウス
(Marcus Aurelius Antoninus)

この章で学ぶこと

　不安，抑うつといった感情やストレスは，誰でも経験する。しかし，その程度が重く，生活に支障が出るほどのレベルになると，「不安症」「うつ病」「心的外傷後ストレス症」と呼ばれる。また，ポジティブな感情も，それが過度な場合，「双極症」と呼ばれる。こうした精神的な問題の原因は，どのように理解され，治療されるのだろうか。今日，こうした問題は，生物学や心理学などから，総合的に理解する必要がある。本章では，こうした問題に対する心理学的アプローチとして，実証的に効果をあげている行動療法，認知療法，心理学的ストレスモデルの理論と実際を説明したい。また，生物学的・心理学的アプローチの一端を *Column* として紹介する。

1 感情の病態のさまざま

感情の病態とは

自分の力ではある課題を解決できそうにない，と考えると，誰でも不安になる。また，大切な人を何らかの理由で失ったとき，誰でも気分の落ち込み（抑うつ気分）を経験する。このように，不安や抑うつ気分それ自体は，環境（脅威的な課題や喪失体験など）との関わりで人間に生じる自然な反応である。

しかし，その程度が重く，生活に支障をきたすレベルの感情の経験は，自然な反応と呼べるであろうか。たとえば，著しい抑うつ気分のために，長期にわたって，学校や職場に行くことができない，といったレベルの感情経験のことである。

本章では，このように生活に支障をきたす水準にある感情を，感情の病態として扱う。アメリカ精神医学会の診断基準であるDSM-5-TR（APA, 2022）に従えば，**精神疾患**（mental disorder）のことである。すなわち，精神医学的基準に照らし合わせて，一定の症状群をもち（たとえば，抑うつ気分が2週間以上続くなど），かつ，当該個人がその症状群によって苦悩し，学業や就労，人間関係を遂行するうえで支障をきたしている状態である。そして，この感情の病態の成り立ち（原因）を，感情の病理と呼ぶ。

さて，感情の病態にもさまざまなものが考えられるが，基本的なものとして，不安，抑うつ，ストレス，大きなストレスの後遺症ともいうべき心的外傷後ストレス症（PTSD），ポジティブな感情について概説する。なお，本書初版刊行時（2010年）から現在（2024年）の間に生じた，感情と病理に関する研究・実践の大き

186　第8章　感情と病理

な変化は，DSM に示されるカテゴリカルな分類とそれに基づく治療法への 2 つの問題提起といえる。**研究領域基準**（Research Domain Criteria : **RDoC**）と，**感情障害**（本書における感情の病態に相当する概念）**に対する診断を越えた治療のための統一プロトコル**（Unified Protocol for Transdiagnostic Treatments of Emotional Disorders : **UP**）である。それらについて，RDoC は *Column* ⓱ に，UP については本章末尾に記すが，病態の理解と支援のためには，DSM の分類の背景にある生物学的・心理学的な共通次元に着目する必要があるという点で，二者は同一である。ただし，DSM は 2022 年に改訂されているが，RDoC の主張は十分には取り入れられていない。UP も，各種のガイドラインに反映されるに至ってはいない。そこで本章では，これらの主張については概要を示すにとどめるが，個々人の病理を正確に査定し，支援するために重要な方向性であることを指摘しておく（感情の病態のメカニズムや感情の機能については第 2 ～ 5 章も参照）。

不安とその病態　**不安**は「漠然とした未分化な恐れの感情であり，対象のない情緒的混乱，心理的な矛盾感覚の極まった状態」と定義される（笠原，1993）。この不安は，一般に，3 つの成分から構成されると考えられている（たとえば，坂野・佐藤，1997）。すなわち，生理的，認知的，行動的成分である。生理的あるいは身体反応的成分は，筋緊張，心拍数の増加，口渇と嚥下困難，血圧の変化，発汗，呼吸の乱れ，末梢血管の収縮など，主として自律神経系の生理的反応として理解される。認知的成分は，主観的・言語反応的成分としても理解されるが，心理的な緊張感，非常に強い不快感として理解される。そして，行動的，運動反応的成分は，身体的に表現されるとともに，不安を感じる場面を避ける行動（回避行動）を中心とした，外か

1　感情の病態のさまざま　　187

表 8-1　不安症群のうち代表的なもの

分類	特徴
パニック症	繰り返される予期しないパニック発作。パニック発作とは，突然，激しい恐怖や強烈な不快感の高まりが数分以内でピークに達し，その時間内に，心悸亢進や発汗といった症状が起こることを指す。
社交不安症	他者の注視を浴びる可能性のある1つ以上の社交場面に対する著しい不安を特徴とし，しばしばそうした社交的状況に対する回避行動が顕著。
限局性恐怖症	特定の対象または状況（たとえば，高所など）に曝されたときに生じる著しい恐怖と不安を特徴とする。

（出所）　APA, 2022 をもとに作成。

ら観察することのできる，さまざまな行動や態度として理解される。

　不安は誰でも経験するものだが，その病態を**不安症群**（anxiety disorders）と呼ぶ。DSM-5-TR（APA, 2022）では，不安症群は，8 種類に分かれる。代表的と思われるものについて，表 8-1 に簡潔に説明した。

抑うつとその病態

　抑うつ（depression）という言葉には，3 つの意味があるとされる。すなわち，① 気分としての抑うつ（抑うつ気分），②症状のまとまりとしての抑うつ（抑うつ症候群），③疾患単位としての抑うつ（うつ病），の 3 つの意味である（坂本, 1997）。

　①抑うつ気分とは，滅入った，悲しくなった，憂うつになった，ふさぎ込んだ，といった気分を指す。

　②抑うつ症候群とは，①の抑うつ気分や，抑うつ気分に関連した症状が，ある程度，持続しているものを指す。抑うつ気分に関連した症状としては，興味の喪失（ふだん，楽しみにしていること

188　　第 8 章　感情と病理

表 8-2	抑うつ症群のうち代表的なもの
分　　類	診断基準（分類条件）
うつ病	「抑うつエピソード」の基準を満たし，かつ「躁エピソード」がこれまでにないこと。
持続性抑うつ症	抑うつ気分がほとんど毎日2年間以上続いているが，「抑うつエピソード」がなく，生活に支障をきたしていること。

（出所）　APA，2022；大野，2024 をもとに作成。

に興味がもてない状態），食欲の変化（食欲不振，過剰な食欲），睡眠の変化（過眠，不眠），絶望感や自殺念慮・企図などがある。

　③疾患単位としての抑うつは「抑うつ症群」（depressive disorders）と総称される。主にはうつ病（major depressive disorder）と「持続性抑うつ症」がある（表 8-2）。

　「うつ病」と診断されるためには「抑うつエピソード」が存在して，「躁エピソード」がこれまでにない，という条件が必要である。「抑うつエピソード」とは，以下に挙げる9つの症状のうち，抑うつ気分か興味や喜びの喪失かのどちらかの症状を含めて5つ以上の症状が2週間以上続いていて，そのために社会的な機能が果たせなくなっていたり，著しい苦痛を感じたりしている状態である。

　「抑うつエピソード」の9つの症状とは，抑うつ気分，興味や喜びの喪失，食欲の減退または増加，不眠または過眠，精神運動の障害（強い焦燥感，運動の制止），疲れやすさ・気力の減退，強い罪責感，思考力や集中力の低下，死についての反復的思考（自殺念慮，自殺企図）である。

1　感情の病態のさまざま　　189

ストレスとその影響に関する病態

ストレスとは，元来，外的な刺激が生体に作用したときに非特異的に生じる，心理的・身体的な歪みである。すなわち，刺激一反応の枠組みでいえば，反応を指すものであったにもかかわらず，日常語としての「ストレス」は「何々がストレスになる」といったように刺激として用いられることもある。そこで，現在では，歪みを引き起こす刺激をストレッサー，ストレッサーが引き起こす反応をストレス反応と呼ぶ。

ストレッサーによって引き起こされる精神疾患の代表例は，**心的外傷後ストレス症**（posttraumatic stress disorder：PTSD）である。すなわち，外傷的なストレッサーを経験した後に生じる疾患である。わが国では1995年1月17日に起きた阪神淡路大震災以降，心的外傷や**トラウマ**，その後遺症ともいうべきPTSDに対する関心が高まった。

トラウマは，広い意味では「経験当時と同じ恐怖や不快感を当該個人にもたらし続ける出来事。出来事の性質は，必ずしも生命を脅かす危険なものではない」と定義される（佐藤，2019）。たとえば，人間関係の破綻・喪失などもトラウマに含まれる。

一方，狭い意味では，トラウマとは，実際にまたは危うく死ぬ，重傷を負う，性的暴力を受ける出来事に対して，直接に，または目撃して，あるいは伝え聞くなどのかたちで暴露されることを指す。トラウマに関連する精神疾患として知られているPTSDの診断は，このような狭義のトラウマを経験しており，かつ，心的外傷的出来事の持続的で侵入的な再体験（たとえば，トラウマを突然に思い出してしまう），心的外傷的出来事に関連する刺激の持続的回避（たとえば，トラウマを思い出させる場面に近づかない），全般的な反応性の麻痺（たとえば，活動性が低下し引きこもってしまう），

および持続的な覚醒亢進（たとえば，トラウマを思い出すだけで身体が苦しくなる，どきどきする）といった症状を1ヵ月以上もち，生活に支障をきたしている場合に適用される。

PTSD の症状を測定する自己記入式質問紙として，出来事インパクト尺度改訂版（Impact of Event Scale-Revised : IES-R ; Weiss, & Marmar, 1997）がある。IES-R は，DSM-IV における PTSD の診断基準に対応して，「侵入的再体験」「回避」「覚醒亢進」の3つの下位因子から構成されており，「侵入的再体験」と「回避」の2つの下位因子のみから構成される IES（Horowitz, Wilner, & Alvarez, 1979）の改訂版である。

こうした成立経過からもわかるように，PTSD の症状の中核は，「侵入的再体験」や「回避」であり，この IES もまた，PTSD の症状を測定する尺度として，頻用されてきている（たとえば，加藤・飛鳥井，2004）。

ポジティブな感情の病態

これまで，不安や抑うつなどネガティブな感情を扱ってきたが，ポジティブな感情の病態として，**双極症**（bipolar disorders）がある。この双極症は，**自尊心**（self-esteem）の肥大（自分は何でもできるなど，気が大きくなること）などを特徴とする点から，ポジティブな感情の病態と考えられる。うつ状態もみられるため，この状態は以前は「躁うつ病」と呼ばれていた。しかし DSM-5-TR では，躁状態とうつ状態の2つの極端な気分の波が現れてくることから，その症状をより正確に表現するために双極性症と呼ぶ。その病態について，DSM-5-TR に基づいて紹介する。

双極症と診断されるためには，「躁エピソード」の存在が必要である。躁エピソードの要件は以下のとおりである。

気分が異常かつ持続的に高揚し，開放的状態が少なくとも1週

間は続いている。こうした気分の障害中に，次の症状のうち3つが持続している。すなわち，自尊心の肥大，睡眠欲求の減少，多弁，観念奔逸（次から次へと新しい考えが浮かぶこと），注意散漫，目標志向性の活動（社会的，職場または学校内，性的のいずれか）の増加，まずい結果になる可能性が高い快楽的活動への熱中（制御のきかない買いあさりなど）がみられる。気が大きくなり，借金をしてまで自分のしたいことをしたり，強気になって他人とトラブルを起こしたりするようになる（生活に支障をきたす）と，入院を考える必要がある。

　このように，入院の必要があるほどの躁エピソードをもつ場合には「双極症Ⅰ型」，入院までを考える必要がない「軽躁エピソード」と抑うつエピソードが認められる場合には「双極症Ⅱ型」と診断される。さらに，躁もうつも軽度だが2年以上続いている状態を「気分循環症」と呼ぶ。

　自尊心の高さに関する問題は，双極症だけではない。従来，自尊心を高めれば，個人ひいては社会的利益（たとえば，薬物乱用する若者が減る）が得られるとアメリカの研究では考えられていた。しかしながら，バウマイスターら（Baumeister et al., 2003）が関連の研究を詳細に検討すると，青少年の自尊心を高めても学業成績が上がるわけでもなく，喫煙，飲酒，薬物摂取が減るわけでもないことが示された。

　また，高い自尊心と関連する**概念**に**自己愛**（narcissism）がある。自己愛とは自分を好ましく思いたい動機・情動と定義できるが，その高さは，攻撃行動の高さを予測することさえ示されている。

　このように，ポジティブな感情といっても，高過ぎる場合には，当人にとっても周囲にとっても有益ではないことが示されている。

192　第8章　感情と病理

2 感情の病理に関する心理学的理論・モデル

　すでにみてきた，病理レベルにある症状への介入に関して，臨床心理学では，どのような理論やモデルがあるのだろうか。フロイトによる精神分析，来談者中心療法などさまざまなものが考えられる。それらは他書に譲り（下山, 2009），ここでは，すでに述べた不安症，うつ病，PTSD などの病理をよく説明し，実証的効果をあげている，行動療法，認知療法，認知行動療法とその基盤である行動理論，認知モデルを紹介する。

行動理論と行動療法　　**行動理論**とは，行動主義とその影響下に発展したさまざまな学習理論の総称である。そして，行動主義とは，客観的に観察可能な行動のみを心理学は研究対象とすべき，というワトソン（J. B. Watson）による主張のことである。そして，**行動療法**（behavior therapy）とは，行動理論の活用による行動変容法のことである。行動療法は，不安に対する効果が知られている。

　不安がどのようにして「獲得」され，どのようにして「維持」されるのかについては，その治療に効果をあげていた行動療法の文脈では，**二過程理論**（two-factor theory）が有力であった（Mowrer, 1939, 1960）。すなわち，不安の獲得と維持それぞれの過程で**レスポンデント（古典的）条件づけ**，**オペラント条件づけ**が大きな役割を果たしていると考えられた（図 8-1）。

　レスポンデント行動とは，行動者の意志は関与せず，特定の誘発刺激によって受動的に引き起こされる反応（行動）のことである。たとえば，夏の暑い日に汗を流す，ある子どもが犬を見て不

2　感情の病理に関する心理学的理論・モデル　　193

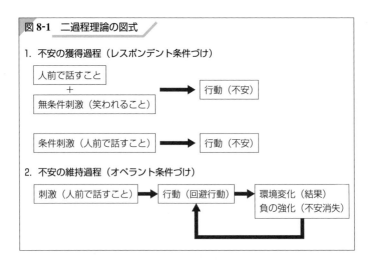

安になるといった反応である。レスポンド（respond）とは刺激に応えるという意味である。

　レスポンデント条件づけとは「特定のレスポンデント行動を誘発する無条件刺激と，本来，その行動出現に関して中性的な条件刺激とを対呈示することによって，条件刺激単独で，そのレスポンデント行動を誘発することが可能となる条件づけの操作」と一般に定義される。

　レスポンデント条件づけにおける重要な概念の1つは**消去**（extinction）である。消去とは，条件づけにより形成された反応が，強化されないこと（無条件刺激が呈示されず，条件刺激だけが呈示され続けること）により，その遂行が減衰していく過程をいう。行動療法では，この原理を応用し，レスポンデント行動としての不安反応を低減させる治療に用いている。

　獲得された不安が維持される過程をよく説明するのは，オペラント条件づけである。オペラント行動とは，特定の誘発刺激に依

存せず，自らの意志によって環境へはたらきかける能動的行動のことである。操作する（operate）からつくられた造語である。たとえば，夏の暑い日に，暑さを避けるためにプールに泳ぎに行く，（不安を感じさせる）犬から逃げるといった行動のことである。そしてオペラント条件づけは「オペラント行動が，その生じた直後の環境の事態に応じ，その後の生起頻度に増減の生じること」と一般に定義される。オペラント行動の増減は**強化**（reinforcement）の概念によって説明される。オペラント条件づけにおいては，強化とは，オペラント行動の生じた直後の環境変化のうち直前のオペラント行動の生起頻度を増加させるような事態のことである。そして，反応の生起確率を増加させるはたらきをもつ刺激を「強化子」または強化刺激と呼ぶ。

　そして反応増加の原因が，後続結果として強化子が伴うことによる場合を「正の強化」と呼ぶ。一方，反応増加の原因が，強化子の消失による場合を「負の強化」と呼ぶ。負の強化は「罰」と同義にとらえられることがあるが，反応を低減させる「罰」とはまったく異なる**概念**である。負の強化における強化子は不快なものである。

　この不安の二過程理論について，人前で話すことに過度に不安を感じ，そうした場面を避けるといった生徒の症状を例に説明する。元来は人前で話すことに，過度には不安を感じなかった生徒が，ある授業時に，突然に，予習していなかった英文を朗読するように言われ，しどろもどろに読むことになり，周りの生徒から笑われた，という経験をしたとする。以来，英語はおろか，国語などの朗読も避けるようになり，ひいては，人前で話すこと一般に過度に不安を感じ，会話場面を避けているとする。

　この例に関して，人前で過度に不安を感じるようになる，すな

2　感情の病理に関する心理学的理論・モデル　　195

わち不安の獲得過程に関しては，レスポンデント条件づけ理論によってよく説明することができる。本来は不安を喚起させることに関して中性的だった刺激（人前で話すこと）が，無条件で不安を喚起させる状況（周りの生徒から，否定的に評価され，笑われる）と結びつき，その結果，人前で話すことが不安を喚起させるようになると考えられる。

この生徒は，英語や国語の朗読に加えて，人前で話すこと一般に不安を感じているが，それを避ける（回避）行動によって，不安が（一時的には）消失・低減している。そのため，そうした不安の低減の増大を目的として，ますます回避行動が増えることになり，回避行動が維持される。こうした維持過程は，オペラント条件づけ理論によってよく説明できる。

> 認知モデルと認知療法

人間の認知を重視した心理療法の代表的なものは，論理療法と**認知療法**である。論理療法とは，正しくは論理情動療法（rational emotive therapy）であり，エリス（A. Ellis）が 1962 年に創始したものである。そのモデルは ABC モデルといわれる。Activating events（賦活事象），Belief（信念），Consequence（結果としての情動や行動）といった流れの頭文字をとったモデルである。すなわち，事象そのものが情動や行動を決めるわけではなく，事象と情動を媒介する信念が情動や行動に影響を与えるという考え方である。たとえば，誰かに嫌われていることがわかったとして，「誰からも愛されなければいけない」といった信念をもっていれば落ち込むが，「自分を嫌っている人もいれば，愛してくれる人もいる」といった信念をもっていれば落ち込むことは少ない。

一方，認知療法は**認知モデル**に基づいている（図8-2）。すなわち，感情や行動はその状況に対する認知によって規定される，し

196　第8章　感情と病理

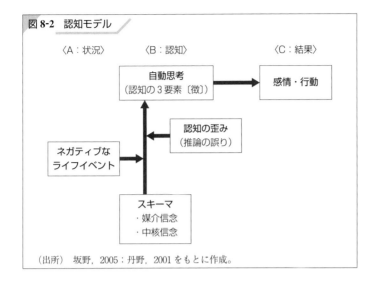

図8-2 認知モデル

(出所) 坂野, 2005；丹野, 2001をもとに作成。

たがって，症状は認知の障害によって説明されるとするモデルである。認知療法とは認知の障害の変容を通して情緒面や行動面の問題の解決も図っていこうとする治療法と定義されるが，ベック (A. T. Beck) によって創始されたものである。以下，主に，うつ病などの治療に成果を収めてきた認知療法について説明しよう。

これまで認知 (cognition) という言葉を定義せずに使ってきたが，認知とは「意識され自覚された思考の総称」とされる。精神分析が無意識を重視するのに対して，意識できる思考を扱うだけで治療が進むとベックは考えているのである。

認知はさらに2つに分かれる。1つは**自動思考** (automatic thought) である。それは，出来事を経験するときに，自動的に生じる思考やイメージであり，ある状況下においてそのつど出現するものである。たとえば「私は人生の落伍者だ」「世間は不公平だ」「もうまったく将来に望みがない」といったものである。

特に，抑うつ気分が高い人には「認知の3要素（徴）」があるとされる。すなわち，「自己」「世界・体験」「未来」に関する否定的な視点である。上記の3つの自動思考の例は，それぞれ認知の3要素に対応している。

もう1つの認知は**スキーマ**（schemata）である。自動思考と比べてより恒常的な，その患者に特徴的な認知である。何らかの出来事で賦活し，自動思考を生むとされている。このスキーマは，さらに「中核信念（無条件）」（例：私は無能だ）と媒介信念に分かれると考えられている。媒介信念の種類としては「構え」（例：無能であるとは，最悪なことだ），「ルール」（例：私は常に賢明に努力しなければならない），「仮定または思いこみ」（例：もし何かを完全に理解できないのであれば，それは私の頭が悪いということだ）といったものがある。

もう1つ，認知療法で重要な考え方に「**認知の歪み**」が挙げられる。これは，否定的な自動思考に認められる論理的な誤り，推論の誤りのことである。物事の否定的な側面のみを取り上げ，何もかもよくないと結論づけること（「選択的抽出」）や，たった一度の嫌な出来事から，それが何度も繰り返し起こると推論すること（「過度の一般化」），ちょっとした出来事を大変な災難のように大げさに考えること（「破局的な見方」）などがその例である。

心理学的ストレスモデルとストレスマネジメント

ストレスの生起過程に関しては，**心理的ストレスモデル**（Lazarus, & Folkman, 1984）が有力な理論である。すなわち，ストレス反応は，ストレッサーそのものではなく，ストレッサーに対する認知的評価と対処（コーピング：coping）によって決定されるというものである（図8-3；認知的評価に関しては，第1章も参照）。

198　第8章　感情と病理

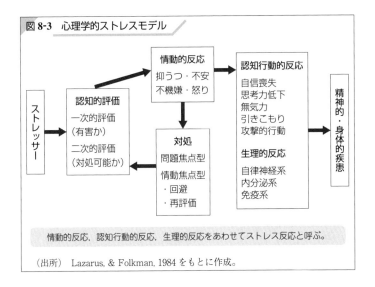

図 8-3　心理学的ストレスモデル

情動的反応，認知行動的反応，生理的反応をあわせてストレス反応と呼ぶ。

（出所）　Lazarus, & Folkman, 1984 をもとに作成。

　さらに，この認知的評価は，一次的評価（有害か無害か），二次的評価（対処可能か不可能か）に分かれる。ここにおいて有害であり，かつ，対処可能性が低いと評価された場合，不安や抑うつなどの情動が喚起されると考えられる。そして，この情動に対する対処は，ストレッサーそのものの解決に焦点を合わせるか（「問題焦点型」），（ストレッサーそのものに焦点を合わせず）喚起された情動の調整に焦点を合わせるか（「情動焦点型」）のどちらかの型に分類可能と考えられている（Lazarus, & Folkman, 1984）。

　「情動焦点型」は，さらに，「回避」（avoidance）と状況の意味の「再評価」（reappraisal）に分かれる（Lazarus, & Lazarus, 1994）。すなわち，回避とは，気晴らしなどを通じて，ネガティブな情動を直接的に低減しようとする，あるいは，できるだけ意識の外におこうとする試みと考えられる。一方，再評価とは，情動を引き起こした出来事の意味を，そのネガティブな度合いが減

2　感情の病理に関する心理学的理論・モデル　　199

じるように解釈することで，情動の低減を図る技法である（Lazarus, & Lazarus, 1994）。

感情制御の二大方略は，再評価または認知的再評価（cognitive reappraisal）と抑制または表出抑制（expressive suppression）と考えられている（John, & Gross, 2004）。そこでは，認知的再評価は「潜在的に情動を喚起させる状況に関して，その情動的衝撃を変容させるために，考え方を変化させること」と定義されている。前段落で述べた「再評価」と同義と考えられる。また，表出抑制とは「情動が喚起された場合に，情動を表出する行動を低減させること」と定義されている。

対処によってストレッサーあるいは喚起された情動が低減すれば，ストレス過程は終了するが，採用した対処方略によってもストレッサーが消失せず，情動喚起が維持された場合，精神的および身体的疾患が生じると考えられている。

次に，ストレス反応の低減に関連する**ストレスマネジメント**について説明をする。これは，現在生起しているストレス反応の減少や，ストレス反応の生起に対する抵抗力の増加を目的とした介入として定義されている（佐藤・朝長，1991）。その構成要素は，心理学的ストレスモデルに沿って，ストレッサー，認知的評価，対処，ストレス反応それぞれに対する介入技法から構成されている（坂野，2004；坂野ほか，1995）。すなわち，ストレッサーに対して環境整備（たとえば，仕事の負担軽減）など，認知的評価に対して認知療法など，対処に対して対処方略レパートリーの拡充など，ストレス反応に対してリラクセーションなどが考えられる。こうしたストレスマネジメントの学校，職場，地域における実践については，坂野（2004）を参照されたい。

200　第8章　感情と病理

| 認知行動療法 | 　**認知行動療法**とは，行動や情動の問題に加えて，認知的な問題をも治療の標的と |

し，効果が実証されている行動的技法と認知的技法を効果的に組み合わせることによって問題の解決を図ろうとする治療アプローチの総称である（坂野，1999）。精神疾患の多くは，さまざまな症状から成り立っている。たとえば，広場恐怖症は，予期不安，回避行動，生理的覚醒などである。これらに対して，それぞれ認知的技法，行動的技法（具体的には後述するエクスポージャー），リラクセーションが用いられる。

3 感情の病態の治療

| 不安症の行動療法 | 　不安を低減させる技法は，レスポンデント条件づけにおける「消去」の原理の応 |

用である。安全な状況下で（つまり，無条件刺激なしに），不安を喚起させる（条件）刺激に対して，回避せずに，直面し続ける，すなわち，曝される（expose）ことによって，（条件反応としての）不安を低減させるのである。このように，不安が低減するまで不安を喚起させる刺激に曝す（直面する）技法を**エクスポージャー**（exposure：暴露法）と呼ぶ。エクスポージャーの原理は条件づけによっても説明されるが，より今日的には，馴化（habituation）を原理としていると考えられる。いわゆる「慣れ」のことである。エクスポージャーは，恐怖症的な不安に対してまず最初に選択される治療法となっている（Rachman，1990）。不安症の治療の実際を知るうえでは，坂野（2005）を推奨する（エクスポージャーや馴化については第7章も参照）。

3　感情の病態の治療　　201

> **抑うつの認知療法**

抑うつを低減させる有効な心理療法は認知療法である。認知療法の技法は認知的技法と行動的技法とに大別される。認知的技法とは，認知に直接にはたらきかけて認知の妥当性を検証し，修正する技法のことであり，「認知再構成法」「**認知的再体制化**」（技法）とも呼ばれる。自動思考の同定→検証→修正がその技法の中核である。

　一方，行動的技法とは，行動レベルでの課題の遂行とそれによる行動の変化を介して，受動性や回避行動に変化をもたらし，さらに否定的な自動思考への確信を揺るがす技法である。

　たとえば，セルフモニタリングとは，日常活動の記録を通じて「私は何もしていない」といった自動思考の妥当性を検討するものである（セルフモニタリングについては第7章も参照）。また，MP法とは，上記で測定された日常活動に関して，Mastery（達成度），Pleasure（満足度）の評定を求めて，「私のすることには何の価値もない」といった自動思考への確信を揺さぶる技法である。

　認知的技法は，さらに自動思考の修正による症状緩和とスキーマの変容による再発予防とに分かれる。自動思考の修正を行う際に有用な方法に非機能的思考記録法（DTR：dysfunctional thought record）がある。文字通り，（抑うつ気分などを生み出す）非機能的思考を記録し，合理的思考，現実的思考，適応的思考に導く方法である。その例として，「5つのコラム法」が挙げられる。第1のコラムに状況，第2のコラムに気分（感情），第3のコラムに自動思考，第4のコラムに合理的（適応的／現実的）思考，第5のコラムに（合理的な思考の）結果を記入する。なお，合理的思考を考え出す際には，その自動思考を支持する，または支持しない証拠を探すなどといった方法が用いられる。

　スキーマの変容による再発予防に関しては，まず，自動思考の

共通主題を探るなどして，スキーマを同定することが必要である。次いで，論争や説得ではなく，質問と提案によってスキーマの修正が進められる。たとえば，利益と不利益のリストをつくり，そのスキーマが適応的かどうかを考える。また，行動実験といって，スキーマに従わない場合，どうなるかを予想し，その予想が正しいかどうか"実験"を行い，その結果をもとにスキーマをより現実的なかたちに変容する技法も用いられる。

　認知療法の実施上の注意点を 2 つ述べたい。認知療法の話は，よく「ポジティブ・シンキング」のこととして理解される。しかし，認知療法は，いかなる事態においてもポジティブに考えることを強制するものではない。視点がいくつも存在すること，その中には患者の否定的思考よりも合理的（rational），現実的（realistic），適応的な視点が存在しうることを，患者が自覚できるよう援助することが認知療法の本質である。そのため，困難な状況において，患者の思考が合理的なときは，状況そのものの改善や患者の対処技能（coping skills）の向上を目指す。

　また，認知療法において，治療者が患者の考えを一方的に非難し，修正することはない。患者と治療者は科学者のように共同のチームをつくり，経験から得られる事実を収集するための「実験」を繰り返し，その結果をもとに，現実的な根拠をもつ合理的な認知を（再）学習することを目指す。こうした態度を「共同的経験主義」と呼ぶ（井上，2006）。

マインドフルネス認知療法

うつ病の再発の低減を目指して，**マインドフルネス認知療法**（Mindfulness-based cognitive therapy：MBCT）が登場した（Segal, Williams, & Teasdale, 2012）。この治療法は，認知療法とマインドフルネス訓練（Kabat-Zinn, 1990）が統合されている。

MBCT は，従来の認知療法の作用機序について新しい見方を提唱している。従来，認知療法は抑うつ患者などの思考の「内容」を変更させることによって，その効果を発揮していると考えられてきた。しかし，他方で，認知療法は，患者と，患者がもつネガティブな思考感情との「関係性」を変化させていた，と考えられるようになってきた。具体的には，従来の認知療法において，患者は，ネガティブな思考そのものに気づき，その正確さや適切さについて評定することを繰り返すことで，しばしば，ネガティブな思考や感情に対する「視点」を変化させる。思考（そのもの）を絶対的に正しいものであるとか，重要な自己の属性を反映させたものであるとはとらえなくなるのである。ネガティブな思考や感情は，必ずしも現実や思考の本質を正しく反映しない，心の中で生まれては消えてゆくささいな出来事にすぎない，ととらえることが可能になる。

こうした現象は，従来の認知療法においても，認知的技法の1つとして「**距離をおくこと**」（distancing）や「**脱中心化**」として取り上げられてきた（Beck, 1976）。

「距離をおくこと」は，思考を客観的にみる過程と考えられている。たとえば，妥当な理由がないにもかかわらず「その人は私の敵だ」と考える患者の場合，その考えを事実として受け入れるよりもむしろ仮説や推論と考えることができるならば，上手に距離をおくことができるということになる。また，「脱中心化」は，自分がすべての出来事の要になっていると考えるパターンについて調べ，そこから患者が離れていけるようにする技法と定義されている。

このように従来からも重視されてきた「距離をおくこと」や「脱中心化」は，それをすること自体が目的ではなく，思考内容

204　第8章　感情と病理

を変えるための手段であった。しかし MBCT では，それ自体が目的としてとらえられている。そして，こうした「距離をおくこと」や「脱中心化」を実現させるための技法として，**マインドフルネス訓練**が好適であると判断されるに至った。実際，そこでは，以下のような教示がなされているのである（Kabat-Zinn, 1990）。

「自分の思いが単なる思いにすぎないこと，そして，それは『あなた自身』でもなければ『現実』でもない，ということがわかると，とても解放された感じになるはずです」。

MBCT やマインドフルネス訓練の詳細については，紙数の都合上，ここでは控えるが，認知療法の作用機序の本質を検討するうえでも，再発を予防するうえでも重要な概念・技法であることは間違いない。

PTSD の認知行動療法

認知行動療法では，PTSD は，ふだんならば強い恐怖を引き起こさないはずの刺激や自分自身の変化（症状）が強い恐怖を引き起こすものであると認知され記憶されたときに生じると考えられている。このような記憶は**トラウマ性記憶**と呼ばれている。

たとえば，背の高い，ヒゲを生やした男性に，駐車場でナイフを突きつけられて，心理的にも生理的にも強い恐怖感を感じている最中にレイプされ，後に PTSD が発症した個人について考えてみる。「ナイフ」は，本来的にも危険なものだが，「背の高いこと」「ヒゲ」「男性」「駐車場」はとりたてて危険なことではない。しかし，レイプという体験によって，本来ならば恐怖とは関連のない駐車場やヒゲといった刺激が，あるいはナイフに似た刃物一般までもが非常に危険に満ちたものとして認識され，それらを見ただけで心理的・生理的な恐怖感が喚起されるようになる。男性，駐車場や刃物一般などは，世界の至る所に存在するものであるた

3　感情の病態の治療　　205

め，「世界はきわめて危険な場所である」といった世界に関する不適応的な信念（スキーマ）が形成されることになる。また，ささいな刺激にも対処できず，恐怖感に満ちた生活を送っているために，「自分はまったく無能な存在である」といった自分に関する不適応的なスキーマも形成される。

一方，PTSD 患者は，恐怖感を感じないようにするために，そうした刺激を回避するようになる。回避行動は，一時的には安堵感をもたらすため維持されるが，こうした刺激に対する恐怖感も維持されたままになる。また，こうした体験を思い出すこと自体が強い恐怖感をもたらすため，思い出すことそれ自体も回避されている。上記のように PTSD を理解するならば，治療の目的は，トラウマ性記憶，自己・世界に関するスキーマの変容となる。

PTSD の認知行動療法の技法は「安定化」と「直面」に大別される。すなわち，トラウマ性記憶には直面せずに，不安などの症状にアプローチする安定化技法と，トラウマ性記憶にアプローチする直面技法である。前者については，不安症状の管理を目的とした，さまざまな**不安管理訓練**が用いられるが，効果が実証されているものに**ストレス免疫訓練**（stress inoculation training：SIT）がある。SIT は，ストレスマネジメントの一種ともいえる。後者にはエクスポージャー，認知療法など認知的再体制化に基づいた技法が挙げられる。

安定化技法と直面技法は，PTSD におけるさまざまな症状において，どのような症状が治療開始時点で優勢であるのかに応じて組み合わせて用いられる。たとえば，恐怖を主たる症状としている場合は，恐怖や不安に対する有効性が実証されているエクスポージャーが治療の中核となり，罪悪感など認知的要因によって発症した症状も付加された場合，認知的再体制化がエクスポージャ

206　第8章　感情と病理

ーに加えられる。そして，不安症状が著しく強い場合，そうした不安症状の低減を目指して不安管理訓練がエクスポージャーと組み合わせられる。

このようにPTSD治療ではエクスポージャーが中核的だが，その手続きは，安全な環境で恐怖が低減するまで恐怖を喚起させる刺激に直面させることである。すなわちトラウマの想起それ自体と，トラウマを想起させる刺激の両方に直面することである。過去の出来事を想起して，イメージにおいて直面するエクスポージャーをイメージエクスポージャーと呼ぶ。一方，トラウマを想起させる実際の刺激に直面するエクスポージャーを現実エクスポージャーと呼ぶ。

エクスポージャーを通して患者は，トラウマの想起やトラウマを想起させる刺激に直面すること自体によっては，トラウマを経験した当時のような危険は生じないことを学習する。結果として，トラウマ想起に伴う恐怖やトラウマを想起させる刺激の回避行動は低減し，トラウマ性記憶は変容する。このことによって「世界はきわめて危険な場所である」といったスキーマも最終的に変容する。さらに，自分自身に対するスキーマも，「自分は対処できない」といったものから，「自分で対処できる」といったものへと変化する。

一方，SITなど不安管理訓練には，心理教育，リラクセーション，呼吸調整法，思考中断法などが含まれているが，PTSD患者は，これらの技法を学ぶことによって，回避や過覚醒といったPTSDの症状を緩和させることができるようになる。また，SITによってPTSDの症状がなくなると，PTSD患者は自分自身に対するスキーマを，「自分は何もできない人である」というものから「自分でも対処できる」というものへと変えていくことができ

3　感情の病態の治療　　207

Column ⑰ RDoC

　すでに述べたように DSM は，一定の症状の集まり（カテゴリ）か
ら精神疾患を定義する。結果として，異なる生物学的・心理学的背景
をもつものを同じカテゴリにまとめる可能性があり，病態理解と支援
という点で，DSM は適切ではないといえる。この問題を解決するた
めにインセル（T. R. Insel）によって提唱されたプロジェクトが
RDoC である。以下，その概要について，橋本ほか（2018）に基づい
て説明する。

　RDoC プロジェクトでは，精神疾患は複雑な遺伝・環境要因と発達
の段階によって理解される脳の神経回路の異常によって起こると考え
られている。そして精神疾患は診断カテゴリにとらわれることなく，
次元的な評価基準による枠組みで構築されている。すなわち，人間の
行動や機能の最上位に位置する心理的構造・概念を Negative Val-
ence Systems（ネガティブ系），Positive Valence Systems（ポジテ
ィブ系），Cognitive Systems（認知系），Systems for Social Proc-
ess（社会系），Arousal and Regulatory Systems（覚醒/制御系）の
5 つの領域に分類し，これらを理解するために使用される方法として，
Genes（遺伝子），Molecules（分子），Cells（細胞），Circuits（回
路），Physiology（生理），Behavior（行動），Self-Report（自己報
告），Paradigms（パラダイム）の解析単位を配置し，これらを組み
合わせたマトリックスで研究を進める。

　RDoC が知られるようになったのは，DSM が約 20 年ぶりに改訂さ
れ，DSM-5 が刊行された 2013 年である。National Institute of
Mental Health（NIMH）所長のインセルが，DSM-5 がいまだにカテ
ゴリカルであることから，NIMH の研究の方向性は DSM ではなく，
RDoC に基づくと発表した。その後，DSM-5 を作成したアメリカ精
神医学会とインセルは和解し，精神医学・医療の発展のためにともに
協力するとしている。実際のところ，現時点では，RDoC は直接的に
患者の治療へどう結びつくのかという点については十分な答えがない。
今後，RDoC に基づく研究が進み，精神疾患の再分類と，それに基づ

く効果的な治療法の開発が待たれる。

るようになる。そして，自分自身に対するスキーマが変わることによって，身の回りの世界に対するスキーマも変化することになる。最終的には，トラウマ性記憶も変容する。

このように，エクスポージャーと不安管理訓練は，アプローチする対象は異なるが，最終的には，トラウマ性記憶，自己および世界に関する不適応的なスキーマを変化させる点で共通である。

エクスポージャーを用いた認知行動療法によるPTSD治療は，その最中に一時的に苦痛を引き起こすという性質上，その適用にあたっては，その概要（たとえば，佐藤，2008）と治療マニュアル（Foa, Hembree, & Rothbaum, 2007）をよく理解し，スーパーバイザーによる指導を受けることが必要である。

U P　　これまで，不安症へのエクスポージャー，抑うつへの認知療法，その再発へのMBCT，PTSDへのイメージエクスポージャーや対処方略をみてきた。近年，こうした疾患は，しばしば併存していることから，個別疾患ごとに治療モデルを開発するのではなく，不安症や抑うつといった感情障害における共通の次元，それらへの共通した心理的治療の5つのスキル——感情への気づき（マインドフルネス），不適応的認知の再評価，障害となる感情に関連する行動傾向の変容，内部感覚（interoceptive）暴露，感情暴露の手続き——に着目する，診断カテゴリを越えた治療の統一プロトコルであるUPが開発され，成果をあげてきている（Barlow et al., 2011）。不安症，強迫症，PTSD，うつ病，双極症などに効果が認められている。

3　感情の病態の治療　　209

サマリー

　不安や抑うつなどのネガティブな感情やストレスのうち，生活に支障をきたすような水準のもの（不安症，うつ病，PTSDなど）を感情の病態と呼び，その成り立ち（原因）を感情の病理と呼ぶ。

　不安の獲得と維持は，行動理論におけるレスポンデント条件づけ・オペラント条件づけによって説明される。不安症の治療では，エクスポージャーといった行動的技法（行動療法）が主に用いられている。

　抑うつは，認知モデルにおける，自動思考，スキーマ，認知の歪みといった概念によって説明される。治療では，認知の歪みに気づき，認知的再体制化によって，より適応的な考え方ができるようにする認知的技法（認知療法）が行われている。

　ストレスは心理学的ストレスモデルによって説明され，介入にはストレスマネジメントが用いられる。なかでも，PTSDは，行動的技法と認知的技法を組み合わせた認知行動療法によって介入されている。

学習文献案内

下山晴彦編（2009）『よくわかる臨床心理学』（改訂新版）ミネルヴァ書房
▶感情の病態を扱う臨床心理学の全体像を把握するのに適している。

下山晴彦・丹野義彦編（2002）『異常心理学Ⅰ』講座臨床心理学3，東京大学出版会
▶さまざまな感情の病態とその成因に詳しい。

内山喜久雄・坂野雄二編（2008）『認知行動療法の技法と臨床』日本評論社
▶認知行動療法の理論的背景，さまざまな問題への適用の実際について詳しい。

第9章 感情と健康

● 心身の健康に大切な感情のはたらき

サロベイ (P. Salovey)

この章で学ぶこと

　つらいときは気持ちが落ち込んだり，うれしいときは幸せを感じて元気が出る。このように，健康には，さまざまな感情が関係している。

　この章では，感情と健康について，まず健康の定義や考え方を知り，次に，感情の中でも特に，ポジティブ感情に焦点を当て，ポジティブ感情の機能と理論を学ぶ。ポジティブ感情と死亡率や罹患率に関する疫学データから，感情が健康に及ぼす影響について理解を深め，さらに，特定の身体疾患や健康状態，リスク行動に関連する感情特性として，怒り・攻撃性やタイプC，アレキシサイミア，痛み，非現実的な楽観主義，刺激希求性について学ぶ。最後に，楽観主義や情動知能，ハーディネス，レジリエンス，ユーモアという感情に関連したポジティブな特性から，感情が健康に与える影響とその可能性について考える。

1 健康と感情のとらえ方

> **健康の定義と
> ウェルビーイング**

健康とは，単に身体的に病気や不調がないことを示すのではなく，心理的，社会的にも良い状態にあることを意味している。1946 年の**世界保健機関（WHO）**の憲章では，「健康とは，単に疾病がないとか，身体が虚弱ではないというだけではなく，身体的，精神的および社会的に完全に良好な状態（**ウェルビーイング**：well-being）にあること」と定義されている。

ウェルビーイングは，人間の心身の健康や幸福感，満足感を包括する概念で，心理学研究上では，大きく 2 つの考え方がある。1 つは，**ヘドニック（hedonic）・ウェルビーイング**と呼ばれる快楽的な個人の感情的側面に焦点を当てた考え方で，ポジティブ感情や**主観的幸福感**，人生満足感といった測定尺度が開発され，ポジティブな感情状態や認知的な評価からウェルビーイングを位置づけている。もう 1 つの考え方は，人間の理性や美徳，正義や成長といった人生をより良く生きる意味や人間が追求し達成する自己実現に至る側面を重視した**エウダイモニック（eudaimonic）・ウェルビーイング**である。

これら 2 つ以外にもさまざまな観点からウェルビーイングが位置づけられ，検討されている。たとえば，人間は社会を構成し，社会の中でさまざまな感情を経験することを通して自分の価値や意義を見出す，という社会的側面を重視した**社会的ウェルビーイング**という概念が提唱されている（Keyes, 1998, 2002）。そこでは，精神的健康の程度を，衰退した状態（languishing）から人間

212　第 9 章　感情と健康

が生きる意義を見出して他者や社会と積極的な関わりをもって生きている**活性した状態**（flourishing）の連続体として理解している。セリグマン（Seligman, 2011）は，没頭や関与への追求・志向性を加えて活性度を意識したウェルビーイングを**エンゲージメント**（engagement）と位置づけており，エンゲージメントの高まりは，**フロー**（flow）と呼ばれるポジティブ感情を伴う熱意と没頭感覚で時間を忘れるほど夢中になる没入感と満足感を意味する概念（Csikszentmihalyi, 1990）だといえる。また，セリグマンは，人間がウェルビーイングに向かううえで重要な5側面を指摘し，先に紹介したエンゲージメントを含む各概念の頭文字——Positive emotions（ポジティブ感情），Engagement, Relationships（人との良い関係），Meaning（人生の意味や意義），Accomplishment（達成）——をとって **PERMA モデル**として提唱している（Seligman, 2011）。

このほか，ウェルビーイングの持続可能性も注目されており，幸福感の規定要因のうち，自身で変容可能な感情や個人特性に着目することでウェルビーイングの向上と持続を目指す考え方もある。このように，心理学におけるウェルビーイング研究は，さまざまな側面からの検討と長期的維持を目指したアプローチへと広がっているといえる。

健康のモデル 昔は，健康を病気のない状態という狭義の意味でとらえ，病気の原因は病原菌などの外部の要因にあり，病気の処置の判断や責任は医学の専門家にあると考えていた。この考え方が図9-1の**生物医学モデル**である。

しかし，医療技術の進歩と疾病構造の変化によって，病気の原因は外的で単一なものではなく，生物的，心理的，社会的な要因

1 健康と感情のとらえ方 **213**

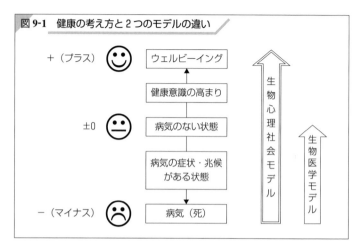

図9-1 健康の考え方と2つのモデルの違い

の相互作用によって生じるという考え方が生まれ、この立場が図9-1の**生物心理社会モデル**である。このモデルでは、健康の最終目標を「＋」のウェルビーイングとして健康をよりプラスの方向に広くとらえている。このような健康の考え方は、**QOL**（quality of life）に代表される質的な意味での健康概念も含んでおり（2節参照）、自分の健康を自分で維持・促進・予防するセルフケアとしての取り組みが重視されている。

ポジティブ感情とは

感情とは何かを見極める際、特定の行動との関連から考えることができる。たとえば、恐怖は逃げるという行動と、怒りは攻撃という行動と、といったように、ネガティブ感情は生物学的な適応行動と結びつくものとして説明されてきた。そして、ネガティブ感情の機能は、その感情特有の行動を促進するために焦点が狭まること、と考えられており、このことは、進化論の観点からも支持されている（Tooby, & Cosmides, 1990）。

このような特定の感情と行動の関連は、**ポジティブ感情**でもみ

Column ⑱ ポジティブ心理学

ポジティブ心理学（positive psychology）とは，21世紀の心理学と称された研究動向・運動（movement）である。

このポジティブ心理学運動は，1998年当時，APA（アメリカ心理学会）の会長であったセリグマン（M. E. P. Seligman）が提唱したことから始まった。彼は会長講演で，21世紀の心理学の重要な課題を2つ挙げ，1つは，民族間の政治的な葛藤の解決を目指すこと，もう1つがポジティブ心理学であった。これまでの心理学を振り返って，これからの心理学が目指すべき方向性の1つとして，ポジティブ心理学が提唱されたのである。セリグマンは，これまでの心理学は，障害や弱さに焦点を当てた学問，すなわち被害者学（victimology）になってしまっていると述べた。そして，心理学とは本来，障害や弱さだけを研究するものではなく，人間のポジティブで優れたはたらきを研究するものであり，人間の弱い部分を補い援助するためだけではなく，人間がもっている素晴らしい部分を育み養うためにもっと力を注ぐべきだと主張した（Seligman, & Csikszentmihalyi, 2000）。

ポジティブ心理学運動については，とりわけ初期にさまざまな意見や反響があった。なかには，ポジティブ心理学はポジティブなものを良いもの，ネガティブなものを悪いものという価値基準に基づいた学問であるといった誤解や，ポジティブなものやポジティブなことだけを研究することへの批判もあったが，重要なことは科学的な視点や基準から学問としての知見を見出すことであり，時間経過とともに実証心理学としての研究知見が蓄積されてきたといえる。社会の変化とともに心理学の学問も影響を受けるが，いずれにしても，ポジティブ心理学という1つの心理学の方向性が，これからの心理学において重要な意味をもつと考えることができる。人間のポジティブな側面について研究し，それらを社会に役立て貢献するために心理学を発展させることの意義は大きい。今後，科学としてのポジティブ心理学がさらに発展し，すばらしい成果が生み出されることが期待されている。

1　健康と感情のとらえ方　　215

られるのだろうか。たとえば，喜びは，これといった目的をもたない行動と，満足は，活動しないという行動と，興味は，参加行動の促進と関連するという報告がある（Frijda, 1986）。このことは，ポジティブ感情もネガティブ感情のように特定の感情に特定の行動傾向が関連する可能性として考えることもできるが，ポジティブ感情によって引き起こされている行動傾向やその動機づけはネガティブ感情よりも弱い。ポジティブ感情は，特定の強い行動を引き起こすというよりはむしろ，全体として落ち着いた安堵感のある状態や行動傾向と結びつきがあるのかもしれない。

　このように，ポジティブ感情の定義や分類，機能については未解決の部分もあるが，ポジティブ感情には，幸せ，喜び，満足，興味，愛，興奮，熱狂などがある。このほか，複合的なポジティブ感情として，感謝や畏怖・畏敬（awe），誇り，希望，ノスタルジア（nostalgia）などもある。なかでも**畏怖・畏敬感情**は，自然や偉大で崇高な対象に接した際に喚起される認知にも大きな影響を与えるポジティブ感情を伴う経験と考えられており，**感謝感情**と同様，向社会的行動の促進効果という点でも注目されている（Piff et al., 2015 ; Prade, & Saroglou, 2016）。また，**ノスタルジア**は，bittersweet とも表現され，ネガティブ感情を伴うが，ポジティブ感情が優位な感情と定義され（Wildschut et al., 2006），個人差や社会的つながりの向上といったポジティブ感情が有する機能やウェルビーイングとの関連からも注目されている（Sedikides et al., 2015）。このように，ポジティブ感情は，**主観的幸福感**やウェルビーイングといった健康状態に強く関連するといえる。

> ポジティブ感情の機能：拡張－形成理論

ポジティブ感情の機能について，フレドリクソン（Fredrickson, 1998, 2001 ; Fredrickson, & Cohn, 2008）は，**拡張－形**

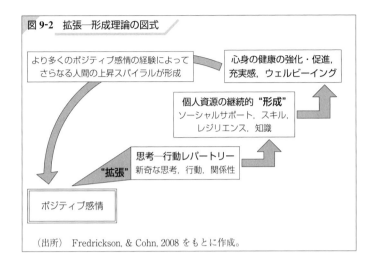

図 9-2 拡張—形成理論の図式

(出所) Fredrickson, & Cohn, 2008 をもとに作成。

成理論 (broaden-and-build theory) を提唱している。この理論は、その名前のとおり、ポジティブ感情の機能として、**拡張** (broaden) と**形成** (build) という2つを挙げている。そして、図9-2のように、ポジティブ感情の経験によって認知機能が拡張し、さまざまな個人資源 (ソーシャルサポートやスキル、レジリエンス、知識など) が開発や獲得によって形成され、ウェルビーイングにつながるスパイラル軌道をもたらすと説明されている。

ポジティブ感情の拡張機能

ポジティブ感情の「拡張」機能は、ポジティブ感情の経験によって、思考─行動レパートリーが一時的に拡張する、すなわち、個人の独創的で新奇な思考や注意、さまざまな認知や行動が広がり、他者との関係性が活性化されることを意味している。

この拡張機能は、これまでの研究でも注目され、実証されてきた。たとえば、失敗経験というネガティブ感情は注意の範囲を狭めるが、ポジティブ感情は独創的な思考を引き起こすこと (Isen

1 健康と感情のとらえ方　217

et al., 1985），柔軟性のある包括的な考え方を促進すること（Isen, 1987），創造性を高めること（Isen, Daubman, & Nowicki, 1987），受容性を高めること（Estrada, Isen, & Young, 1997），注意の幅を広げること（Isen, 2002）など，多くの拡張効果が実証されている。また，フレドリクソンらは，感情として，喜び，満足，ニュートラル，恐怖，怒りの5つを取り上げ，実験参加者に各感情を喚起した後，思考－行動レパートリー数について検討している（Fredrickson, & Branigan, 2001）。課題の内容は，「私は……したい」という文章の空欄に，思いつくことをできるだけ多く記入するというもので，この個数をレパートリー数とした。その結果，喜び，満足，ニュートラル，恐怖，怒りの順でレパートリー数が多く，ポジティブ感情として覚醒水準（第3章参照）が高い喜びと，比較的覚醒水準が低い満足のどちらの感情においても，思考－行動レパートリーの拡張効果が示された。このほかにも，ポジティブ感情の喚起後に，今すぐに何をしたいか，という問いに対する反応から，注意の範囲が広がること，ターゲットに対して注意を向ける速度や識別反応が高まることも報告されている。

ポジティブ感情の形成機能

ポジティブ感情の「形成」機能は，ポジティブ感情によって思考－行動レパートリーが拡張した後，身体的，知的，社会的な意味でのさまざまな個人資源が継続的に形成されることを意味している。たとえば，子どもの発達研究から，愛着スタイルが確立され，日常的にポジティブな感情状態にある子どもは，そうではない子どもに比べて，根気強さや柔軟性，問題解決能力に必要な資源を多くもっていること（Arend, Gove, & Sroufe, 1979），新奇な場所に対する認知地図が発達していること（Hazen, &

Durrett, 1982）が示されている。また，成人を対象にした研究では，日常的にポジティブな感情状態にある人は課題の学習が速く，課題成績が良い（Bryan, Mathur, & Sullivan, 1996），情報に対する好奇心が強く，知的資源を多くもち，開放性という個人特性が強い（Mikulincer, 1997），という報告もある。

このほか動物研究では，哺乳動物が，じゃれあいや遊びの中でのポジティブ感情の経験を通して生存に必要な逃走や戦いを覚えて発達すること（Boulton, & Smith, 1992），ラットの実験では，自由に遊べる環境を与えた群は遊びを奪われた群よりも複雑な運動課題の学習が速いこと（Einon, Morgan, & Kibbler, 1978）が指摘されている。このことは，遊びなどのポジティブ感情が，継続的な資源の形成に関連している結果だといえる。

ポジティブ感情の元通り（undo）効果

ポジティブ感情の拡張と形成という機能のほかに，**元通り**（undo）**効果**がある。これは，ネガティブ感情が生起したあとにポジティブ感情が生起すると，ネガティブ感情によって引き起こされた心臓血管系の反応が素早く元通りに戻るという現象である（Fredrickson et al., 2000）。ネガティブ感情によって心拍率が増加しても，その後，ポジティブ感情が生起すると，生体反応が短時間で元に戻るのである。このようなポジティブ感情の健康への効果は，ポジティブ感情やその特性が，身体的，心理的，社会的な意味での適応に影響していることを意味している。

ポジティブ感情のウェルビーイングへの影響

拡張－形成理論の最後の段階は，心身の健康の強化・促進やウェルビーイングと位置づけられている。ポジティブ感情の経験によって，認知や行動の範囲が拡張され，個人のソーシャルサポートやスキルなどの多くの資源の獲得や形成が可能になる。

1 健康と感情のとらえ方　　219

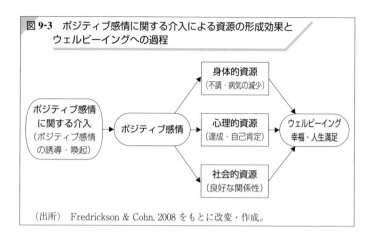

図 9-3 ポジティブ感情に関する介入による資源の形成効果とウェルビーイングへの過程

（出所）Fredrickson & Cohn, 2008 をもとに改変・作成。

そしてそれらが，**レジリエンス**（**3**節参照；復元力や弾力性と呼ばれ，悪条件においても肯定的で適応的な対処ができる力）などの個人の対処能力を高め，最終的にウェルビーイングにつながるのである（Tugade, Fredrickson, & Barrett, 2004 ; Cohn et al., 2009）。

図 9-3 は，ポジティブ感情に関する介入によってポジティブ感情が喚起され，拡張機能を経て身体的，心理的，社会的な資源の形成によって最終的に心身の健康や人間の成長を含む幸福や人生満足といったウェルビーイングに至ることを示している。そして図 9-2 のように，ウェルビーイングの高まりによってさらなる人間の上昇スパイラル軌道をもたらすという循環が生じるとされている。

ポジティブ心理学（的）介入（positive psychology〔psychological〕intervention：PPI）は，ポジティブ感情やポジティブな認知や行動を強化することを目的にした研究として展開され（Parks, & Schuller, 2014），たとえば，「3つの良いこと（three good things）の振り返り」（Seligman et al., 2005）や「感謝介入」

(Emmons, & McCullough, 2003)，「親切行動の促進」(Otake et al., 2006) といったさまざまな研究手法からウェルビーイングの向上効果が実証されている。また，今という瞬間に生じていることに意図的に注意を向け，ありのままの自己をあるがまま感じ受け入れるというマインドフルネス瞑想 (mindfulness mediation : MM) や慈しみの瞑想 (loving-kindness meditation : LKM) によって社会的つながり (Kok et al., 2013 ; Mauss et al., 2011) や，個人資源の増加 (Fredrickson et al., 2017) が報告されており，このような PPI の有効性は，さまざまなメタ分析からも実証されている (Hendriks et al., 2020 ; Moskowitz et al., 2021 ; Carr et al., 2021)。

2 感情と死亡率，病気の罹患率

本節では，健康の最終目標といえるウェルビーイングに影響を及ぼす可能性が示唆されているポジティブ感情に焦点を当て，**死亡率と罹患率**の関係について考える。

> ポジティブ感情が
> 死亡率の低下に影響

ポジティブ感情が死亡率を低下させるはたらきをもつ，という研究は多くはないがいくつか報告されている（死亡率とは，一定期間の死亡者数をその期間の人口で割った値）。たとえば，65～99 歳の 2282 名を対象とした 2 年間の追跡研究では，うつの測定尺度 CES-D (center for epidemiological studies depression scale) の中のポジティブ感情に関する項目にあてはまる特性をポジティブ感情特性と位置づけて，2 年間の死亡率についてオッズ比 (odds ratio : ある事象の起こりやすさを示す統計学的な指標。オッズ比が 1 とは，ある事象の起こりやすさが対象群と同じことを意味し，値が大きい

2 感情と死亡率，病気の罹患率　221

Column ⑲　感情に関するアセスメントと文化

　人間の心理状態や特性を把握し，科学的な学問として実証するために，心理学ではさまざまなかたちでアセスメントを行い，データを収集する。アセスメントとは，心理的現象に関する客観的な評価であり，そこでは，当然，客観的で総合的な科学的判断が求められる。

　本書で取り上げられている感情というきわめて主観的な心理状態を測定することは，容易なことではない。たとえば，「現在の感情状態」をどのように測定することが最も妥当性と信頼性が高い方法かということは，現在においても大きな議論の対象である。質問紙による測定や形容詞などの感情語での評価，さらには，顔の表情による評定など，さまざまな手法を駆使して感情や感情に関する特性の測定が行われている。また，これらのアセスメントは，対象者や年齢によっても実施可能な範囲が異なるため，さまざまな工夫がなされている。

　また，感情を適切にアセスメントするためには，パーソナリティなどの個人的要因だけではなく，社会経済状況や環境的な要因，さらには，文化といった非常に大きなレベルでの要因も考慮する必要がある。なかでも，比較文化的な検討を行う場合に，文化を越えて人間の感情を測定したり，それらを比較検討することは，非常に難しい。それは，アセスメントの時点で，同じ基準で感情を測定できているのかという問題があるからである。それらをどのように統一し，客観的に科学的に評価し，比較検討するかということは，文化のような大きな要因を含めて検討する心理学においては，重要な課題だといえる。2015 年に国連総会で採択された持続可能な開発目標（SDGs）は，ウェルビーイングに関連するものだといえるが，ウェルビーイングの概念や高める方法についても文化多様性を考慮する必要がある。心理学において適切なアセスメントは，研究や実践における基礎であることを考えると，感情に関するアセスメントを今後どのように確立できるかということも，心理学の大きな課題の 1 つといえる。

ほど事象が起こりやすくなることを示している）から検討している（Ostir et al., 2000）。その結果，ポジティブ感情特性の高さが，死亡率を下げる（オッズ比＝0.53）ことが報告されている。また，50歳以上の患者660名を対象にした23年間の疫学研究では，エイジング尺度の中から，「若い頃に比べて今の自分が幸せだと思う」という項目をポジティブ感情特性と位置づけ，相対危険度（ある疾病の頻度の比を，疾病の有無×ある因子の有無という群から算出し，ある因子と疾病の発生との関連性の強さを示す疫学研究における指標）について検討している（Levy et al., 2002）。その結果，ポジティブ感情特性が死亡率を下げていることが確認された（相対危険度＝0.90）。

　このほか，方向性としては逆であるが，ポジティブ感情特性が低いことが，死亡率を高めるという研究報告もある。62歳以上の400名を対象に，インタビューによって得られた個人の幸福感をポジティブ感情特性と位置づけて2年間の追跡調査をした研究では，ポジティブ感情特性が低いことが，死亡率を高めていることが示された（相対危険度＝1.92）（Zuckerman, Kasl, & Ostfeld, 1984）。また，18〜64歳の2万2461名を対象に20年間の追跡を行った大規模な疫学研究からも，ポジティブ感情と死亡率との関連が示されている（Koivumaa-Honkanen et al., 2000）。そこでは，人生満足度をポジティブ感情の特性ととらえ，基本属性や社会経済状況，生活習慣などの要因を考慮した分析を行い，単独要因としてポジティブ感情の特性の低さが，死亡率を高めることを明らかにしている（相対危険度＝1.27）。このほか，70〜103歳の一般市民の6年間の追跡調査によって，主観的ウェルビーイング尺度の中のポジティブ感情とネガティブ感情の特性を比較検討した研究もある（Maier, & Smith, 1999）。その結果，ポジティブ感情特

2　感情と死亡率，病気の罹患率　　223

性の低さは死亡率を高める（相対危険度＝1.16）が，ネガティブ特性が高いことは死亡率と関連しないことが報告されている。

ポジティブ感情が生存期間・寿命に影響
死亡率だけでなく，ポジティブ感情特性によって生存の期間，つまり寿命にも影響することが指摘されている。たとえば，人生満足度得点をポジティブ感情特性として，2つのコミュニティ集団（75〜84歳の161名と，85歳以上の260名）を対象にした15年間の追跡調査研究から，2つの集団ともにポジティブ感情特性と死亡率との関連性は認められなかったが，75〜84歳の集団では，ポジティブ感情特性が高いことが日々の活動レベルやその能力を高め，寿命を延ばすこと（オッズ比＝4.5）が明らかにされている（Parker, Thorslund, & Nordstrom, 1992）。また，65〜98歳の地域住民2274名を対象にした日本の研究（Kawamoto, & Doi, 2002）では，主観的な幸福感をポジティブ感情特性と位置づけて3年間の追跡から死亡率との関連を検討した結果，5％水準での有意差は認められなかったものの，3年の間に死亡した男性30名と女性60名のデータから，ポジティブ感情特性の高さが寿命に影響することが示唆されている（オッズ比＝1.01, p＝.055）。

　一方で，ポジティブ感情が必ずしも健康に良い効果をもたらすとは限らないという知見もある。たとえば，自分自身をどのくらい幸せだと感じているかという主観的幸福感をポジティブ感情特性と位置づけ，16〜94歳の一般市民6928名を対象にした9年間の追跡調査研究では，ポジティブ感情特性と死亡率との関連性は認められていない（Kaplan, & Camacho, 1983）。また，人生満足度をポジティブ感情特性として，高齢者129名を対象にした4年間の追跡調査研究でも，死亡率との関係は示されていない（O'Connor, & Vallerand, 1998）。さらに，11歳の子どもを対象とし

た長期の追跡調査研究では，自己評定による子どものポジティブ感情特性は死亡率と関係がないが，両親と教師が行った他者評定では，ポジティブ感情特性の高さが65年後の死亡率の高さに関連していたことが報告されている（Friedman et al., 1993）。

このように，ポジティブ感情と死亡率との関係については，相反する結果が示されているものの，総じて，現時点では，ポジティブ感情は心身の健康に良い効果をもたらすという知見のほうが多いといえる。死亡リスクに関するメタ分析によると，ポジティブ感情を有する人はそうではない人に比べて，死亡リスクが低く，とくに循環器疾患や腎不全といった疾患における死亡率の低下が顕著であること（Chida, & Steptoe, 2008），気分評定尺度のPANAS（positive and negative affect schedule）のポジティブ感情が高い人は低い人に比べて死亡リスクが2倍以上で，特にポジティブ感情の活気の項目が顕著であること（Petrie et al., 2018），幸せを感じている人はそうではない人に比べて寿命が長いことは，多くの研究において指摘されており（Frey, 2011；Martín-María et al., 2017），ポジティブ感情によって健康やウェルビーイングが高まると考えることができる。

> **ポジティブ感情と疾病の罹患率に関する疫学研究**

次に，ポジティブ感情と疾病の罹患率に関する疫学研究をみてみよう。

65歳以上の健康な成人4162名を対象にした6年間の追跡調査（Ostir et al., 2001）では，ポジティブ感情として，うつ尺度（CES-D）の項目からポジティブ感情特性を位置づけ，この得点と脳卒中の発症について分析している。その結果，ポジティブ感情特性が高いことが脳卒中に罹患するリスクを低下させるが（相対危険度＝0.74），一方，CES-Dのネガティブ感情項目と脳卒中については関連が認められなかった。18〜55

歳の 334 名のボランティアを対象にした 1 カ月間の電話インタビューによる追跡調査から，風邪のひきやすさとポジティブ感情との関連を検討した研究もある (Choen et al., 2003)。そこでは，ポジティブ感情とネガティブ感情項目を毎日どのくらい感じたかを 7 日間測定し，ポジティブ感情状態とネガティブ感情状態の日常の得点を算出した。その結果，ポジティブ感情得点が高いことが，オッズ比＝2.9 で，風邪をひきにくくする効果をもたらしていたと報告されている。

　また，日常生活で感じるポジティブな感情状態が身体的な機能や生活習慣，自己評価としての主観的な健康状態に，どのような影響を及ぼすかを調査した研究もある (Benyamini et al., 2000)。高齢者 851 名を対象にした 5 年間の追跡調査では，オッズ比などの疫学指標による結果は示されなかったものの，重回帰分析の結果から，ポジティブ感情状態の高さが 5 年後の身体的な機能や生活習慣，主観的な健康状態の良さに影響していた。

　このほか，疾病というよりはむしろ突発的なリスクといえるが，18〜64 歳の 2 万 2461 名を対象にした 20 年の追跡調査から事故とポジティブ感情について検討した研究がある (Koivumaa-Honkanen et al., 2000)。そこでは，人生満足感の尺度を用いたポジティブ感情特性の低さが事故にあう危険性と関連しており（年齢調整済みのオッズ比＝3.01），事故の中でも特に，死亡に至る事故は，とりわけ強くポジティブ感情特性の低さ（オッズ比＝2.97 倍）と関連していた。この結果については，さまざまな解釈が可能であるが，満足感としてのポジティブ感情が低いことが，事故にあう危険性を高めていると考えることができるかもしれない。さらに，151 名の健康な妊婦のデータから，日常でのポジティブ感情の経験の多さが，分娩・出産に関するリスクを低くすること（相

対危険度＝0.093）も明らかにされている（Klonoff-Choen et al.,
2001）。これらの結果から，ポジティブ感情の低さがリスクと関
連している，すなわち，ポジティブ感情は疾病の罹患リスクを下
げる可能性が高いと考えられる。

3 感情と特定の疾患・健康状態との関係

本節では，感情と特定の疾患や健康状態との関係について，代
表的なものをいくつか取り上げて紹介する。

感情と心臓疾患　　　　冠状動脈性心臓疾患（coronary heart dis-
　　　　　　　　　　ease：CHD）と関連がある感情として，
怒りがある。厳密には，怒り感情単一の要因だけではなく，フリ
ードマンとローゼンマン（Friedman, & Rosenman, 1959）が明ら
かにした**タイプA行動パターン**（怒りや敵意，攻撃性の高さを行動特
徴とするパーソナリティ特性），そして，現在では研究が進み，
AHA（anger, hostility, aggression）と呼ばれる攻撃性の3つの側
面（感情としての怒り，認知や態度としての敵意，攻撃行動）が，心臓
疾患の罹患および死亡に関連することが明らかにされている。

その後，メタ分析の結果から，慢性的な怒り感情や敵意という
認知が，心臓疾患の危険因子であることがわかってきた（Miller
et al., 1996）。また，怒り感情を含む攻撃性と不安の2つは，心
臓疾患だけではなく，風邪なども含む一般的な健康状態の重大な
危険因子であり（Suinn, 2001），うつや不安といった心理状態・
特性は，心臓疾患の罹患や予後にも関連している（Hemingway,
& Marmot, 1999）。

このほか，心臓疾患のリスク要因として**タイプD**も注目されて

3　感情と特定の疾患・健康状態との関係　　227

いる。タイプDとは，抑うつや不安，怒りや緊張などのネガティブ感情の感じやすさと，それらの感情を抑制する傾向が強いパーソナリティ特性であり，心臓疾患の再発や死亡のリスク要因と考えられている（Denollet, Vaes, & Brutsaert, 2000）。

感情と癌：タイプC　癌の発症や罹患に関連した特性として，1980年代に入ってから注目された**タイプC**という概念がある（Temoshok et al., 1985）。これは，自己犠牲的，協力的で，我慢強く，ネガティブ感情（とりわけ怒り感情）を表出しないパーソナリティ特性として提唱され，感情抑制が癌の発症や罹患，癌の進行の速さに関連することが報告されてきたが（Grossarth-Maticek et al., 1982 ; Gross, 1989），タイプC研究については，概念の曖昧さや研究上の問題点が指摘されている。

感情と
アレキシサイミア　感情自体を感じにくいという，感情を考えるうえで非常に興味深い**アレキシサイミア**と呼ばれる症状（疾患）がある。これは，ギリシア語の欠落を意味する「ア」，意味という「レクシス」，感情の「シモス」という言葉からつくられた心身症患者の特徴を示す感情に関する障害で，日本では，失感情症と呼ばれる。感情の同定や，感情と感情による覚醒としての身体的感覚の区別，他者に対して感情を記述（言語化や伝達）することが困難といった，感情の認知や表出に関する機能が乏しいという特徴をもっている（Nemiah, Freyberger, & Sifneos, 1976）。

　このアレキシサイミアは，精神疾患との関連が指摘されている。たとえば，物質使用症の患者はアレキシサイミア傾向が高く（Taylor, Bagby, & Parker, 1997），神経性食欲不振症や神経性過食症の摂食症の患者においては，半数以上の割合でアレキシサイミア傾向が強くみられる（Casper, 1990）。また，アレキシサイミ

ア傾向の高い人は，不安症になりやすい。恐怖症患者や強迫症の患者にはアレキシサイミア傾向が高い患者が多く，なかでもパニック症の患者は，高アレキシサイミアの割合が 50〜70% と非常に高い（Taylor, 2000）。

ポジティブ感情に関連して，アレキシサイミアには興味深い特徴がある。これは，臨床家によって指摘されている記述的な報告であるが，アレキシサイミアの人は，喜びや幸せ，愛といったポジティブな感情を，きわめて限られた程度にしか感じることができないという。なかでも，非常にアレキシサイミアの程度が高い人は，ポジティブな感情をまったく感じないといわれている。ネガティブな感情よりもポジティブな感情を感じにくいことがアレキシサイミアの特徴の1つであるならば，ポジティブ感情の機能を考えるうえで，アレキシサイミアは非常に興味深いといえる。

感情と痛み

痛みは，さまざまな疾患で生じることがあり，感情と切り離して考えることはできない。痛みのメカニズムは，個人の主観的な感じ方である認知的処理過程を重視した認知―行動的モデルから理解でき，慢性的な痛みについて，その痛みを自分ではコントロールできないというネガティブな認知傾向をもっていることが，痛みの主観的な感覚を高める。たとえば，癌患者を対象にした研究では，ポジティブ感情特性とそのときのポジティブ感情状態がどちらも高いことが，患者の痛みの程度の低さと関連していた（Guadagnoli, & Mor, 1989）。またリウマチなどの痛みを伴う慢性疾患の患者や女性患者の割合が多い線維筋痛症の研究では，ポジティブ感情特性の高さが痛みの程度の低さと関連していた（Zautra, Johnson, & Davis, 2005）。このように，ポジティブ感情の特性や状態は個人の痛みの程度を軽減させる作用をもつと考えることができる。

3　感情と特定の疾患・健康状態との関係　　229

感情と健康関連行動	健康に関連した行動は，いわゆる**生活習慣**と呼ばれ，喫煙や飲酒，食行動，運動

がその代表例である。これらの行動は，日常生活の中で習慣化され，学習・形成されると考えることができる。そして，学習の原理から考えると，ある行動が形成される際には，正の強化，すなわち，何らかのポジティブ感情が行動の強化子として機能していると予測できる。つまり，個人の健康に関連する行動が形成，習慣化していくプロセスにおいて，ポジティブ感情が強く影響している可能性が示唆される。

　たとえば，タバコを吸うことに対するポジティブ感情やその認知がなければ，喫煙行動は起こらない。喫煙の場合は，薬理作用の影響もあるが，タバコを吸うことに関連して何らかのポジティブ感情や状態，認知などが結びついて喫煙行動が強化・形成されると考えることができる。このことは，禁煙という行動の消去プロセスからも理解することができる。タバコをやめようとしても，タバコを吸いたいというポジティブ感情やポジティブな認知・欲求が存在すると，禁煙行動を実行することが困難な状態になる。そこで，禁煙指導を行う際に，タバコに対する個人の感じ方や態度といった個人の認知的要因を変容させ，ポジティブな感情や認知を強化することで習慣化した行動を効果的に修正するのである。この考え方は，まさに学習の原理を用いた**ステージモデル**と呼ばれる行動理論であり（Prochaska, & DiClemente, 1983），行動変容における多くの介入・予防研究に役立てられている（Prochaska, DiClemente, & Norcross, 1992；Otake, & Shimai, 2001）。

　このような考え方は，喫煙に限らず，飲酒や食行動，運動習慣といったさまざまな習慣化する行動にもあてはめることができる。つまり，健康／不健康にかかわらず何らかの行動の生起や維持に

は，その行動を促進する動機づけとしてのポジティブ感情が存在すると考えることができる。

> **リスク行動に関連する個人特性**

　生活習慣以外にも健康を脅かす**リスク行動**がある。たとえば，アルコールや薬物への依存，危険な性行動，飲酒運転などである。リスク行動にはさまざまな要因が関連しているが，**非現実的な楽観主義**（unrealistic optimism）というポジティブ感情に関する個人特性がある（Weinstein, 1984）。これは，自身のリスク行動を正当化するために偏った認知をするというものであり，「自分は大丈夫」「自分には危険は起こらない」と，自分のことを，一般的なリスク割合よりも，より楽観的に認識するという現象である。つまり，自分の行動は，他の人や一般的な現象に比べてリスクが生じない（リスクが起こる割合が低い）と，現実的ではない楽観的な考え方をすることである。

　このような認知は，当然リスク行動を促進する。特に，薬物中毒や HIV 感染，飲酒運転などのリスク行動は，知識が高くても，その危険性の認識が歪んでいる，つまり，自分は大丈夫だと非現実的に楽観視していると起こってしまうのである。このように，ポジティブ感情の状態やその個人特性によって現実的ではない認知の歪みが生じる場合，健康への危険性を高めることになる。

　また，**刺激希求性**（sensation seeking）という個人特性もリスク行動との関係が指摘されている。刺激希求性とは，強い感覚刺激や新奇な体験を求める傾向であり，これらの刺激を希求することで快適な覚醒水準を保つのである。この刺激希求性の高い人は，新奇な刺激を求める傾向が強いことから，薬物乱用やギャンブル，危険な性行動などのリスク行動を起こしやすい（Zuckerman, & Kuhlman, 2000）。

3　感情と特定の疾患・健康状態との関係　　231

| 健康に関連する
ポジティブな個人特性 | ここでは最後に，健康の維持や促進に関連するポジティブな個人特性について，いくつか紹介する。 |

楽観主義と悲観主義　物事に対して悪いことよりも良いことが起こり，うまくいくという信念をもっている傾向を**楽観主義**という。セリグマン（Seligman, 1991）は，物事の原因をどのように説明するか，という**原因帰属**から楽観主義という個人特性を定義し，楽観主義傾向の強い人は，悪いことは一時的で，それにうまく対処することができると考えるため，希望をもち，健康状態も良いことを指摘している。この反対が**悲観主義**（pessimism）で，悲観主義の人は，悪いことは永続的にずっと続き，どうやってもうまくいかず，それは自分のせいだと考える。悲観主義傾向は，うつの発症にも関連しており，抑うつ傾向の人に現われやすい学習性無力感の予防メカニズムを，楽観主義や希望との関連からウェルビーイングの向上に応用する研究が展開されている（Peterson, 2000）。

情 動 知 能　情動知能（emotional intelligence）は，ポジティブ感情に関連する個人特性の1つといえる。サロベイとメイヤー（Salovey, & Mayer, 1990）は，自分の感情が察知でき，感情的エネルギーをもち，自分の感情をコントロールできる能力を情動知能と呼び，対自己だけではなく，対人や状況への適応能力も含めた概念を考案し，他者の感情が理解でき，うまく対応したり，集団や状況に応じた行動ができるといった幅広い適応能力と位置づけた。このような感情に関する能力が高い人は，さまざまな感情と上手につきあうことができるため，適応的であり，健康状態も良い。この情動知能は，先に紹介したアレキシサイミアと対照的な概念である。

ハーディネス　　ハーディネス（hardiness）とは，ストレス研究から生まれた概念で，強いストレッサを受けても健康な人がいるという現象を解明していく中で，ストレスに対する頑強なパーソナリティとして定義された個人特性である（Kobasa, 1979）。ハーディネスは，3つのC——①コントロール（control）する力，②明確な目標をもって関与（commitment）する力，③積極的に挑戦（challenge）する力——から構成されるストレス耐性であり，ポジティブ感情を維持していることが特徴である。

レジリエンス　　レジリエンス（resilience）とは，復元力や回復力，弾力性と表現される，肯定的で適応的な対処ができる力を意味する概念である。逆境やストレスフルな状況においても積極的で適応的な対処や心理的，社会的に良好な関係や健康状態を維持する個人の肯定的な強さを意味する。

ヒューマンストレングス　　ヒューマンストレングス（human strengths）とは，ポジティブ心理学の動向を受けて提唱された人間の美徳（virtue）や強みを示す個人特性である（Peterson, & Seligman, 2004）。全人類に共通する普遍的で包括的な人間の優れた機能や特徴を24のポジティブな個人特性として提案し，ウェルビーイングの高さとの関連や強みを測定するVIA-IS（Value in Action Inventory of Strengths）という尺度が開発されている（Peterson, & Seligman, 2004；大竹ほか，2005；大竹，2013）。

ユーモア　　ユーモアもポジティブな個人特性として健康との関係で注目されている。おもしろさやおかしさ，笑いといったユーモアは，まさにポジティブ感情であり，ポジティブな状態を生み出す効果をもつ。また，ユーモアや笑いは，ストレスの緩和や免疫力の向上をもたらすため，健康にも大きく影響していると考えられており，ホスピスなどでも活用されている。

サマリー

　健康とは，生物心理社会モデルから考えると，心理的，社会的に良好な状態であるウェルビーイングだといえる。そして，健康を考えるうえでも重要な喜びや幸せといったポジティブ感情には，拡張と形成という機能（拡張―形成理論）や，元通り効果といった現象が明らかにされており，最終的にウェルビーイングにつながると考えられている。また，ポジティブ感情の状態や個人特性が高いことが，死亡率や疾患の罹患率に影響を及ぼしていることが報告されており，今後，これらの因果関係がさらに追究され，明らかになると考えられる。特定の疾患や健康状態との関係においてもポジティブ感情との関連が指摘されており，リスク行動に関連する個人特性や，楽観主義，情動知能，ハーディネス，レジリエンス，ヒューマンストレングス，ユーモアといったポジティブな個人特性も健康促進要因として注目されている。

学習文献案内

フリードマン，H. S. 編／手嶋秀毅・宮田正和監訳（1997）『性格と病気』創元社

　▶性格と健康（病気）との関係について，ストレスや感情，精神生理学など健康心理学の歴史や理論，実証研究が紹介されている。

セリグマン，M. ／山村宣子訳（1994）『オプティミストはなぜ成功するか』講談社

　▶悲観主義とうつや無力状態のメカニズムを紹介しながら，楽観主義（オプティミズム）と健康，社会での成功，幸福との関連について述べている。

大竹恵子編著（2016）『保健と健康の心理学――ポジティブヘルスの実現』ナカニシヤ出版

　▶健康と感情をテーマに健康心理学やポジティブ心理学領域における主要な研究内容が紹介されている。

終章　今後の課題と展望

　本書では，感情に関する理論に始まり，感情の生物学的基盤や，感情の機能についての解説を行った。さらに，心の進化，認知，言語，発達，心の病理，心身の健康などの諸側面に，感情がどのように関連するかについて検討してきた。ここでは，本書で述べてきたことを振り返りつつ，感情心理学の今後の課題について考えておきたい。

　第1章では，心理学において代表的な感情の理論を取り上げた。感情の考察は長い間哲学において行われ，心理学はその財産を引き継いで，感情の研究を発展させてきた。それゆえに感情の問題を理解するためには，各々の感情理論においてどのような主張がなされているかを知るだけでなく，なぜそのような主張が，当該の時代になされたのかを研究史的に把握する必要がある。本書では，そのごく一部にしかふれられなかったが，今後，こうした感情の心理学史の研究をさらに進める必要があるだろう。特にわが国では，心理学史の研究に従事する研究者はわずかであり，原資料の探索・収集においても不利は否めない。しかし，たとえば科学史・科学哲学の研究者と心理学者が協働することにより，感情の心理学史研究をより発展させることができると考えられる。またこの章では，現在も，哲学や感情史という歴史学の一分野でも感情の研究が進められていることを述べた。今後，心理学がこうした隣接領域と協働することで，感情の理解をより深めることができると期待される。

235

第2章では，感情をつくりだす脳や身体の機能について解説した。現在，心理学のすべての領域において，神経科学・生物学との関連が急速に深まっている。特に感情は，動物の進化の過程で形成され，脳や身体の機能に深く根ざす心理現象であるから，そうした研究潮流の最前線にあるともいえる。特に，本書でも述べた fMRI や PET を用いた神経画像研究の発展は著しい。これらの研究技法は，ハードウェアはすでにほぼ完成の域に達しており，画像データ解析を担うソフトウェアの側面も日進月歩である。今後，神経画像は感情心理学においてもますます重要な研究ツールとなっていくことは間違いない。一方，感情心理学を学ぶ者や感情心理学の研究者にも，今後は神経科学の知識が求められることになっていくだろう。大学などの教育機関でも，そうした要求に応えうるカリキュラムが必要になってくると考えられる。さらに，この章で述べた内受容感覚とその予測的処理についての研究が 2010 年以降急速に発展している。この潮流は，感情のみにとどまらず，知覚，認知，運動，意思決定など，すべての精神機能を統合する人間理解の統一原理となっていく可能性がある。感情心理学の研究は，こうした動向にも注目する必要がある。

第3章では，感情が人間の生活や行動のために，どのような役割を果たしているかを説明する理論を紹介した。かつては，感情は理性の邪魔をする有害なもので，適切に抑制されねばならないと考えられていた。しかし現在では，感情はむしろ適応を促進する有益なものであると認識されている。感情には私たちが出会うさまざまな事象が良いものか悪いものかを判定し，それに基づいて最適な行動を動機づける機能があり，その仕組みは生得的に組み込まれていると主張された。この考え方は，幸福，悲しみ，怒りなどの基本感情がプログラムとして組み込まれていると主張

236　終　章　今後の課題と展望

する基本情動理論やアージ理論に発展した。しかし一方では，そうした生物学的基盤を前提とせず，人間の感情は，文化，人間関係，社会的規範などによって決定されると主張する感情の社会構成理論も出現した。さらに近年では基本感情の存在を前提とせず，感情の核心は快一不快，覚醒一睡眠の二次元であり，環境に適応するために，生物は自らの感情をこの二次元上で制御しようとするのだと主張する理論も現れた。これらの理論のうちどれが妥当であるか，現在も論争が続いており決着はついていない。あるいは，これらの理論は必ずしも背反的なものではなく，複雑な人間の感情の諸側面を補いあって説明するものであるかもしれない。今後，実証的知見に基づいた，諸理論の精緻な検討が求められるだろう。

第4章では，進化心理学の観点から感情の適応的役割を考察した。感情が生物の適応に有益なものであり，進化の過程で発達してきたものであるという考え方は，ほとんどの感情心理学者の間で，暗黙に合意され共有されていると思われる。しかし進化心理学が発展するまで，進化的な理論的基盤について明確な意識をもって研究している心理学者はむしろまれであった。つまり，感情心理学者は，ヒトという種の感情について，現在においてみられる現象やメカニズムについて記述し検討することに終始してきた。それらがおそらく進化の中でつくられてきたのだろうと漠然と推測するだけで，具体的にどのような過程を経て形成されてきたのかに関する考察が欠けていたように思われる。感情の進化も，今後の発展が期待される研究領域である。

第5章では，記憶，社会的判断，自己認識などの認知過程に対する感情の影響について取り上げた。この分野は感情心理学の中でも最も成功しているものの1つであり，本書で述べたように

多くの研究知見が生み出されている。今後重要だと思われるのは，感情の認知的処理は相当な部分が自動的・無意識的に行われると考えられるのだが，一方では私たちは感情を主観的に体験することができる。そうした感情の自動的処理と主観的体験の関係について，体系的な検討と理論化が望まれる。また，行動経済学の発展などにも刺激され，近年，意思決定における感情の役割について関心が高まってきた。この新しい研究分野については，本書ではふれることができなかった。日常生活におけるさまざまな，現実的な意思決定に，感情がどのように関与しているか，そこでどのようなメカニズムがはたらいているのかについての検討が急務であろう。

第6章では，感情の発達を取り上げた。感情の発達は古くから多くの研究が蓄積されている分野であり，本書でみたように，特に，乳児期の子どもの感情発達が盛んに研究されている。一方で，加齢に伴う感情の変化も，感情発達の研究において重要なテーマであろう。今後，先進国では社会のいっそうの高齢化が進み，心理機能における加齢の影響は，社会的福祉を増進するうえで重要な問題となる。加齢に伴い，感情はいわゆる「結晶化された知性」の1つとして豊かに発達するのかもしれない。それは「老賢者」的な人格の一部を構成するのかもしれない。しかし一方では，加齢により抑制的制御の機能が低下し，過剰で不適切な感情反応を誘発しやすくなるとも指摘されている。こうした感情の加齢の諸側面が詳細に検討されるべきであろう。

第7章では，感情体験を言葉によって表現する営みについて論じた。言葉は，思考の道具であり，私たちは言葉によって自分自身の感情体験を形づくっていると考えられる。こうした言語的過程の研究は，実験心理学においてはあまり進んでいない。それ

238　終　章　今後の課題と展望

は，実験心理学では高度に統制された精緻な実験を重んじるので，語られた言葉を対象にするのは得意でなかったためである。今後は，たとえば言語哲学（分析哲学），認知言語学，文学などの研究者と協働することによって，そうした研究を発展させることが期待される。2020年以降急速に発展した統計学的なテキスト解析や，人工知能の大規模自然言語モデルも心理学における強力なツールになるであろう。また，感情を言葉にすることが健康増進や認知機能の改善などの有益な効果をもつことが，欧米諸国でもわが国でも示されてきた。今後，こうした効果の心理学的なメカニズムや，神経科学的な背景，さらには感情体験を構成する言語的世界と内受容感覚などの身体的世界との関わり，などの問題について，さらに検討を進める必要があるだろう。

第8章では，抑うつ，不安症群，心的外傷後ストレス症（PTSD）などの，感情のはたらきが障害されることにより生じる心理的な問題について取り上げた。さらにそうした病態に対する心理学的治療として，行動療法，認知療法，認知行動療法を中心に解説した。ここで特筆すべきは，2000年代以降，マインドフルネス認知療法が急速に発達してきたことである。本書にも述べられているように，マインドフルネス認知療法では，感情の病態をもたらす悲観的で歪んだ思考を客観視すること，自己がすべての問題の中心であると考えるパターンから離れることに力点がおかれている。この治療方法は，すでにさまざまな感情障害の治療に大きな効果を挙げている。今後，この治療方法のメカニズムを検討することにより，従来からあるさまざまな心理学的治療の効果を統合的に再検討することが可能かもしれないと期待されている。

第9章では，感情の健康に対する効果について取り上げ，特

239

に，ポジティブな感情のはたらきに焦点を当てた。人間のポジティブな感情や特性について研究する，いわゆる「ポジティブ心理学」は，近年急速に発展し，すでに心理学の一領域としての地位を確立したと考えられる。ポジティブ感情に伴う生理的反応や，その神経基盤なども盛んに研究され，実証的知見が蓄積されている。しかし，第4章でみたように，すべての感情は進化の過程で形成されてきたことを考えれば，ネガティブな感情を避け，ポジティブな感情を促進するだけが健康にとって有益だとはいえないだろう。ポジティブな感情にもネガティブな感情にも固有の機能があり，それぞれがバランスをとって，健康の維持・増進に寄与していると思われる。今後は，そうした個々の感情がどのように心身の健康に関連しているのかを体系的・実証的に明らかにしていくことが必要であろう。

このように，感情についての心理学研究は膨大な知見を蓄積してきたが，いまだなお検討すべき課題を多く残しており，さらなる発展が期待されている。

初版あとがき

　編者として，本書には3つの意義があると考えている。

　本書はまず，心理学を学ぶ学生や大学院生，あるいは感情を専門としない研究者が，感情心理学の概要を理解するためのコンパクトなテキストとして書かれている。本書は感情心理学のすべての領域を体系的に網羅しているわけではないが，初学者にとって，感情心理学について必要にして十分な知識を得るために有益であろうと自負している。ただ，本書は9つの章から構成され，各々の章はテキストとしては比較的長い。このため本書を大学などの授業において使用する場合，授業の目的や受講者の関心に従って，重要度の高い章には2回の授業を割り当てるなどの配慮が望ましい。巻末にはできる限りの引用・参照文献リストを付けたので，本書をもとに，さらに学習内容を発展させることも容易だろう。

　第2に，専門の研究者にとっても，本書が感情心理学の現況を伝え，新たな研究へのインスピレーションを与えるものであってほしいと考えている。感情心理学に限らず，現代における心理学研究は非常に高度化・複雑化・細分化し，個々の研究者にとって，自分が取り組んでいる研究テーマを超えたメタな視点で研究領域の鳥瞰的眺望を得ることが難しくなってきている。本書がそのための一助となれば望外の喜びである。この目的のために，各章の執筆者は自身の研究を含めて，最新の研究知見を盛り込むように努めている。また，第1章と第3章における感情心理学の理論についての考察，第4章における進化心理学的な視点，第7章の言語的活動と感情の関連など，従来の感情心理学に関する書籍

241

であまり取り上げられていないテーマにも重点をおいているのも，
そのためである。

　第3には，おおげさな言い方をすれば，本書が感情心理学の
「タイム・カプセル」となることを願っている。感情は，心理学
において古くて新しいテーマである。現在も，絶え間なく研究が
継続され，新しい知見が蓄積されつつある。本書は，2010年と
いう時点での，そうした研究の営みの到達点を示している。10
年，20年の後，感情心理学はどのような様相をみせているので
あろうか。そうした長い時間が経過した後，本書が，その時点に
おける感情心理学の発展の礎が現在のこの時にあったことを示す，
道標として存在していることを願ってやまない。

　最後に，本書の企画を編者に示唆し，遅々として進まない執
筆・編集の作業に忍耐強くつきあい，温かい励ましを与え続けて
くれた有斐閣書籍編集第2部の中村さやか氏に深く感謝する。中
村氏がいなければ，本書が完成することは決してなかったであろ
う。

　2010年9月

大平　英樹

引用・参照文献

序 章　感情心理学事始め

Damasio, A. R.（1994）*Descartes' Error*. Grosset/Putnam.（田中三彦訳〔2000〕『生存する脳』講談社）

Descartes, R.（1649）*Les Passions de L'ame*.（野田又夫訳〔1974〕『方法序説・情念論』中央公論社）

Hobbes, T.（1651）*Leviathan*.（水田洋訳〔1954-1985〕『リヴァイアサン』1〜4，岩波書店）

Ortony, A., Clore, G. L., & Collins, A.（1988）*The Cognitive Structure of Emotions*. Cambridge University Press.

Pascal, B.（1670）*Pensées*.（津田穣訳〔1950〕『パンセ』〔上・下〕新潮社）

Spinoza, B. de（1677）*Ethica*.（畠中尚志訳〔1951〕『エチカ』岩波書店）

鈴木直人（2007）「現代感情研究の潮流」鈴木直人編『感情心理学』朝倉書店

第1章　感情の理論

Arnold, M. B.（1960）*Emotions and Personality*. Vol. 1・2. Columbia University Press.

Barrett, L. F.（2017）*How Eemotions are Mmade: The secret life of the brain*. Houghton Mifflin Harcourt.（高橋洋訳〔2019〕『情動はこうしてつくられる——脳の隠れた働きと構成主義的情動理論』紀伊國屋書店）

Barrett, L. F.（2020）*Seven and a Half Lessons about the Brain*. Mariner Books.（高橋洋訳〔2021〕『バレット博士の脳科学教室 7½ 章』紀伊國屋書店

Barrett, L. F., & Lida, T.（2024）Constructionist theories of emotions in psychology and neuroscience. In A. Scarantino（Ed.）. *Emotion Theory: The Routledge comprehensive guide*: Vol. I: *History, Contemporary Theories, and Key Elements*. Routledge.

Barrett, L., F., & Simmons, W. K.（2015）Interoceptive predictions in the brain. *Nature Review Neuroscience*, 16, 419-429.

Bechara, A. et al.（1999）Different contributions of the human amygdala and ventromedial prefrontal cortex to decision-making. *Journal of Neuroscience*, 19, 5473-5481.

Cannon, W.（1927）The James-Lange theory of emotion: A critical examination and an alternative theory. *American Journal of Psychology*, 39, 106-124.（Reprinted in M. B. Arnold（Ed.）〔1968〕*The Nature of Emotion*. Penguin.）

Craig, A. D.（2002）How do you feel? Interoception: The sense of the

243

physiological condition of the body. *Nature Reviews Neuroscience*, 3, 655-666.

Damasio, A. R. (1994) *Descartes' Error*. Grosset/Putnam. (田中三彦訳〔2000〕『生存する脳』講談社)

Ekman, P., & Friesen, W. V. (1971) Constants across cultures in the face and emotion. *Journal of Personality and Social Psychology*, 17, 124-129.

Ekman, P., Friesen, W. V., & Ellsworth, P. (1972) *Emotion in the Human Face*. Elmsford. Pergamon Press.

Friston, K. (2010) The free-energy principle: A unified brain theory? *Nature Reviews Neuroscience*, 11, 127-138.

Gendron, M., Crivelli, C., & Barrett, L. F. (2018) Universality reconsidered: Diversity in making meaning of facial expressions. *Current Direction of Psychological Science*, 27, 211-219.

James, W. (1884) What is an emotion? *Mind*, 9, 188-205.

Lange, C. G. (1885) *The Emotions*. (Reprinted in C. G. Lange, & W. James〔Eds.〕〔1967〕*The Emotions*. Hafner Publishing Company.)

Lazarus, R. (1966) *Psychological Stress and the Coping Process*. McGraw-Hill.

Lazarus, R., & McCleary, R. A. (1951) Autonomic discrimination without awareness: A study of subception. *Psychological Review*, 58, 113-122.

LeDoux, J. (1996) *The Emotional Brain*. Simon & Schuster.

Lindquist, K. A. et al. (2012) The brain basis of emotion: A meta-analytic review. *Behavioral and Brain Sciences*, 35, 121-143.

MacLean, P. D. (1954) Studies on limbic system ("visceral brain") and their bearing on psychosomatic problems. In R. Cleghorn, & E. Wittkower (Eds.) *Recent Development in Psychosomatic Medicine*. Pitman.

Manstead, A. S. R., & Wagner, H. L. (1981) Arousal, cognition, and emotion: An appraisal of two-factor theory. *Current Psychological Review*, 1, 35-54.

Papez, J. W. (1937) A proposed mechanism of emotion. *Archives of Neurology and Psychiatry*, 38, 725-743.

Paulus, M. P., Feinstein, J. S., & Khalsa, S. S. (2019) An active inference approach to interoceptive psychopathology. *Annual Review of Clinical Psychology*, 15, 97-122.

Quigley, K. S., Kanoski, S., Grill, W. M., Barrett, L. F., & Tsakiris, M. (2021) Functions of interoception: From energy regulation to experience of the self. *Trends in Neurosciences*, 44, 29-38.

Russell, B. (1927) *An Outline of Philosophy*. Allen & Unwin.

Scarantino, A. (2016) The philosophy of emotions and its impact on affective science. In L. F. Barrett, M. Lewis, & J. M. Haviland-Jones (Eds.) *Handbook of Emotions* (4th ed.). Guilford Press.

Scarantino, A. (Ed.) (2024) *Emotion Theory: The Routledge comprehensive guide*: Vol. I: *History, Contemporary Theories, and Key Elements*. Routledge.

Schachter, S., & Singer, J. (1962) Cognitive, social, and physiological determinants of emotional state. *Psychological Review*, 69, 379-399.

Wise, R. A. (1980) The dopamine synapse and the notion of 'pleasure centers' in the brain. *Trends in Neurosciences*, 3, 91-95.

Zajonc, R. B. (1980) Feeling and thinking: Preferences need no inferences. *American Psychologist*, 35, 151-175.

第2章 感情の生物学的基盤

Adolphs, R. (2001) The neurobiology of social cognition. *Current Opinion in Neurobiology*, 11, 231-239.

Adolphs, R., Tranel, D., & Damasio, A. R. (1998) The human amygdala in social judgment. *Nature*, 393, 470-474.

Barrett, L., F., & Simmons, W. K. (2015) Interoceptive predictions in the brain. *Nature Review Neuroscience*, 16, 419-429.

Blair, R. J. R. et al. (1999) Dissociable neural responses to facial expressions of sadness and anger. *Brain*, 122, 883-893.

Breiter, H. C. et al. (1996) Response and habituation of the human amygdala during visual processing of facial expression. *Neuron*, 17, 875-887.

Cavada, C., & Schultz, W. (Eds.) (2000) The mysterious orbitofrontal cortex. *Cerebral Cortex*, 10: issue 3.

Craig, A. D. (2003) Interoception: The sense of the physiological condition of the body. *Current Opinion in Neurobiology*, 13, 500-505.

Critchley, H. D. (2005) Neural mechanisms of autonomic, affective, and cognitive integration. *The Journal of Comparative Neurology*, 493, 154-166.

Friston, K. (2010) The free-energy principle: A unified brain theory? *Nature Reviews Neuroscience*, 11, 127-138.

Hariri, A. R., Bookheimer, S. Y., & Mazziotta, J. C. (2000) Modulating emotional responses: Effects of a neocortical network on the limbic system. *Neuroreport*, 11, 43-48.

日永田智絵 (2021)「Deep Emotion——感情理解へ向けた深層感情モデルの開発」『人工知能』36, 43-50.

Hieida, C., Horii, T., & Nagai, T. (2018) Deep emotion: A computational model of emotion using deep neural networks. arXiv: 1808. 08447

Hieida, C., & Nagai, T. (2022) Survey and perspective on social emotions in robotics. *Advanced Robotics,* 36, 17-32.

Keramati, M., & Gutkin, B. (2014) Homeostatic reinforcement learning for integrating reward collection and physiological stability. eLife, 3, e04811.

Kinoshita, K., Kuga, N., & Sasaki, T. (2022) Correlational changes in insular cortical neuronal activity and cardiac signals. Proceedings for the 96th Annual Meeting of the Japanese Pharmacological Society.

Livneh, Y. et al. (2020) Estimation of current and future physiological states in insular cortex. *Neuron,* 105, 1094-1111.

長井隆行 (2022)「知能・身体・関係性」嶋田総太郎編『心と身体』認知科学講座 1, 東京大学出版会

Nomura, M. et al. (2004) Functional association of the amygdala and ventral prefrontal cortex during cognitive evaluation of facial expressions primed by masked angry faces: An event related fMRI study. *NeuroImage,* 21, 352-363.

Ogata, T., & Sugano, S. (2000) Emotional communication between humans and the autonomous robot wamoeba-2 (waseda amoeba) which has the emotion model. *JSME International Journal Series C Mechanical Systems, Machine Elements and Manufacturing,* 43, 568-574.

Ohira, H. et al. (2006) Association of neural and physiological responses during voluntary emotion suppression. *NeuroImage,* 29, 721-733.

Ohira, H. (2023) Predictive processing and emergence of the human mind. *Psychologia,* 65, 134-159.

Phelps, E. A. et al. (2000) Performance on indirect measures of race evaluation predicts amygdala activation. *Journal of Cognitive Neuroscience,* 12, 729-738.

Quigley, K. S. et al. (2021) Functions of interoception: From energy regulation to experience of the self. *Trends in Neurosciences,* 44, 29-38.

Rao, R. P. N., & Ballard, D. H. (1999) Predictive coding in the visual cortex: A functional interpretation of some extra-classical receptive-field effects. *Nature Neuroscience,* 2, 79-87.

Rilling, J. et al. (2002) A neural basis for social cooperation. *Neuron,* 35, 395-405.

Rolls, E. T. (2000) The orbitofrontal cortex and reward. *Cerebral Cortex,* 10, 284-294.

Sasaki, T. (2023) Physiological mechanisms to process interoceptive information from peripheral organs in rodents. The International Symposium on Predictive Brain and Cognitive Feelings, Tokyo.

Seth, A. (2021) Being You: A new science of consciousness. Penguin. (岸本寛史訳〔2022〕『なぜ私は私であるのか——神経科学が解き明かした意識の謎』青土社)

Seth, A., & Friston, K. (2016) Active interoceptive inference and the emotional brain. *Philosophical Transactions of the Royal Society of London. Series B, Biological Sciences*, 371, 20160007.

Siegle, G. J. et al. (2002) Can't shake that feeling: Event-related fMRI assessment of sustained amygdala activity in response to emotional information in depressed individuals. *Biological Psychiatry*, 51, 693-707.

Terasawa, Y., Fukushima, H., & Umeda, S. (2013) How does interoceptive awareness interact with the subjective experience of emotion? An fMRI study. *Human Brain Mapping*, 34, 598-612.

Terasawa, Y., Kurosaki, Y., Ibata, Y., Moriguchi, Y., & Umeda, S. (2015) Attenuated sensitivity to the emotions of others by insular lesion. *Frontiers in Psychology*, 6, 1314.

Thayer, J. F., & Brosschot, J. F. (2005) Psychosomatics and psychopathology: Looking up and down from the brain. *Psychoneuroendocrinology*, 30, 1050-1058.

Tsurumaki, K., Hieida, C., & Miyazawa, K. (2024) Study of emotion concept formation by integrating vision, physiology, and word information using multilayered multimodal latent dirichlet allocation. arXiv: 2404. 08295

Zola-Morgan, S. et al. (1991) Independence of memory functions and emotional behaviors: Separate contributions of the hippocampal formation and the amygdala. *Hippocampus*, 1, 207-220.

第3章 感情の機能

Arnold, M. B., & Gasson, J. A. (1954) Feelings and emotions as dynamic factors in personality integration. In M. B. Arnold & S. J. Gasson (Eds.) *The Human Person*. Ronald.

Averill, J. R. (1980) A constructivist view of emotion. In R. Plutchik, & H. Kellerman (Eds.) *Emotion*. Academic Press.

Barlow, D. H. (2002) *Anxiety and Its Disorders*. Guilford Press.

Barrett, L. F. et al. (2007) The experience of emotion. *Annual Review of Psychology*, 58, 373-403.

Baumeister, R. F., & Bushman, B. J. (2008) *Social Psychology and Human Nature*. Thomson.

Baumgartner, H., Pieters, R., & Bagozzi, R. P. (2008) Future-oriented emotions: Conceptualization and behavioral effects. *European Journal of Social Psychology*, 38, 685-696.

Bless, H. et al. (1996) Mood and the use of scripts: Does happy mood really lead to mindlessness? *Journal of Personality and Social Psychology*, 71, 665-679.

Bradley, M. M., & Lang, P. J. (2000) Affective reactions to acoustic stimuli. *Psychophysiology*, 37, 204-215.

Clore, G. L., Gasper, K., & Garvin, E. (2001) Affect as information. In J. P. Forgas (Ed.) *Handbook of Affect and Social Cognition*. Lawrence Erlbaum Associates.

Cosmides, L., & Tooby, J. (2000) Evolutionary psychology and the emotions. In M. Lewis, & J. M. Haviland-Jones (Eds.) *Handbook of Emotions* (2nd ed.). Guilford Press.

Damasio, A. R. (1994) *Descartes' Error*. Grosset/Putnam. (田中三彦訳〔2000〕『生存する脳』講談社)

Darwin, C. (1872) *The Expression of the Emotions in Man and Animals*. University of Chicago Press.

Ekman, P. (1972) Universals and cultural differences in facial expression of emotion. In J. Cole (Ed.) *Nebraska Symposium on Motivation, 1971*. University of Nebraska Press.

Ekman, P. (1992) An argument for basic emotions. *Cognition and Emotion*, 6, 169-200.

Fredrickson, B. L., & Branigan, C. (2005) Positive emotions broaden the scope of attention and thought-action repertoires. *Cognition and Emotion*, 19, 313-332.

Freud, S. (1930/1961) *Civilization and Its Discontents*. (Trans. by J. Strachey) Norton. (Original work published 1930)

Frijda, N. H. (1986) *The Emotions*. Cambridge University Press.

Frijda, N. H. (2005) Emotion experience. *Cognition and Emotion*, 19, 473-497.

Gergen, K. J. (1985) The social constructionist movement in modern psychology. *American Psychologist*, 40, 266-275.

Gilbert, D. T. et al. (1998) Immune neglect: A source of durability bias in affective forecasting. *Journal of Personality and Social Psychology*, 75, 617-638.

Hariri, A. R., & Holmes, A. (2006) Genetics of emotional regulation: The role of the serotonin transporter in neural function. *Trends in Cognitive Sciences*, 10, 182-191.

Harvey, A. G. et al. (2004) *Cognitive Behavioral Processes across Psychological Disorders*. Oxford University Press.

Hebb, D. O. (1949) *The Organization of Behavior*. Wiley.

Izard, C. (1971) *The Face of Emotion*. Appleton-Century Crofts.

Izard, C. (1991) *The Psychology of Emotions*. Plenum.

Keltner, D., & Gross, J. J. (1999) Functional accounts of emotion. *Cognition and Emotion*, 13, 467-480.

Keltner, D., & Haidt, J. (1999) Social function of emotions at four levels of analysis. *Cognition and Emotion*, 13, 505-521.

Kemper, T. (1978) *A social Interactional Theory of Emotion*. Wiley.

Lazarus, R. S. (1991) *Emotion and Adaptation*. Oxford University Press.

LeDoux, J. E. (2000) Emotion circuits in the brain. *Annual Review of NeuroScience*, 23, 155-184.

Lerner, J. S., & Keltner, D. (2001) Fear, anger, and risk. *Journal of Personality and Social Psychology*, 81, 146-159.

Loewenstein, G. F. et al. (2001) Risk as feelings. *Psychological Bulletin*, 127, 267-286.

Loewenstein, G. F., & Lerner, J. S. (2003) The role of affect in decision making. In R. J. Davidson, K. R. Scherer, & H. H. Goldsmith (Eds.) *Handbook of Affective Sciences*. Oxford University Press.

Lutz, C. (1988) *Unnatural Emotions*. University of Chicago Press.

Mackie, D. M., Devos, T., & Smith, E. R. (2000) Intergroup emotions: Explaining offensive action tendencies in an intergroup context. *Journal of Personality and Social Psychology*, 79, 602-616.

Markus, H. R., & Kitayama, S. (1991) Culture and the self: Implication for cognition, emotion, and motivation. *Psychological Review*, 98, 224-253.

Mathews, A., & MacLeod, C. (1994) Cognitive approaches to emotion and emotional disorders. *Annual Review of Psychology*, 45, 25-50.

Panksepp, J. (1998) *Affective Neuroscience*. Oxford University Press.

Plutchik, R. (1980) *Emotion*. Harper & Row.

Roseman, I. J. (1984) Cognitive determinants of emotion: A structural theory. In P. Shaver (Ed.) *Review of Personality and Social Psychology*. Vol. 5: *Emotions, Relationships and Health*. Sage.

Russell, J. A. (1980) A circumplex model of affect. *Journal of Personality and Social Psychology*, 39, 1161-1178.

Russell, J. A., & Barrett, L. F. (1999) Core affect, prototypical emotional episodes, and other things called emotion: Dissecting the elephant. *Journal of Personality and Social Psychology*, 76, 805-819.

Scherer, K. R. (1984) Emotion as a multicomponent process: A model and some cross-cultural data. In P. Shaver (Ed.) *Review of Personality and Social Psychology*. Vol. 5: *Emotions, Relationships, and Health*. Sage.

Scherer, K. R. (1997) The role of culture in emotion antecedent appraisal. *Journal of Personality and Social Psychology*, 73, 902-922.

Scherer, K. R. (2000) Feelings integrate the central representation of appraisal-driven response organization in emotion. In A. S. R. Manstead, N. Frijda, & A. Fischer (Eds.) *Feelings and Emotions*.

Cambridge University Press.

Schupp, H. T. et al. (2004) Brain processes in emotional perception: Motivated attention. *Cognition and Emotion*, 18, 593-611.

Searle, J. R. (2004) *Mind*. Oxford University Press.

Skinner, B. F. (1948) *Walden Two*. Macmillan.

Smith, C. A., & Ellsworth, P. C. (1985) Patterns of cognitive appraisal in emotion. *Journal of Personality and Social Psychology*, 48, 813-838.

戸田正直（1992）『感情——人を動かしている適応プログラム』東京大学出版会

Tomkins, S. S. (1962) *Affect, Imagery, Consciousness*. Vol. 1: *The Positive Affects*. Springer.

Watson, D., & Tellegen, A. (1985) Toward a consensual structure of mood. *Psychological Bulletin*, 98, 219-235.

第4章　感情と進化

Alexander, R. D. (1987) *The Biology of Moral Systems*. Aldine de Gruyter.

Allen, N. B., & Badcock, P. B. T. (2003) The social risk hypothesis of depressed mood: Evolutionary, psychosocial, and neurobiological perspectives. *Psychological Bulletin*, 129, 887-913.

安藤寿康（2011）『遺伝マインド——遺伝子が織り成す行動と文化』有斐閣

アクセルロッド，R.／松田裕之訳（1998）『つきあい方の科学』ミネルヴァ書房

Badcock, C. (2000) *Evolutionary Psychology*. Polity Press.

Barclay, P. (2006) Reputational benefits for altruistic punishment. *Evolution and Human Behavior*, 27, 325-344.

Belsky, J., Steinberg, L., & Draper, P. (1991) Childhood experience, interpersonal development, and reproductive strategy: An evolutionary theory of socialization. *Child Development*, 62, 647-670.

Buss, D. M. (1989) Sex differences in human mate preferences: Evolutionary hypotheses tested in 37 cultures. *Behavioral and Brain Sciences*, 12, 1-49.

Buss, D. M. (1996) The evolutionary psychology of human social strategies. In E. T. Higgins, & A. W. Kruglanski (Eds.) *Social Psychology*. Guilford Press.

Buss, D. M. (2000) The evolution of happiness. *American Psychologist*, 55, 15-23.

Buss, D. M. (2019) *Evolutionary Psychology: The new science of the mind*. (6th ed.). Routledge.

Buunk, B. P. et al. (1996) Sex differences in jealousy in evolutionary and cultural perspective: Tests from the Netherlands, Germany, and the United States. *Psychological Science*, 7, 359-363.

Cartwright, J. (2000) *Evolution and Human Behaviour*. Palgrave.

カートライト, J. H.／鈴木光太郎・河野和明訳 (2005)『進化心理学入門』新曜社 (Cartwright, J. H. [2001] *Evolutionary Explanations of Human Behaviour*. Psychology Press)

Cosmides, L., & Tooby, J. (1989) Evolutionary psychology and the generation of culture. Part II: Case study: A computational theory of social exchange. *Ethology and Sociobiology,* 10, 51-98.

Cosmides, L., & Tooby, J. (2000) Evolutionary psychology and emotions. In M. Lewis, & J. M. Haviland-Jones (Eds.) *Handbook of Emotions* (2nd ed.). Guilford Press.

ダーウィン, C.／八杉龍一訳 (1990)『種の起原』(上・下) 岩波書店 (Darwin, C. [1859] *On the origin of species by means of natural selection or the preservation of favoured races in the struggle for life*. John Murray)

Darwin, C. (2005) *The Expression of the Emotions in Man and Animals*. Digireads. com Publishing. (Original work published 1872)

Dickemann, M. (1981) Paternal confidence and dowry competition: A biocultural analysis of purdha. In R. D. Alexander, & D. W. Tinkle (Eds.) *Natural Selection and Social Behavior*. Chiron Press.

Draper, P., & Harpending, H. (1982) Father Absence and Reproductive Strategy: An evolutionary perspective. *Journal of Anthropological Research*, 38, 255-273.

アイブル-アイベスフェルト, I.／日高敏隆監修／桃木暁子ほか訳 (2001)『ヒューマン・エソロジー——人間行動の生物学』ミネルヴァ書房 (Eibl-Eibesfeldt, I. [1989] *Human Ethology*. Aldine de Gruyter)

Fisher, H. (2000) Lust, attraction, attachment: Biology and evolution of the three primary emotion systems for mating, reproduction, and parenting. *Journal of Sex Education & Therapy*, 25, 96-104.

Garcia, J., & Koelling, R. A. (1966) Relation of cue to consequence in avoidance learing. *Psychonomic Science*, 4. 123-124.

Gilbert, P. (1990) Changes: Rank, status and mood. In S. Fischer, & C. L. Cooper (Eds.) *On the Move*. Wiley.

Gilbert, P. (2000) The relationship of shame, social anxiety and depression: The role of the evaluation of social rank. *Clinical Psychology and Psychotherapy*, 7, 174-189.

Gould, S. J. (1978) Sociobiology: The art of storytelling. *New Scientist*, 80, 530-533.

Gould, S. J., & Lewontin, R. C. (1979) The spandrels of San Marco and the Panglossian paradigm: A critique of the adaptationist programme. *Proceedings of the Royal Society of London, Series B. Biological Sciences*, 205, 581-598.

Greenlees, I. A., & McGrew, W. C. (1994) Sex and age differences in preferences and tactics of mate attraction: Analysis of published advertisements. *Ethology and Sociobiology*, 15, 59-72.

Hagen, E. H. (1999) The function of postpartum depression. *Evolution and Human Behavior*, 20, 325-359.

Hagen, E. H. (2002) Depression as bargaining: The case postpartum. *Evolution and Human Behavior*, 23, 323-336.

Hamilton, W. D. (1964) The genetical evolution of social behaviour, I and II. *Journal of Theoretical Biology*, 7, 1-51.

長谷川寿一（1996）「進化心理学の夜明け」『基礎心理学研究』15, 46-48.

平石界（2013）「人はなぜ違うのか」五百部裕・小田亮編『心と行動の進化を探る――人間行動進化学入門』朝倉書店

岩佐和典（2019）「行動免疫からみた特定集団への否定的態度」『エモーション・スタディーズ』4(Si), 47-53.

巌佐庸（2002）「生態系の見方とシミュレーション」楠田哲也・巌佐庸編『生態系とシミュレーション』朝倉書店

イザード, C. E.／荘厳舜哉監訳（1996）『感情心理学』ナカニシヤ出版（Izard, C. E.〔1991〕*The Psychology of Emotions*. Plenum Press）

ジョンストン, V. S.／長谷川眞理子訳（2001）『人はなぜ感じるのか？』日経 BP 社（Johnston, V. S.〔1999〕*Why We Feel?: The science of human emotions*. Perseus Books）

粕谷英一（1990）『行動生態学入門』東海大学出版会

Keller, M. C., & Nesse, R. M. (2006) The evolutionary significance of depressive symptoms: Different adverse situations lead to different depressive symptoms patterns. *Journal of Personality and Social Psychology*, 91, 316-30.

クレブス, J. R.・デイビス, N. B.／城田安幸・上田恵介・山岸哲訳（1984）『行動生態学を学ぶ人に』蒼樹書房

Lesch, K. P. et al. (1996) Association of anxiety-related traits with a polymorphism in the serotonin transporter gene regulatory region. *Science*, 274, 1527-1531.

ローレンツ, K.／日高敏隆・久保和彦訳（1985）『攻撃』（新装版）みすず書房

Marks, I. M. (1987) *Fears, Phobias, and Rituals*. Oxford University Press.

Merckelbach, H., & Jong, P. J. (1997) Evolutionary models of phobias. In G. L. Davey (Ed.) *Phobias*. Wiley.

メイナード=スミス, J.／寺本英・梯正之訳（1985）『進化とゲーム理論』産業図書

Nesse, R. M. (1990) Evolutionary explanations of emotions. *Human Nature*, 1, 261-289.

Nesse, R. M. (2007) Runaway social selection for displays of partner value and altruism. *Biological Theory*, 2, 143-155.

ネシー, R. M.・ウィリアムズ, J. C.／長谷川眞理子・長谷川寿一・青木千里訳（2001）『病気はなぜ, あるのか——進化医学による新しい理解』新曜社（Nesse, M., & Williams, C.〔1995〕*Evolution and Healing: The new science of Darwinian medicine.* Weidenfeld & Nicolson）

Nowak, M. A., & May, R. M.（1992）Evolutionary games and spatial chaos. *Nature*, 359, 826-829.

Nowak, M. A., & Sigmund, K.（1998）Evolution of indirect reciprocity by image scoring. *Nature*, 393, 573-577.

小田亮（2000）「日本人における配偶相手の好みにみられる性差——結婚相手募集広告の分析から」『日本研究』22, 131-140.

小田亮（2013）「進化と人間行動」五百部裕・小田亮編『心と行動の進化を探る——人間行動進化学入門』朝倉書店

オルコック, J.／長谷川眞理子訳（2004）『社会生物学の勝利——批判者たちはどこで誤ったか』新曜社

Parker, G. A.（1974）Assessment strategy and the evolution of fighting behaviour. *Journal of Theoretical Biology*, 47, 223-243.

Pietraszewski, D., & Wertz, A. E.（2022）Why Evolutionary Psychology Should Abandon Modularity. *Perspectives on Psychological Science*, 17, 465-490.

Price, G. R.（1970）Selection and covariance. *Nature*, 227, 520-521.

Price, J. et al.（1994）The social competition hypothesis of depression. *British Journal of Psychiatry*, 164, 309-315.

Rozin, P., Haidt, J., & McCauley, C. R.（2000）Disgust. In M. Lewis, & J. M. Haviland-Jones（Eds.）*Handbook of Emotions*（2nd ed.）. Guilford Press.

Schaller, M.（2011）The behavioural immune system and the psychology of human sociality. *Philosophical Transactions of the Royal Society of London B. Biological Sciences*, 366, 3418-3426.

Seligman, M. E. P.（1970）On the generality of the laws of learning. *Psychological Review*, 77, 406-418.

嶋田正和・山村則男・粕谷英一・伊藤嘉昭（2005）『動物生態学』（新版）海游舍

Smith, E. A.（2010）Communication and collective action: Language and the evolution of human cooperation. *Evolution and Human Behavior*, 31, 231-245.

Stevens, A., & Price, J.（1996）*Evolutionary Psychiatry*. Routledge.

竹澤正哲（2023）「進化心理学と認知」小田亮・大坪庸介編『広がる！進化心理学』朝倉書店

Tinbergen, N.（1963）On aims and methods of ethology. *Zeitschrift für Tierpsychologie*, 20, 410-433.

Tooby, J., & Cosmides, L.（1988）*The evolution of war and its cogni-*

tive foundations. Institute for Evolutionary Studies Technical Report, #88-1.

Tooby, J., & Cosmides, L. (1989) Evolutionary psychology and the generation of culture. Part I: Theoretical consideration. *Ethology and Sociobiology*, 10, 29-49.

Tooby, J., & Cosmides, L. (1992) The psychological foundations of culture. In J. H. Barcow, L. Cosmides, & J. Tooby (Eds.) *The Adapted Mind*. Oxford University Press.

Tooby, J., & Cosmides, L. (2016) The theoretical foundations of evolutionary psychology. In D. M. Buss (Ed.) *The Handbook of Evolutionary Psychology: Foundations* (2nd ed.). John Wiley & Sons.

Tooby, J., & DeVore, I. (1987) The reconstruction of hominid behavioral evolution through strategic modeling. In W. G. Kinzey (Ed.) *The Evolution of Human Behavior*. SUNY Press.

Trivers, R. (1971) The evolution of reciprocal altruism. *Quarterly Review of Biology*, 46, 35-57.

トリヴァース, R. ／中嶋康裕・福井康雄・原田泰志訳 (1991)『生物の社会進化』産業図書 (Trivers, R.〔1985〕*Social Evolution*. Benjamin/Cummings.)

Tybur, J. M. et al. (2013) Disgust: Evolved function and structure. *Psychological Review*, 120, 65-84.

Watson, P., & Andrews, P. (2002) Toward a revised evolutionary adaptationist analysis of depression: The social navigation hypothesis. *Journal of Affective Disorders*, 72, 1-14.

ウィルソン, E. O. ／伊藤嘉昭監修／呉瀧盡ほか訳 (1984)『社会生物学』2, 思索社 (Wilson, E. O.〔1975〕*Sociobiology: The new synthesis*. Harvard University Press.)

Wilson, D. S. (2019) *This View of Life: Completing the Darwinian revolution*. Pantheon Books. (高橋洋訳〔2020〕『社会はどう進化するのか——進化生物学が拓く新しい世界観』亜紀書房)

Worthman, C. M., & Brown, R. A. (2005) A Biocultural life history approach to the developmental psychobiology of male aggression. In D. M. Stoff, & Susman, E. J. (Eds.) (2005) *Developmental Psychobiology of Aggression*. Cambridge University Press.

Wrangham, R., & Peterson, D. (1996) *Demonic Males*. Houghton Mifflin.

四方哲也 (2005)「実験で進化を創る」長谷川眞理子ほか『進化学の方法と歴史』岩波書店

第5章　感情と認知

Anderson, J. R., & Bower, G. H. (1973) *Human Associative Memory*. Winston & Sons.

Bargh, J. A., & Gollwitzer, P. M. (1994) Environmental control of goal-directed action: Automatic and strategic contingencies between situations and behavior. *Nebraska Symposium on Motivation*, 41, 71-124.

Bargh, J. A., & Tota, M. E. (1988) Context-dependent automatic processing in depression: Accessibility of negative constructs with regard to self but not others. *Journal of Personality and Social Psychology*, 54, 925-939.

Blaney, P. H. (1986) Affect and memory: A review. *Psychological Bulletin*, 99, 229-246.

Bower, G. H. (1981) Mood and memory. *American Psychologist*, 36, 129-148.

Brown, R., & Kulik, J. (1977) Flashbulb memories. *Cognition*, 5, 73-99.

Cahill, L. et al. (1996) Amygdala activity at encoding correlated with long-term, free-recall of emotional information. *Proceedings of the National Academy of Sciences of the United States of America*. 93, 8016-8021.

Clark, D. M., & Teasdale, J. D. (1982) Diurnal variation in clinical depression and accessibility of memories of positive and negative experiences. *Journal of Abnormal Psychology*, 91, 87-95.

Davis, C. G., Nolen-Hoeksema, S., & Larson, J. (1998) Making sense of loss and benefiting from the experience: Two construals of meaning. *Journal of Personality and Social Psychology*, 75, 561-574.

Derry, P. A., & Kuiper, N. A. (1981) Schematic processing and self-reference in clinical depression. *Journal of Abnormal Psychology*, 90, 286-297.

Eich, E., Macaulay, D., & Ryan, L. (1994) Mood dependent memory for events of the personal past. *Journal of Experimental Psychology: General*, 123, 201-215.

Forgas, J. P. (1995) Mood and judgment: The affect infusion model (AIM). *Psychological Bulletin*, 117, 39-66.

Forgas, J. P. (2001) The affect infusion model (AIM): An integrative theory of mood effects on cognition and judgments. In L. L. Martin, & G. L. Clore (Eds.) *Theories of Mood and Cognition*. Lawrence Erlbaum Associates.

Forgas, J. P., & Bower, G. H. (1987) Mood effects on person-perception judgments. *Journal of Personality and Social Psychology*, 53, 53-60.

Gailliot, M. T., & Baumeister, R. F. (2007) The physiology of willpower: Linking blood glucose to self-control. *Personality and Social Psychology Review*, 11, 303-327.

引用・参照文献　　255

Gross, J. J. (1998) Antecedent-and response-focused emotion regulation: Divergent consequences for experience, expression, and physiology. *Journal of Personality and Social Psychology*, 74, 224-237.

Higgins, E. T. (1987) Self-discrepancy: A theory relating self and affect. *Psychological Review*, 94, 319-340.

Higgins, E. T. (1998) Promotion and prevention: Regulatory focus as a motivational principle. In M. P. Zanna (Ed.) *Advances in Experimental Social Psychology*. Vol. 30. Academic Press.

Higgins, E. T., Klein, R., & Strauman, T. (1985) Self-concept discrepancy theory: A psychological model for distinguishing among different aspects of depression and anxiety. *Social Cognition*, 3, 51-76.

Iida, S., Nakao, T., & Ohira, H. (2011) Implicit attenuation of subsequent emotion by cognitive activity. *Cognitive, Affective, & Behavioral Neuroscience*, 11, 476-484.

飯田沙依亜・市川奈緒・大平英樹 (2009)「認知課題による不快感情の制御──認知課題の特徴が制御効果に及ぼす影響」『感情心理学研究』17, 28-35.

伊藤美加 (2000)「気分一致効果を巡る諸問題──気分状態と感情特性」『心理学評論』43, 368-386.

Johnson, E. J., & Tversky, A. (1983) Affect, generalization, and the perception of risk. *Journal of Personality and Social Psychology*, 45, 20-31.

海保博之編 (1997)『「温かい認知」の心理学』金子書房

木村晴 (2004)「望まない思考の抑制と代替思考の効果」『教育心理学研究』52, 115-126.

Kuiper, N. A., & Derry, P. A. (1982) Depressed and nondepressed content self-reference in mild depression. *Journal of Personality*, 50, 67-79.

Lanaj, K., Chang, C. H. D., & Johnson, R. E. (2012) Regulatory focus and work-related outcomes: A review and meta-analysis. *Psychological Bulletin*, 138, 998-1034.

Llord, G. G., & Lishman, W. A. (1975) Effects of depression on the speed of recall of pleasant and unpleasant experiences. *Psychological Medicine*, 5, 173-180.

Markus, H., & Kitayama, S. (1991) Culture and the self: Implications for cognition, emotion, and motivation. *Psychological Review*, 98, 224-253.

Matsunaga, M. et al. (2008) Associations among central nervous, endocrine, and immune activities when positive emotions are elicited by looking at a favorite person. *Brain, Behavior, and Immunity*, 22, 408-417.

Matt, G. E., Vazquez, C., & Campbell, W. (1992) Mood congruent recall of affectively toned stimuli: A meta analytic review. *Clinical*

Psychology Review, 12, 227-255.

Mauss, I. B., Cook, C. L., & Gross, J. J. (2007) Automatic emotion regulation during anger provocation. *Journal of Experimental Social Psychology*, 43, 698-711.

Pennebaker, J. W. (1997) *Opening Up*. Guilford Press. (余語真夫監訳〔2000〕『オープニングアップ』北大路書房)

Pyszczynski, T. et al. (1989) Depression, self-focused attention, and the negative memory bias. *Journal of Personality and Social Psychology*, 57, 351-357.

Rinck, M., Glowalla, U., & Schneider, K. (1992) Mood-congruent and mood-incongruent learning. *Memory & Cognition*, 20, 29-39.

Saka, B., & Yildirim, E. (2024) The effect of mood on risk taking: A systematic review. *Current Psychology*, 1-13.

Schwarz, N. (1990) Feeling as information: Informational and motivational functions of affective states. In E. T. Higgins, & R. M. Sorrentino (Eds.) *Handbook of Motivation and Cognition*. Vol. 2. Guilford Press.

Schwarz, N., & Clore, G. L. (1983) Mood, misattribution, and judgments of well-being: Informative and directive functions of affective states. *Journal of Personality and Social Psychology*, 45, 513-523.

高橋雅延 (1997)「悲しみの認知心理学」松井豊編『悲嘆の心理』サイエンス社

Velten, E. (1968) A laboratory task for induction of mood states. *Behavioral Research and Therapy*, 6, 473-482.

Wilson, T. D., & Gilbert, D. T. (2003) Affective forecasting. In M. P. Zanna (Ed.) *Advances in Experimental Social Psychology*. Vol. 35. Academic Press.

第6章 感情と発達

Bandura, A. (1986) Social cognitive theory and social referencing. In S. Feinman (Ed.) *Social Referencing and the Social Construction of Reality in Infancy*. Plenum.

Banks, M. S., & Salapatek, P. (1978) Acuity and contrast sensitivity in 1-, 2-, and 3-month-old human infants. *Child Development*, 52, 203-206.

Barrett, L. F. (2020) Hypotheses about emotional development in the theory of constructed emotion: A response to developmental perspectives on how emotions are made. *Human Development*, 64, 52-54.

Barrett, L. F. (2022) Context reconsidered: Complex signal ensembles, relational meaning and population thinking in psychological science. *American Psychologist*, 77, 894-920.

Barrett, L. F., & Lida, T. (2024) Constructionist theories of emotions in psychology and neuroscience In A. Scarantino (Ed.) *Emotion Theory: The Routledge comprehensive guide*. Routledge.

Boccia, M. L., & Campos, J. J. (1989) Maternal emotional signals, social referencing, and infants' reactions to strangers. In N. Eisenberg (Ed.) *Empathy and Related Emotional Responses*. Jossey-Bass.

Bretherton, I. (1984) Social referencing and the interfacing of minds: A commentary on the views of Feinman and Campos. *Merrill-Palmer Quarterly*, 30, 419-427.

Bridges, K. M. B. (1932) Emotional development in early infancy, *Child Development*, 3, 324-341.

Buck, R. (1984) *The Communication of Emotion*. Guilford Press.

Buck, R. (1988) *Human Motivation and Emotion* (2nd ed.). John Wiley & Sons.

Buck, R. (1999) The biological affects: A typology. *Psychological Review*, 106, 301-336.

Buck, R. (2005) *An emergent dynamic systems view of higher-level primary social emotions: Evidence from America and Japan*. Presentation at the International Symposium New Perspectives in Affective Science, Kyoto University Japan, January, 2005.

Buck, R., & Powers, S. R. (2005) The expression, communication, and regulation of biological emotions: Sex and cultural differences and similarities. *Psychologia*, 48, 335-353.

Camras, L. A. et al. (2016) The development of facial expressions: Current perspectives on infant emotions. In Barrett, L. F., Lewis, M., & Haviland-Jones, J. M. (Eds.) *Handbook of Emotions* (4th ed.). Guilford Press.

Dimberg, U. (1982) Facial reaction to facial expressions. *Psychophysiology*, 19, 643-647.

Eibl-Eibesfeldt, I. (1984) *Die Biologie des Menschlichen Verhaltens*. Piper Verlag.

Ekman, P., & Friesen, W. V. (1969) The repertoire of nonverbal behavior: Categories, origins, usage, and coding. *Semiotica*, 1, 49-98.

Farroni, T. et al. (2005) Newborns' preference for face-relevant stimuli: Effects of contrast polarity. *Proceedings of the National Academy of Science of the United States of America*, 102, 17245-17250.

Fernald, A. (1989) Intonation and communicative intent in mothers' speech to infants: Is the melody the message? *Child Development*, 60, 1497-1510.

Fernald, A. (1993) Approval and disapproval: Infant responsiveness to vocal affect in familiar and unfamiliar languages. *Child Develop-*

ment, 64, 657-674.

池上貴美子（1998）『早期乳児の顔の模倣の発生的機序に関する研究』風間書房

磯村朋子（2021）「表情同調の現象，機序，発達過程」『エモーション・スタディーズ』6, 37-43.

Izard, C. E. (1991) *The Psychology of Emotions*. Plenum.

Izard, C. E., Hembree, E. A., & Huebner, R. R. (1987) Infants' emotion expressions to acute pain: Developmental change and stability of individual differences. *Developmental Psychology*, 23, 105-113.

Klaus, M. H., & Klaus, P. H. (1985) *The Amazing Newborn*. Addison-Wesley Publication Company.

Klinnert, M. D. (1984) The regulation of infant behavior by maternal facial expression. *Infant Behavior and Development*, 7, 447-465.

Lewis, M. (2000) Self-conscious emotions: Embarrassment, pride, shame, and guilt. In M. Lewis, & J. M. Haviland-Jones (Eds.) *Handbook of Emotions* (2nd ed.). Guilford Press.

Lewis, M. (2011) Inside and outside: The relation between emotional states and expressions. *Emotion Review*, 3, 189-196.

Lewis, M. (2014) *The Rise of Consciousness and the Development of Emotional Life*. Guilford Press.

Lewis, M. (2016) The emergence of human emotions. In Barrett, L. F. Lewis, M., & Haviland-Jones, J. (Eds.) *Handbook of Emotions* (4th ed.). Guilford Press.

Malatesta, C. Z. et al. (1987) Emotion communication skills in young, middle-aged, and older women. *Psychology and Aging*, 2, 193-203.

益谷真ほか（1990）「早期全盲者の表出行動（Ⅲ）表情教示と運動教示による顔面表出の外見的変化」『日本心理学会第54回大会発表論文集』710.

McHugo, G. J. et al. (1985) Emotional reactions to a political leader's expressive displays. *Journal of Personality and Social Psychology*, 49, 1513-1529.

Melzoff, A. N., & Moore, M. K. (1977) Imitation of facial and manual gestures by human neonates. *Science*, 198, 75-78.

Montague, D. P. F., & Walker-Andrews, A. S. (2001) Peekaboo: A new look at infants' perception of emotion expressions. *Developmental Psychology*, 37, 826-838.

Moses, L. J. et al. (2001) Evidence for referential understanding in the emotions domain at twelve and eighteen months. *Child Development*, 72, 718-735.

中村真（2005）「表情——感情表出とコミュニケーション」佐藤香編『感情現象の諸相』ナカニシヤ出版

中村真・益谷眞（2001）「高齢者の感情表出——演技された表情の実証的検

討」『感情心理学研究』7, 74-90.

Nelson, C. A., & de Haan, M. (1997) A neurobehavioral approach to the recognition of facial expressions in infancy. In J. A. Russell, & J. M. Fernandez-Dols (Eds.) *The Psychology of Facial Expression.* Cambridge University Press.

Oatley, K., & Jenkins, J. M. (1996) *Understanding Emotions.* Blackwell.

Repacholi, B. M., & Gopnik, A. (1997) Early reasoning about desires: Evidence from 14- and 18-month-olds. *Developmental Psychology*, 33, 1, 12-21.

Rosenblum, K. L., Dayton, C. J., & Muzik, M. (2019) Infant social and emotional development: Emerging competence in a relational context. In C. H. Zeanah (Ed.) *Handbook of Infant Mental Health* (4 th ed.). Guilford Press.

佐藤弥 (2019)「表情認知の心理・神経メカニズム」『高次脳機能研究』39, 332-340.

Sorce, J. F. et al. (1985) Maternal emotional signaling: Its effect on the visual cliff behavior of 1-year-olds. *Developmental Psychology*, 21, 195-200.

Soussignan, R., Schaal, B., & Marlier, L. (1999) Olfactory alliesthesia in human neonates: Prandial state and stimulus familiarity modulate facial and autonomic responses to milk odors. *Developmental Psychobiology*, 35, 3-14.

Sroufe, L. A. (1996) *Emotional Development: The organization of emotional life in the early years.* Cambridge University Press.

Steiner, J. E. (1979) Human facial expressions in response to taste and smell stimulation. *Advances in Child Development and Behavior*, 13, 257-295.

須田治・別府哲編 (2002)『社会・情動発達とその支援』ミネルヴァ書房

宇良千秋 (2004)「顔と高齢者」竹原卓真・野村理朗編『「顔」研究の最前線』北大路書房

Walker-Andrews, A. S. (1986) Intermodal perception of expressive behaviors: Relation of eye and voice? *Developmental Psychology*, 22, 373-377.

Zarbatany, L., & Lamb, M. E. (1985) Social referencing as a function of information source: Mothers vs. strangers. *Infant Behavior and Development*, 8, 25-33.

第7章　感情と言語

Altman, I., & Taylor, D. A. (1973) *Social Penetration.* Holt, Reinhart & Winston.

荒井崇史・湯川進太郎 (2006)　「言語化による怒りの制御」『カウンセリン

グ研究』39, 1-10.

Barrett, L. F. (2017) *How Emotions are Made: The secret life of the brain*. Houghton Mifflin Harcourt. (バレット, L. F. ／高橋洋訳〔2019〕『情動はこうしてつくられる──脳の隠れた働きと構成主義的情動理論』紀伊國屋書店)

Berk, L. E. (1992) Children's private speech: An overview of theory and the status of research. In R. M. Diaz, & L. E. Berk (Eds.) *Private Speech: From social interaction to self-regulation*. Lawrence Erlbaum Associates.

Burt, C. D. B. (1994) Prospective and retrospective account-making in diary entries: A model of anxiety reduction and avoidance. *Anxiety, Stress, and Coping*, 6, 327-340.

Carmichael, L., Hogan, H. P., & Walter, A. A. (1932) An experimental study of the effect of language on the reproduction of visually perceived forms. *Journal of Experimental Psychology*, 15, 73-86.

Daiute, C., & Buteau, E. (2002) Writing for their lives: Children's narrative supports for physical and psychological well-being. In S. J. Lepore, & J. M., Smyth (Eds.) *The Writing Cure*. American Psychological Association.

Davidson, K. et al. (2002) Expressive writing and blood pressure. In S. J. Lepore, & J. M., Smyth (Eds.) *The Writing Cure*. American Psychological Association.

Ekman, P., & Friesen, W. V. (1971) Constants across cultures in the face and emotion. *Journal of Personality and Social Psychology*, 17, 124-129.

遠藤寛子・湯川進太郎 (2018)「怒りの維持過程に基づいた筆記開示法の検討──思考の未統合感に着目して」『カウンセリング研究』51, 81-93.

Frattaroli, J. (2006) Experimental disclosure and its moderators: A meta-analysis. *Psychological Bulletin*, 132, 823-865.

Gagné, R. M., & Smith, E. C. (1962) A study of the effects of verbalization on problem solving. *Journal of Experimental Psychology*, 63, 12-18.

Guastella, A. J., & Dadds, M. R. (2006) Cognitive-behavioral models of emotional writing: A validation study. *Cognitive Therapy and Research*, 30, 397-414.

Harré, R. (Ed.) (1986) *The Social Construction of Emotions*. Basil Blackwell.

Harris, A. H. S. (2006) Does expressive writing reduce health care utilization? A meta-analysis of randomized trials. *Journal of Consulting and Clinical Psychology*, 74, 243-252.

畑中美穂 (2003)「会話場面における発言の抑制が精神的健康に及ぼす影響」『心理学研究』74, 95-103.

Hochschild, A. (1983) *The Managed Heart*. University of California Press.

池田慎之介 (2022)「感情語彙サイズ推定テストの開発——コンピュータ適応型テストを用いて」『感情心理学研究』29, 27-36.

伊藤大輔・佐藤健二・鈴木伸一 (2009)「トラウマの開示が心身の健康に及ぼす影響——構造化開示群・自由開示群・統制群の比較」『行動療法研究』35, 1-12.

岩男征樹 (1995)「発話傾向についての自己報告に基づく個人の分類」『教育心理学研究』43, 220-227.

John-Steiner, V. (1992) Private speech among adults. In R. M. Diaz, & L. E. Berk (Eds.) *Private Speech* (285-296). Lawrence Erlbaum Associates.

河野和明 (2001)「自己隠蔽尺度 (Self-Concealment Scale)・刺激希求尺度・自覚的身体症状の関係」『実験社会心理学研究』40, 115-121.

Kennedy-Moore, E., & Watson, J. C. (1999) *Expressing Emotion*. Guilford Press.

木村晴 (2003)「思考抑制の影響とメンタルコントロール方略」『心理学評論』46, 584-596.

Klein, K. (2002) Stress, expressive writing, and working memory. In S. J. Lepore, & J. M. Smyth (Eds.) *The Writing Cure*. American Psychological Association.

Klein, K., & Boals, A. (2001) Expressive writing can increase working memory capacity. *Journal of Experimental Psychology: General*, 130, 520-533.

小森康永・野口裕二・野村直樹編 (1999)『ナラティヴ・セラピーの世界』日本評論社

黒川由紀子 (2005)『回想法』誠信書房

京極夏彦 (2021)『「おばけ」と「ことば」のあやしいはなし』文藝春秋

Larson, D. G., & Chastain, R. L. (1990) Self-concealment: Conceptualization, measurement, and health implications. *Journal of Social and Clinical Psychology*, 9, 439-455.

Lepore, S. J. (1997) Expressive writing moderates the relation between intrusive thoughts and depressive symptoms. *Journal of Personality and Social Psychology*, 73, 1030-1037.

Lepore, S. J. et al. (2002) Expressive writing and health: Self-regulation of emotion-related experience, physiology, and behavior. In S. J. Lepore, & J. M. Smyth (Eds.) *The Writing Cure*. American Psychological Association.

Lewig, K. A., & Dollard, M. F. (2003) Emotional dissonance, emotional exhaution and job satisfaction in call centre workers. *European Journal of Work and Organizational Psychology*, 12, 366-392.

Loftus, E. F., & Palmer, J. C. (1974) Reconstruction of automobile destruction: An example of the interaction between language and memory. *Journal of Verbal Learning and Verbal Behavior*, 13, 585-589.

Lumley, M. A., Tojek, T. M., & Macklem, D. J. (2002) Effects of written emotional disclosure among repressive and alexithymic people. In S. J. Lepore, & J. M. Smyth (Eds.) *The Writing Cure*. American Psychological Association.

ランド, N.／若林茂則・細井友規子訳 (2006)『言語と思考』新曜社

Mesquita, B., & Frijda, N. H. (1992) Cultural variations in emotions: A review. *Psychological Bulletin*, 112, 179-204.

森岡正芳 (2004)「ナラティヴとは何か──語りは型どりを生む」北山修・黒木俊秀編『語り・物語・精神療法』日本評論社

小口孝司・安藤清志 (1989)「自己開示」大坊郁夫・安藤清志・池田謙一編『個人から他者へ』誠信書房

Pennebaker, J. W. (1989) Confession, inhibition, and disease. In L. Berkowitz (Ed.) *Advances in Experimental Social Psychology*. Vol. 22. Academic Press.

Pennebaker, J. W., & Beall, S. K. (1986) Confronting a traumatic event: Toward an understanding of inhibition and disease. *Journal of Abnormal Psychology*, 95, 274-281.

Rimé, B. et al. (1998) Social sharing of emotion: New evidence and new questions. In W. Stroebe, & M. Hewstone (Eds.) *European Review of Social Psychology*. Vol. 9. Wiley.

坂野雄二 (1999)「認知行動療法から見た内観療法」川原隆造・東豊・三木善彦編『心理療法の本質』日本評論社

佐藤健二・坂野雄二 (2001)「外傷体験の開示と外傷体験による苦痛の変化および身体徴候の関連」『カウンセリング研究』34, 1-8.

Sekiya, D., & Yukawa, S. (2006) Effects of writing emotional dissonance experiences in daily work on burnout in helping professions. *Proceedings of the XIV meeting of the International Society for Research on Emotions*, 45.

関谷大輝・湯川進太郎 (2009)「対人援助職者の感情労働における感情的不協和経験の筆記開示」『心理学研究』80, 295-303.

Sifneos, P. E. (1973) The prevalence of 'alexithymic' characteristics in psychosomatic patients. *Psychotherapy and Psychosomatics*, 22, 255-262.

Sloan, D. M., & Marx, B. P. (2004) Taking pen to hand: Evaluating theories underlying the written disclosure paradigm. *Clinical Psychology*, 11, 121-137.

Smyth, J. M. (1998) Written emotional expression: Effect sizes, outcome types, and moderating variables. *Journal of Consulting and Clinical Psychology*, 66, 174-184.

Takagi, S., & Ohira, H. (2004) Effects of expression and inhibition of negative emotions on health, mood states, and salivary secretory immunoglobulin a in Japanese mildly depressed undergraduates. *Perceptual and Motor Skills*, 98, 1187-1198.

Vygotsky, L. S. (1934) *Thought and Language*. MIT Press. (柴田義松訳〔2001〕『思考と言語』〔新訳版〕新読書社)

Watkins, E. (2004) Adaptive and maladaptive ruminative self-focus during emotional processing. *Behavior Research and Therapy*, 42, 1037-1052.

Wegner, D. M. (1994) Ironic processes of mental control. *Psychological Review*, 101, 34-52.

Weinberger, D. A., Schwartz, G. E., & Davidson, R. J. (1979) Low-anxious, high-anxious, and repressive coping styles: Psychometric patterns and behavioral and physiological responses to stress. *Journal of Abnormal Psychology*, 88, 369-380.

Wierzbicka, A. (1986) Human emotions: Universal or culture-specific? *American Anthropologist*, 88, 584-594.

Yogo, M., & Fujihara, S. (2008) Working memory capacity can be improved by expressive writing: A randomized experiment in a Japanese sample. *British Journal of Health Psychology*, 13, 77-80.

Yogo, M., & Onoue, K. (1998) Social sharing of emotion in a Japanese sample. In A. Fischer (Ed.) *ISRE98: Proceedings of the 10th Conference of the International Society for Research on Emotions*. ISRE Publication.

第8章　感情と病理

APA (American Psychiatric Association) (2022) *Diagnostic and Statistical Manual of Mental Disorders*. 5th Edition, Text Revision. APA. (高橋三郎・大野裕監訳／ほか訳〔2023〕『DSM-5-TR 精神疾患の診断・統計マニュアル』医学書院)

Barlow, D. H. et al. (2011) *Unified protocol for transdiagnostic treatment of emotional disorders: Therapist guide*. Oxford University Press. (伊藤正哉・堀越勝監訳〔2012〕『不安とうつの統一プロトコル──診断を越えた認知行動療法』診断と治療社)

Baumeister, R. F. et al. (2003) Does high self-esteem cause better performance, interpersonal success, happiness, or healthier lifestyles? *Psychological Science in the Public Interest*, 4, 1-44.

Beck, A. T. (1976) *Cognitive Therapy and The Emotional Disorders*. International Universities Press. (大野裕訳〔1990〕『認知療法』岩崎学術出版社)

Foa, E. B., Hembree, E. A., & Rothbaum, B. O. (2007) *Prolonged Exposure Therapy for PTSD: Emotional processing of traumatic experi-*

ence. Oxford University Press.（金吉晴・小西聖子監訳〔2009〕『PTSD
の持続エクスポージャー療法』星和書店）

Foa, E. B., & Rothbaum, B. O.（1998）*Treating the Trauma of Rape:
Cognitive behavioral therapy for PTSD*. Guilford Press.

橋本亮太ほか（2018）「Research Domain Criteria（RDoC）プロジェクト
の概念」『精神医学』（特集 Research Domain Criteria（RDoC）プロジ
ェクトの目指す新たな精神医学診断・評価システム）60, 9-16.

Horowitz, M., Wilner, N., & Alvarez, W.（1979）Impact of event scale:
A measure of subjective stress. *Psychosomatic Medicine*, 41, 209-
218.

井上和臣（2006）『認知療法への招待』（改訂4版）金芳堂

John, O. P., & Gross, J. J.（2004）Healthy and unhealthy emotion
regulation: Personality processes, individual differences, and lifes-
pan development. *Journal of Personality*, 72, 1301-1334.

Kabat-Zinn, J.（1990）*Full Catastrophe Living*. Delta.（春木豊訳
〔2007〕『マインドフルネスストレス低減法』北大路書房）

笠原嘉（1993）「不安」加藤正明ほか編『精神医学事典』（新版）弘文堂

加藤寛・飛鳥井望（2004）「災害救援者の心理的影響――阪神・淡路大震災
で活動した消防隊員の大規模調査から」『トラウマティック・ストレス』2,
51-59.

Lazarus, R. S., & Folkman, S.（1984）*Stress, Appraisal and Coping*.
Springer.（本明寛・春木豊・織田正美監訳〔1991〕『ストレスの心理学』
実務教育出版）

Lazarus, R. S., & Lazarus, B. N.（1994）*Passion and Reason*. Oxford
University Press.

Mowrer, O. A.（1939）A stimulus-response analysis of anxiety and its
role as a reinforcing agent. *Psychological Review*, 46, 553-565.

Mowrer, O. A.（1960）*Learning Theory and Behavior*. Wiley & Sons.

大野裕（2014）『最新版「うつ」を治す』PHP研究所

Rachman, S. J.（1990）*Fear and Courage*（2nd ed.）. W. H. Freeman.

坂本真士（1997）『自己注目と抑うつの社会心理学』東京大学出版会

坂野雄二（1999）「認知行動療法」中島義明ほか編『心理学辞典』有斐閣

坂野雄二監修／嶋田洋徳・鈴木伸一編（2004）『学校，職場，地域における
ストレスマネジメント実践マニュアル』北大路書房

坂野雄二（2005）「不安の概念と不安障害」中島義明・繁桝算男・箱田裕司
編『新・心理学の基礎知識』有斐閣

坂野雄二・佐藤健二（1997）「不安の行動療法――経験によって獲得された
不安はどのようにすれば消し去ることができるのか」不安・抑うつ臨床研
究会編『不安症の時代』日本評論社

坂野雄二ほか（1995）「最近のストレスマネジメント研究の動向」『早稲田大
学人間科学研究』8, 121-142.

佐藤昭夫・朝長正徳編（1991）『ストレスの仕組みと積極的対応』藤田企画

出版

佐藤健二 (2019)「筆記療法の実践」『臨床心理学』19, 692-697.

佐藤健二 (2008)「外傷後ストレス障害」内山喜久雄・坂野雄二編『認知行動療法の技法と臨床』日本評論社

Segal, Z. V., Williams, J. M. G., & Teasdale, J. D. (2012) *Mindfulness-based Cognitive Therapy for Depression: A new approach to preventing relapse* (2nd ed.). Guilford Press. (越川房子監訳〔2023〕『マインドフルネス認知療法——うつのための基礎と実践』北大路書房)

下山晴彦編 (2009)『よくわかる臨床心理学』(改訂新版) ミネルヴァ書房

丹野義彦 (2001)『エビデンス臨床心理学』日本評論社

Weiss, D. S., & Marmar, C. R. (1997) The Impact of Event Scale-Revised. In J. P. Wilson & T. M. Keane (Eds.) *Assessing Psychological Trauma and PTSD*. Guilford.

第9章 感情と健康

Arend, R., Gove, F. L., & Sroufe, L. A. (1979) Continuity of individual adaptation from infancy to kindergarten: A predictive study of ego-resiliency and curiosity in preschoolers. *Child Development*, 50, 950-959.

Benyamini, Y. et al. (2000) Positive affect and function as influences on self-assessments of health: Expanding our view beyond illness and disability. *Journal of Gerontology*, 55B, 107-116.

Boulton M. J., & Smith, P. K. (1992) The social nature of play fighting and play chasing: Mechanisms and strategies underlying cooperation and compromise. In J. H. Barkow, L. Cosmides, & J. Tooby (Eds.) *The Adapted Mind*. Oxford University Press.

Bryan, T., Mathur, S., & Sullivan, K. (1996) The impact of positive mood on learning. *Learning Disabilities Quarterly*, 19, 153-162.

Carr, A. et al. (2021) Effectiveness of positive psychology interventions: A systematic review and meta-analysis. *The Journal of Positive Psychology*, 16, 749-769.

Casper, R. C. (1990) Personality features of women with good outcome from restricting anorexia nervosa. *Psychosomatic Medicine*, 52, 156-170.

Chida, Y. & Steptoe, A. (2008) Positive psychological well-being and mortality: A quantitative review of prospective observational studies. *Psychosomatic Medicine*, 70, 741-756.

Choen, S. et al. (2003) Emotional style and susceptibility to the common cold. *Psychosomatic Medicine*, 65, 652-657.

Cohn, M. A. et al. (2009) Happiness unpacked: Positive emotions increase life satisfaction by building resilience. *Emotion*, 9, 361-368.

Csikszentmihalyi, M. (1990) *Flow: The psychology of optimal perfor-*

mance. Cambridge UniversityPress,

Denollet, J., Vaes, J., & Brutsaert, D. L. (2000) Inadequate response to treatment in coronary heart disease: Adverse effects of type D personality and younger age on 5-year prognosis and quality of life. *Circulation*, 102, 630-635.

Einon, D. F., Morgan, M. J., & Kibbler, C. C. (1978) Brief periods of socialization and later behavior in the rat. *Developmental Psychobiology*, 11, 213-225.

Emmons, R. A., & McCullough, M. E. (2003) Counting blessings versus burdens: An experimental investigation of gratitude and subjective well-being in daily life. *Journal of Personality and Social Psychology*, 84, 377-389.

Estrada, C. A., Isen, A. M., & Young, M. J. (1997) Positive affect facilitates integration of information and decreases anchoring in reasoning among physicians. *Organization Behavior and Human Decision Processes*, 72, 117-135.

Fredrickson, B. L. (1998) What good are positive emotions? *Review of General Psychology*, 2, 300-319.

Fredrickson, B. L. (2001) The role of positive emotions in positive psychology : The broaden-and-build theory of positive emotions. *American Psychologist*, 56, 218-226.

Fredrickson, B. L., & Branigan, C. (2001) Positive emotions. In T. J. Mayer, & G. A. Bonnano (Eds.) *Emotion: Current issue and future directions.* Guilford Press.

Fredrickson, B. L., & Cohn, M. A. (2008) Positive emotions. In M. Lewis, J. Haviland-Jones, & L. F. Barrett (Eds.) *Handbook of emotions* (3rd ed.). Guilford Press.

Fredrickson, B. L. et al. (2000) The undoing effect of positive emotions. *Motivation and Emotion*, 24, 237-258.

Fredrickson, B. L. et al. (2017) Positive emotion correlates of meditation practice: A comparison of mindfulness meditation and loving-kindness meditation. *Mindfulness*, 8, 1623-1633.

Frey, B. S. (2011) Happy people live longer. *Science*, 331, 542-543.

Friedman, H. S. et al. (1993) Does childhood personality predict longevity? *Journal of Personality and Social Psychology*, 65, 176-185.

Friedman, M., & Rosenman, R. H. (1959) Association of specific overt behavior pattern with blood and cardiovascular findings. *Journal of the American Medical Association*, 169, 1286-1296.

Frijda, N. H. (1986) *The Emotions.* Cambridge University Press.

Gross, J. (1989) Emotional expression in cancer onset and progression. *Social Science and Medicine*, 28, 1239-1248.

Grossarth-Maticek, R. et al. (1982) Psychosomatic factors in the process of cancerogenesis: Theoretical models and empirical results. *Psychotherapy and Psychosomatics*, 38, 284-302.

Guadagnoli, E., & Mor, V. (1989) Measuring cancer patients' affect: Revision and psychometric properties of the profile of mood states (POMS). *Psychological Assessment*, 1, 150-154.

Hazen, N. L., & Durrett, M. E. (1982) Relationship of security of attachment to exploration and cognitive mapping abilities in 2-year-olds. *Developmental Psychology*, 18, 751-759.

Hemingway, H. & Marmot, M. (1999) Evidence based cardiology-psychosocial factors in the aetiology and prognosis of coronary heart disease: Systematic review of prospective cohort studies. *BMJ*, 318, 1460-1467.

Hendriks, T. et al. (2020) The efficacy of multi-component positive psychology interventions: A systematic review and meta-analysis of randomized controlled trials. *Journal of Happiness Studies*, 21, 357-390.

Isen, A. M. (1987) Positive affect, cognitive processes, and social behavior. In L. Berkowitz (Ed.) *Advances in Experimental Social Psychology*. Vol. 20. Academic Press.

Isen, A. M. (2002) Missing in action in the AIM: Positive affect's facilitation of cognitive flexibility, innovation, and problem solving. *Psychological Inquiry*, 13, 57-65.

Isen, A. M., Daubman, K. A., & Nowicki, G. P. (1987) Positive affect facilitates creative problem solving. *Journal of Personality and Social Psychology*, 52, 1122-1131.

Isen, A. M. et al. (1985) The influence of positive affect on the unusualness of word associations. *Journal of Personality and Social Psychology*, 48, 1413-1426.

Kaplan, G. A., & Camacho, T. (1983) Perceived health and mortality: A nine-year follow-up of the human population laboratory cohort. *American Journal of Epidemiology*, 117, 292-304.

Kawamoto, R., & Doi, T. (2002) Self-reported functional ability predicts three-year mobility and mortality in community-dwelling older persons. *Geriatrics and Gerontology International*, 2, 68-74.

Keyes, C. L. M. (1998) Social well-being. *Social Psychology Quarterly*, 61, 121-140.

Keyes, C. L. M. (2002) The mental health continuum: From languishing to flourishing in life. *Journal of Health and Social Behavior*, 43, 207-222.

Klonoff-Choen, H. et al. (2001) A prospective study of stress among women undergoing in vitro fertilization or gamete intrafallopian transfer. *Fertility and Sterility*, 76, 675-687.

Kobasa, S. (1979) Stressful live events, personality, and health: An inquiry into hardiness. *Journal of Personality and Social Psychology*, 37, 1-11.

Koivumaa-Honkanen, H. et al. (2000) Self-reported life satisfaction and 20-year mortality in healthy Finnish adults. *American Journal of Epidemiology*, 152, 983-991.

Kok, B. E. et al. (2013) How positive emotions build physical health: Perceived positive social connections account for the upward spiral between positive emotions and vagal tone. *Psychological Science*, 24, 1123-1132.

Levy, B. R. et al. (2002) Longevity increased by positive self-perceptions of aging. *Journal of Personality and Social Psychology*, 83, 261-270.

Lyubomirsky, S., King, L., & Diener, E. (2005) The benefits of frequent positive affect: Does happiness lead to success? *Psychological Bulletin*, 131, 803-855.

Maier, H., & Smith, J. (1999) Psychological predictors of mortality in old age. *Journal of Gerontology*, 54B, 44-54.

Martín-María, N. et al. (2017) The impact of subjective well-being on mortality: A meta-analysis of longitudinal studies in the general population. *Psychosomatic Medicine*, 79, 565-575.

Mauss, I. B. et al. (2011) Don't hide your happiness! Positive emotion dissociation, social connectedness, and psychological functioning. *Journal of Personality and Social Psychology*, 100, 738-748.

Mikulincer, M. (1997) Adult attachment style and information processing: Individual differences in curiosity and cognitive closure. *Journal of Personality and Social Psychology*, 72, 1217-1230.

Miller, T. Q. et al. (1996) A meta-analytic review of research on hostility and physical health. *Psychological Bulletin*, 119, 322-348.

Moskowitz, J. T. et al. (2021) Measuring positive emotion outcomes in positive psychology interventions: A literature review. *Emotion Review*, 13, 60-73.

Nemiah, J. C., Freyberger, H., & Sifneos, P. E. (1976) Alexithymia: A view of the psychosomatic process. In O. W. Hill (Ed.) *Modern Trends in Psychosomatic Medicine*. Vol. 3. Butterworths.

O'Connor, B. P., & Vallerand, R. J. (1998) Psychological adjustment variables as predictors of mortality among nursing home residents. *Psychology and Aging*, 13, 368-374.

Ostir, G. V. et al. (2000) Emotional well-being predicts subsequent functional independence and survival. *Journal of the American Geriatrics Society*, 48, 473-478.

Ostir, G. V. et al. (2001) The association between emotional well-being and the incidence of stroke in older adults. *Psychosomatic Medicine*, 63, 210-215.

大竹恵子（2013）「ヒューマン・ストレングス」二宮克美ほか編『パーソナリティ心理学ハンドブック』福村出版

Otake, K., & Shimai, S. (2001) Adopting the stage model for smoking acquisition in Japanese adolescents. *Journal of Health Psychology*, 6, 629-643.

大竹恵子ほか（2005）「日本版生き方の原則調査票（VIA-IS: Values in Action Inventory of Strengths）作成の試み」『心理学研究』76, 461-467.

Otake, K. et al. (2006) Happy people become happier through kindness: A counting kindnesses intervention. *Journal of Happiness Studies*, 7, 361-375.

Parker, M. G., Thorslund, M., & Nordstrom, M. L. (1992) Predictors of mortality for the oldest old: A 4-year follow-up of community-based elderly in Sweden. *Archives of Gerontology and Geriatrics*, 14, 227-237.

Parks, A. C., & Schuller, S. M. (Eds.) (2014) *The Wiley Blackwell Handbook of Positive Psychological Interventions*. John Wiley & Sons.

Peterson, C. (2000) The future of optimism. *American Psychologist*, 55, 44-55.

Peterson, C., & Seligman, M. E. P. (2004) *Character Strengths and Virtues: A handbook and classification*. Vol. 1. Oxford University Press.

Petrie, K. J. et al. (2018) Which aspects of positive affect are related to mortality? Results from a general population longitudinal study. *Annals of Behavioral Medicine*, 52, 571-581.

Piff, P. K. et al. (2015) Awe, the small self, and prosocial behavior. *Journal of Personality and Social Psychology*, 108, 883-899.

Prade, C., & Saroglou, V. (2016) Awe's effects on generosity and helping. *The Journal of Positive Psychology*, 11, 522-530.

Prochaska, J. O., & DiClemente, C. C. (1983) Stages and processes of self-change of smoking: Toward an integrative model of change. *Journal of Consulting and Clinical Psychology*, 51, 390-395.

Prochaska, J. O., DiClemente, C. C., & Norcross, J. C. (1992) In search of how people change: Applications to addictive behaviors. *American Psychologist*, 47, 1102-1114.

Robinson, M. E., & Riley, J. L. Ⅲ. (1999) The role of emotion in pain. In R. J. Gatchel & D. C. Turk (Eds.) *Psychosocial factors in pain: Critical perspectives*. Guilford Press.

Salovey, P., & Mayer, J. D. (1990) Emotional intelligence. *Imagination, Cognition, and Personality*, 9, 185-211.

Sedikides, C., et al. (2015) To nostalgize: Mixing memory with affect and desire. *Advances in Experimental Social Psychology*, 51, 189-273.

Seligman, M. E. P. (1991) *Learned optimism*. Knopf.

Seligman, M. E. P. (2011) *Flourish: A visionary new understanding of happiness and well-being*. Free Press.

Seligman, M. E. P., & Csikszentmihalyi, M. (2000) Positive psychology: An introduction. *American Psychologist*, 55, 5-14.

Seligman, M. E. P. et al. (2005) Positive psychology progress: Empirical validation of interventions. *American Psychologist*, 60, 410-421.

Suinn, R. M. (2001) The terrible twos-anger and anxiety: Hazardous to your health. *American Psychologist*, 56, 27-36.

Taylor, G. J. (2000) Recent developments in alexithymia theory and research. *Canadian Journal of Psychiatry*, 45, 134-142.

Taylor, G. J., Bagby, R. M., & Parker, J. D. A. (1997) *Disorders of Affect Regulation*. Cambridge University Press.

Temoshok, L. et al. (1985) The relationship of psychosocial factors to prognostic indicators in cutaneous malignant melanoma. *Journal of Psychosomatic Research*, 29, 139-154.

Tooby, J., & Cosmides, L. (1990) The past explains the present: Emotional adaptations and the structure of ancestral environments. *Ethology and Sociobiology*, 11, 375-424.

Tugade, M. M., Fredrickson, B. L., & Barrett, L. F. (2004) Psychological resilience and positive emotional granularity: Examining the benefits of positive emotions on coping and health. *Journal of Personality*, 72, 1161-1190.

Weinstein, N. (1984) Why it won't happen to me: Perceptions of risk factors and susceptibility. *Health Psychology*, 3, 431-457.

Wildschut, T. et al. (2006) Nostalgia: Content, triggers, functions. *Journal of Personality and Social Psychology*, 91, 975-993.

Zautra, A. J., Johnson, L. M., & Davis, M. C. (2005) Positive affect as a source of resilience for women in chronic pain. *Journal of Consulting and Clinical Psychology*, 73, 212-220.

Zuckerman, D. M., Kasl, S. V., & Ostfeld, A. M. (1984) Psychosocial predictors of mortality among the elderly poor: The role of religion, well-being, and social contacts. *American Journal of Epidemiology*, 119, 410-423.

Zuckerman, M., & Kuhlman, D. M. (2000) Personality and risk-taking: Common biosocial factors. *Journal of Personality*, 68, 999-1029.

事項索引

◆ アルファベット

ACTH　→副腎皮質刺激ホルモン

CBT　→認知行動療法

CES-D（うつの測定尺度）　221, 225

Deep Emotion　59

DI　→発達相互作用論

DNA　86, 88

DSM-5-TR　186

DSM-IV　191

DTR（非機能的思考記録法）　202

ECG（心電図）　43

EEA　→進化的適応環境

EMG（筋電図）　144

ERP（事象関連電位）　43

fMRI（機能的磁気共鳴画像法）　32, 40, 43

IES-R（出来事インパクト尺度改訂版）　191

LKM　→慈しみの瞑想

MBCT　→マインドフルネス認知療法

MM　→マインドフルネス瞑想

PANAS（気分評定尺度）　225

PERMA モデル　213

PET（陽電子断層撮影法）　32, 40, 43

PTSD（心的外傷後ストレス症）　186, 190, 205, 206

QOL　214

RDoC（研究領域基準）　187, 208

RHP　→資源保持能力

SAHP　→社会的注意保持力

SCR（皮膚伝導反応）　43, 46

SIT　→ストレス免疫訓練

UP（感情障害に対する診断を越えた治療のための統一プロトコル）　187, 209

WHO（世界保健機関）　212

◆ あ 行

愛されたい欲求　159

愛情　97

愛着　→アタッチメント

アージ理論　71

アセスメント　222

アタッチメント（愛着）　97, 141, 157, 158, 161, 218

アフェクト・アズ・インフォメーション仮説　80

アメリカ精神医学会　186, 208

アレキシサイミア（失感情症）　170, 176, 183, 228

アロスタシス　51

医学　12

怒り　106, 169, 179, 227

閾下知覚　23, 41

意思決定　28, 51, 57, 79, 130

痛み　229

一次（的）感情　154, 167

一次的評価　22, 199

慈しみの瞑想（LKM）　221

5つのコラム法　202

遺伝（子）　70, 86, 88

畏怖・畏敬感情　216

イメージエクスポージャー　207

272

インパクト・バイアス　130
ウェルビーイング　212, 216, 219
うつ　95, 106
　　——の測定尺度　221
うつ病　58, 126, 188, 189
エウダイモニック・ウェルビーイング　212
疫学　223, 225
エクスポージャー　→暴露法
エンゲージメント　213
延髄　34, 47
応報戦略　108
オッズ比　221
オペラント条件づけ　193, 195

◆か 行

快（不快）感情　2, 45, 58, 75, 118
外言　170
外受容感覚　56
回想法　175
外側前頭前野　61
解読規則　153
解読能力　151
概念（言葉）　74, 78, 115
概念処理システム　81
海馬　25, 113
海馬体　25
回避行動　94
快－不快次元　72
カウンセリング　173
学習　79
学習理論　193
核心感情　→コア・アフェクト
覚醒　48
覚醒－睡眠次元　75
拡張－形成理論　216, 217
語り　175
活性化　115

活性化拡散　128
活性した状態　213
活性－不活性次元　75
渇望　52
カテゴリー（感情カテゴリー）　78, 154
カテゴリー化　34
癌　228
感覚運動連合　145
環境的随伴要因　158, 160
感謝（感情）　103, 216
感情　5, 6
　　——間の相互関係　156
　　——の機能　66
　　——の機能不全　81
　　——の社会的共有　171
　　——の主観的経験　→主観的感情
　　——の病態　186
　　——役割　8
　　高次の——　157
感情価　7
感情回路説　25
感情カテゴリー　→カテゴリー
感情経験　→主観的感情
感情現象　66
　　——の核心　77
感情混入モデル　121
感情コンピテンス（能力）　149
感情史　36
感情障害に対する診断を越えた治療のための統一プロトコル　→UP
感情状態依存効果　→気分状態依存効果
感情進化理論　71, 75
感情（情動）制御　57, 58, 61, 128, 132, 148, 153, 176, 200
　　自動的な——　133

事項索引　　273

感情調節　148

感情的脆弱性　81

感情的不協和　180

感情ネットワーク・モデル　115, 118, 120, 128

感情（の）理解　48, 145, 149, 153
　他者の――　9, 48

感情表出　→表出

感情分化　→分化

感情有害説　66

感情優先説　23

感情有用説　66, 68

感情抑制理論　181

感情予測　80, 130

感情粒度　176

感情労働　180

間接的な返報　101, 103

記憶　67, 112, 127, 166, 181

期待（感情）　157, 160

期待に応えたい欲求　159

機能的磁気共鳴画像法　→fMRI

機能的特化　90

気恥ずかしさ　154

気分　6, 20, 21

気分一致効果　114, 117

気分状態依存効果　114, 118

気分評定尺度　→PANAS

気分誘導法　116

基本情動　6

基本情動理論　31, 68, 70, 78, 156

記銘　112, 166

キャノン＝バード説　16, 21

強化　113, 195

競争　86

共同的経験主義　203

恐怖　24, 32, 92, 205, 218

恐怖症　94, 201, 229

協力　108

――関係　45

筋電図　→EMG

クライアント中心療法　→来談者中心療法

クリューバー＝ビューシー症候群　26

形質　88

系統発生　92, 143, 163

血管　13

ゲノム　86, 88

原因帰属　232

嫌悪感　94

嫌悪機能の三領域理論　95

研究領域基準　→RDoC

健康　10, 62, 176, 180, 183, 212, 213
――関連行動　230

言語（言葉）　9, 166, 169

言語化　166, 175, 176

言語ラベル　150, 155

顕著性ネットワーク　55

コア・アフェクト（核心感情）　33, 77-81, 176

好意　102

交感神経（系）　6, 15, 16, 18
――の活性化　15

攻撃（性）　102, 104, 227

高次経路　26

向社会的感情　157, 158

向社会的行動　216

行動主義　66, 193

行動選択　80

行動免疫システム　94

行動目標　61

行動療法　193

行動理論　193

幸福感　212

高齢者　142, 147, 175

国際感情学会　4
互恵的利他性　100, 104
個人と環境の関係　79
個人特性　231, 232
コスト　87
骨格筋反応　20
言葉　→言語；概念
好み　23
コーピング　183
コミュニケーション　145, 153,
　170
　——の生物学的側面　142
　非言語的——　151
固有感覚　56
コンピュータ・シミュレーション研
　究　108

◆ さ 行

罪悪感　103, 161
再生　127
ジェームズ＝ランゲ説　14, 21
視覚的断崖　146
刺激希求性　231
資源保持能力（RHP）　105, 106
自己愛　192
自己意識的感情　154
自己隠蔽　173
自己開示　171, 172
自己乖離理論　124
自己参照的行動　154
自己参照判断　127
自己注目　182, 183
自己統制　131
自己表象　124
視床　16, 17, 25, 48
視床下部　16, 17, 25, 46
自尊心の肥大　191, 192
実行制御ネットワーク　55

嫉妬　99, 162
私的発話　170
自動思考　197, 202
自動動機仮説　133
自発的微笑　141
死亡率（罹患率）　221, 225, 226
社会構成主義　74, 76
社会心理学　3, 23
社会的環境　156
社会的・環境的随伴要因　158
社会的ウェルビーイング　212
社会的感情　102, 158, 159, 161
社会的競争仮説　95
社会的参照　146
社会的ジレンマ　45
社会的浸透理論　172
社会的随伴要因　158
社会的注意維持理論　106
社会的注意保持力（SAHP）　106
社会的動機づけ　159
社会的ナビゲーション仮説　96
社会的な微笑　140
社会的認知　123
社会的能力　44
社会的バイオフィードバック
　153, 163
社会的バイオフィードバック・モデ
　ル　150
社会的発達　162
社会的発話　170
社会的判断　119
社会的文脈　167
社会的リスク仮説　95
シャーデンフロイデ　74
自由エネルギー原理　35, 54
囚人のジレンマゲーム　108
集団　104
集団内地位　106

事項索引　275

主観的感情（感情経験；情動経験；
　情動の主観的経験）　6, 21,
　34, 48, 73, 78, 166, 169
主観的幸福感　216, 224
馴化　201
準備性　94
障害　10
消去　194, 201
情動　6, 21, 28
情動経験　→主観的感情
情動知能　232
情動的刺激　40
情動二要因説　18, 21
情報処理　9
　自己関連――　127, 128
情報としての感情仮説　119
自律神経（系活動）　16, 46
新・基本情動理論　37
進化　3, 46, 75, 86, 107
進化心理学　89, 107
進化的適応環境（EEA）　89
神経科学　3, 25, 27, 78
神経生物学　77
神経文化モデル　153
人工知能　59
心身一元論　3
心身症　176
心身二元論　2, 28
心身平行説（平行論）　3, 28
新生児　138
人生満足度　224, 226
心臓血管系反応　133
心臓疾患（CHD）　227
身体疾患　62
身体（的）反応（変化）　12, 15,
　16, 28, 46, 57
　――の知覚　15
身体予算管理　34

心的外傷後ストレス障害　→PTSD
侵入的思考　→反すう
信念　→スキーマ
心拍　46
人物理解　44
心理構成主義　33, 35, 155, 176
心理障害（精神病理）　81
心理的ストレスモデル　198
心理的治療の5つのスキル　209
心理療法　173
随伴要因　161
数理生態学　108
スキーマ（信念）　198, 206
　――の変容　202, 206
ステージモデル　230
ストレス　22, 81, 177, 179, 190,
　198, 232
ストレスマネジメント　200
ストレス免疫訓練（SIT）　206
ストレッサーに対する認知的評価
　199
性格特性　126
生活習慣　230
正義感　103, 160
制御焦点理論　124
性差　98, 151
制止―直面理論　177, 180
精神医学　186
精神疾患　186, 208
精神分析　66
精神分析療法　174
生存（確率）　68, 69, 224
性的嫉妬　100
正の強化　195
生物医学モデル　213
生物学的感情　157
生物心理社会モデル　214
生理学　12, 14

生理的覚醒　6, 18, 19
生理的機能　8
生理的変化（反応）　18, 152
世界保健機関　→WHO
セルフケア　214
セルフモニタリング　182, 202
セロトニン・トランスポーター　81
選好　7
線条体　32
染色体　88
戦争　104
選択　86
前頭眼窩野　30, 44, 61
前頭前野　44, 58
前部帯状皮質　48
戦略　87
想起　112, 166
双極症　192
送信能力　151
創造性　218
側坐核　32
素朴心理学　32
ソマティック・マーカー　29, 30
損傷（脳）　30, 43

◆た　行

大規模ネットワーク（脳）　33, 55
対象の知覚　15
帯状皮質　25
対人関係　79
対人相互作用のプロセス　81
対人判断　41
対人不安　106
体性感覚野（領野）　27, 48
大脳皮質　12, 16, 26
タイプC　228
タイプD　227

対立遺伝子（アレル）　81, 88
脱中心化　204
探索的感情　157
単純接触効果　23
中枢起源説　16, 25
中枢神経系　67
中脳　26
直感　30
治療プロトコル　→UP
強み　233
低次経路　26
ディストラクション　131
敵意　227
適応　8, 40, 69, 71, 86
　　——課題　89
　　——的役割　8
適応度　87, 90
出来事インパクト尺度改訂版　→
　　IES-R
哲学　2, 12, 28, 36
デフォルト・モード・ネットワーク　55
照れ　154
伝染　145
島（皮質）　27, 29, 32, 48
動因　51
動機づけ　21, 67, 106
同情　103
統制資源　132
闘争・逃走行動　16
淘汰　86
淘汰圧　89
道徳的感情　158, 160
トラウマ（性記憶）　190, 205
トラウマ開示実験　178

◆な　行

内言　170

内受容感覚　33, 47, 50, 55
内分泌系　6, 46
ナラティヴ・セラピー　175
におい刺激　138
二過程理論　193, 195
二次的評価　22, 199
日記　175, 179
日本感情心理学会　4
乳児　139
認知　18
　──の3要素　198
　──の歪み　198
認知科学　3
認知革命　20, 23
認知過程　9, 116
認知行動療法（CBT）　174, 182,
　193, 201, 205, 206
認知心理学　3, 21
認知適応理論　181
認知的感情　158, 160
認知的再体制化　181-183, 202,
　206
認知的再評価　132, 200
認知的評価　21, 23, 24, 71, 199
認知的評価説　22, 67, 71
認知モデル　193, 197
認知療法　193, 196, 198, 202-204,
　206
ネガティブ感情　182, 214, 216
ネガティブ感情次元　76
ネガティブ思考　204
ネガティブな性格特性概念　128
妬み　106
脳　8, 43
脳科学　3
能動的推論　54
脳の統一原理　→予測的処理
ノスタルジア　216

ノード　115

◆ は　行

配偶者選択　97
暴露法（エクスポージャー）
　182, 201, 207
暴露理論　181
恥　106, 161
罰　149
発言抑制　173
発達　9, 93, 138, 143, 154
発達心理学　3, 28
発達相互作用論（DI）　156
発話　170
ハーディネス　233
バーンアウト　180
反すう（侵入的思考）　182
判断　80
　社会的──　119
被害者学　215
比較神経科学　70
悲観主義　232
非機能的思考記録法　→DTR
非現実的な楽観主義　231
皮質下領域　16, 21
微笑　140
筆記開示（筆記療法）　177, 179,
　180, 182, 183
　怒り経験の──　179
美徳　233
非特異的　18
独り言　170
皮膚伝導反応　→SCR
ヒューマンストレングス　233
ヒューリスティック処理　122
評価　5, 7, 21, 150
評価次元　72
表示規則　142, 153

表出（感情表出） 9, 32, 167
　——行動 150
　——抑制 200
表情 32, 40, 169
　——運動 67, 70
　——筋 138
　——認識 31, 32
　——認知 142, 144
　——の文化差 153
表情フィードバック仮説 20, 70
評判 103
不安 93, 186, 187
不安管理訓練 206
不安症（群） 187, 188, 194
フィードバック 20, 70, 79, 148,
　163
　負の—— 152
フィーリング 7, 28
腹外側前頭前野 57
副交感神経 16
副腎皮質刺激ホルモン（ACTH）
　46
複数レベル選択 104
腹側線条体 45
腹内側前頭前野 28-30, 44, 61
プライス方程式 88
フラッシュバルブ記憶 112
フロー 213
分化（感情分化） 140, 154
文脈 150, 153, 167
平行論 →心身平行説
ベイズ脳仮説 54
ヘドニック・ウェルビーイング
　212
変異 86
辺縁系 25
偏見 41
扁桃体 25-27, 32, 40, 41, 46, 57,

113
包括適応度 87
報酬 51, 55, 60
保持 112
ポジティブ感情 10, 214, 216
　——の「拡張」機能 217
　——の「形成」機能 218
　——の障害（病態） 191
ポジティブ感情次元 76
ポジティブ感情特性 221, 224,
　229
ポジティブ・シンキング 203
ポジティブ心理学 215
ポジティブ心理（学）的介入
　220
ポジティブな性格特性概念 128
没頭 213
没入感 213
ホメオスタシス 16

◆ま 行

マインドフルネス訓練 205
マインドフルネス認知療法
　（MBCT） 203-205
マインドフルネス瞑想（MM）
　221
末梢起源説 3, 12, 14, 28, 29
味覚嫌悪条件づけ 94
味覚刺激 138
右前部島（皮質） 48
ミラーニューロンシステム 145
迷走神経 47
盲聾 141
目標維持 61
元通り効果 219
模倣 145
問題解決 183

事項索引 279

◆ や 行

ユーモア　233
抑圧型（対処スタイル）　168
抑うつ　183, 188, 202
抑うつ気分　188
抑うつ症候群　188, 189
抑制　131
予測誤差　35, 50
予測的処理（脳の統一原理）　35, 50, 54, 55
予測符号化　54
4つの問い　91

◆ ら 行

来談者中心療法（クライエント中心療法）　174
楽観主義　232

ラベルづけ　18, 19, 167, 170
利益　87
リスク回避　80
リスク行動　231
リスク選好行動　123
リハーサル　112
ルール（学習）　159, 160
レジリエンス　220, 233
レスポンデント（古典的）条件づけ　194, 196
老化　142
ロボット（の感情）　59
ロボティクス　60
論理療法（論理情動療法）　196

◆ わ 行

ワーキング・メモリ　134, 182

人名索引

◆あ 行

アイヒ（E. Eich） 114

アクセルロッド（R. M. Axelrod）
108

アーノルド（M. B. Arnold）
21, 22, 26, 66-68, 71

荒井崇史 179

イザード（C. E. Izard） 67, 68,
139

インセル（T. R. Insel） 208

ヴィゴツキー（L. S. Vygotsky）
28, 170

ウィルソン（T. D. Wilson）
131

ヴント（W. M. Wundt） 12

エイドルフス（R. Adolphs） 44

エイブリル（J. R. Averill） 75

エクマン（P. Ekman） 20, 31,
67, 71, 73, 169

エリス（A. Ellis） 196

エルスウォース（P. C. Ellsworth）
72

大野裕 191

尾形哲也 59

オートニー（A. Ortony） 5

尾上恵子 171

◆か 行

ガニエ（R. M. Gagne） 171

カヒル（L. Cahill） 115

カーマイケル（L. Carmichael）
166

木村晴 130

キャノン（W. Cannon） 3, 15,
16, 20, 25

ギルバート（D. T. Gilbert）
131

クライン（K. Klein） 182

グールド（S. J. Gould） 107

クロア（G. L. Clore） 80, 119,
120

黒川由紀子 175

ケネディームーア（E. Kennedy-
Moore） 167, 169, 173

コスミデス（L. Cosmides） 71,
85, 90

◆さ 行

ザイアンス（R. Zajonc） 23,
24, 26

坂野雄二 202

佐々木拓哉 53

サロベイ（P. Salovey） 211,
232

ジェームズ（W. James） 3, 11,
12, 14-16, 22, 28

シェーラー（K. R. Scherer）
73

シーグル（G. J. Siegle） 58

シャクター（S. Schachter）
18, 20

シュタイナー（J. E. Steiner）
138, 141

シュワルツ（N. Schwarz）
119, 120

ジョンストン
（Victor S. Johnston） 90

281

ジョンソン（E. J. Johnson）
119

シンガー（J. Singer）　18

スカランティーノ
（A. Scarantino）　35-37

スキナー（B. F. Skinner）　66

スピノザ（B. de Spinoza）　3,
14, 28

スマイス（J. M. Smyth）　178

スミス（C. A. Smith）　72

スミス（E. C. Smith）　171

セリグマン（M. E. P. Seligman）
213, 215, 232

◆た　行

タイバー（J. M. Tybur）　95

ダーウィン（C. R. Darwin）　3,
31, 69, 70, 85, 86, 94

ダマシオ（A. R. Damasio）　6,
27, 29, 30, 40

デカルト（R. Descartes）　2, 28

テレゲン（A. Tellegen）　75

トゥービー（J. Tooby）　71, 85,
90

トータ（M. E. Tota）　127

戸田正直　111

トバスキー（A. Tversky）　119

トムキンス（S. S. Tomkins）
66-68

トリヴァース（R. Trivers）　102

◆な　行

ネシー（R. M. Nesse）　91

ネルソン（C. A. Nelson）　144

◆は　行

バウアー（G. H. Bower）　114,
117, 128

バウマイスター
（R. F. Baumeister）　79,
192

バージ（J. A. Bargh）　127, 133

橋本亮太　208

バス（D. M. Buss）　96, 97, 100

パスカル（B. Pascal）　1, 2

バック（R. Buck）　137, 142,
149, 151, 156

バート（C. D. B. Burt）　177

バード（P. Bard）　16

パペッツ（J. W. Papez）　25

パーマー（J. C. Palmer）　166

ハリス（A. H. S. Harris）　178

ハリリ（A. R. Hariri）　58

バレット（L. F. Barrett）　33,
36, 75, 78

パンクセップ（J. Panksepp）
70, 73

日永田智絵　59

ヒギンス（E. T. Higgins）　124

フィッシャー（H. Fisher）　97

フェルドマン-バレット　→バレッ
ト

フォーガス（J. P. Forgas）
114, 121

藤原修治　183

ブッシュマン（B. J. Bushman）
79

フリストン（K. Friston）　54

ブリッジス（W. Bridges）　154

フリードマン（M. Friedman）
227

プリンツ（J. Prinz）　36

プルチック（R. Pultchik）　71

フレドリクソン
（B. L. Fredrickson）　216,
218

フロイト（S. Freud） 66, 174
ベック（A. T. Beck） 197
ヘッブ（D. O. Hebb） 66
ペネベーカー
　　（J. W. Pennebaker） 165,
　　177, 178, 180
ホッブズ（T. Hobbes） 3
ボールズ（A. Boals） 182

◆ま 行

マークス（I. M. Marks） 93
マクリーン（P. D. MacLean）
　　25
マラテスタ（C. Z. Malatesta）
　　147
マルクス・アウレーリウス
　　（Marcus Aurelius Antoninus）
　　185
メイヤー（J. D. Mayer） 232
モース（I. B. Mauss） 133
森岡正芳 174
モンターギュ
　　（D. P. F. Montague） 146

◆や 行

湯川進太郎 179

余語真夫 171, 183
四方哲也 108

◆ら 行

ラザルス（R. Lazarus） 22-24
ラッセル（B. Russell） 18
ラッセル（J. A. Russell） 65,
　　75
ランゲ（C. G. Lange） 13, 28
リメイ（B. Rime） 171, 172
ルイス（M. Lewis） 154
ルドゥー（J. LeDoux） 26, 78
ロジャース（C. Rogers） 174
ロジン（P. Rozin） 94
ローゼンブルーム
　　（K. L. Rosenblum） 156
ローゼンマン（R. H. Rosenman）
　　227
ロフタス（E. F. Loftus） 166

◆わ 行

ワトキンス（E. Watkins） 183
ワトソン（D. Watson） 75
ワトソン（J. C. Watson） 167,
　　169, 173

【有斐閣アルマ】

感情心理学・入門〔改訂版〕

Introduction to Psychology on Emotions, 2nd ed.

2010 年 12 月 15 日　初　版第 1 刷発行
2024 年 12 月 25 日　改訂版第 1 刷発行

編　者　大平英樹

発行者　江草貞治

発行所　株式会社有斐閣

　　　　〒101-0051 東京都千代田区神田神保町 2-17

　　　　https://www.yuhikaku.co.jp/

装　丁　デザイン集合ゼブラ＋坂井哲也

印　刷　大日本法令印刷株式会社

製　本　大口製本印刷株式会社

装丁印刷　株式会社亨有堂印刷所

落丁・乱丁本はお取替えいたします。定価はカバーに表示してあります。
©2024, Hideki Ohira.
Printed in Japan. ISBN 978-4-641-22238-0

本書のコピー，スキャン，デジタル化等の無断複製は著作権法上での例外を除き禁じられています。本書を代行業者等の第三者に依頼してスキャンやデジタル化することは，たとえ個人や家庭内の利用でも著作権法違反です。

JCOPY 本書の無断複写（コピー）は，著作権法上での例外を除き，禁じられています。複写される場合は，そのつど事前に，（一社）出版者著作権管理機構（電話03-5244-5088，FAX03-5244-5089, e-mail:info@jcopy.or.jp）の許諾を得てください。